乡村振兴背景下北京乡村民宿发展研究

何艳琳　著

中国财富出版社有限公司

图书在版编目（CIP）数据

乡村振兴背景下北京乡村民宿发展研究 / 何艳琳著. —北京：中国财富出版社有限公司，2021. 12

ISBN 978-7-5047-7633-4

Ⅰ. ①乡… Ⅱ. ①何… Ⅲ. ①乡村旅游—旅馆—经营管理—北京 Ⅳ. ①F726. 92

中国版本图书馆 CIP 数据核字（2022）第 008039 号

策划编辑	谷秀莉	**责任编辑**	邢有涛　刘康格	**版权编辑**	李　洋
责任印制	梁　凡	**责任校对**	卓闪闪	**责任发行**	杨　江

出版发行	中国财富出版社有限公司		
社　　址	北京市丰台区南四环西路188号5区20楼	**邮政编码**	100070
电　　话	010-52227588 转 2098（发行部）		010-52227588 转 321（总编室）
	010-52227566（24小时读者服务）		010-52227588 转 305（质检部）
网　　址	http: //www. cfpress. com. cn	**排　　版**	宝蕾元
经　　销	新华书店	**印　　刷**	北京九州迅驰传媒文化有限公司
书　　号	ISBN 978-7-5047-7633-4 / F · 3406		
开　　本	710mm × 1000mm　1/16	**版　　次**	2023 年 3 月第 1 版
印　　张	13.5	**印　　次**	2023 年 3 月第 1 次印刷
字　　数	228 千字	**定　　价**	68.00 元

前　言

乡村振兴战略是重要的国家战略，是党的十九大的重大决策部署，是新时代“三农”工作的重要抓手，全国各地都要因地制宜地实施乡村振兴战略。北京作为首都，贯彻落实乡村振兴战略应该走在全国的前头，起到引领带动的作用。在乡村振兴这一时代背景下，乡村民宿作为与星级酒店、经济型酒店并存的住宿新业态，正在乡村旅游产业发展中发挥着积极的作用。乡村民宿已经成为地方发展的引擎，“民宿 +”正在成为地方和学术界新的关注点，例如，如何让民宿成为带动地方发展的引发点和核心点？如何通过民宿承载地域文化、实现融合发展？等等。乡村民宿成为具有中国特色的休闲文化的重要组成部分，以及乡村旅游的主导力量和美丽乡村建设的重要内容。发展乡村民宿、实现乡村民宿产业的快速发展，已经成为推动京郊乡村旅游发展、实施乡村振兴伟大战略布局的重要抓手。

党的十九大报告关于乡村振兴战略提出了产业兴旺、生态宜居、乡风文明、治理有效、生活富裕的总要求。要实现乡村产业兴旺，就要重点打造特色产业、促进产业融合发展等。发展乡村旅游是振兴乡村的有效路径之一。乡村旅游通过直接的经济效益，正在借助民宿兴起进一步激活乡村资源。乡村中蕴藏的历史、文化以及艺术价值，正在被人们发现与深度挖掘。不论是东晋陶渊明的“采菊东篱下，悠然见南山”、唐代诗人王维的“空山不见人，但闻人语响。返景入深林，复照青苔上”，还是南宋诗人范成大的“梅子金黄杏子肥，麦花雪白菜花稀。日长篱落无人过，惟有蜻蜓蛱蝶飞”等，都让人们对乡村充满了想象和向往，而乡村民宿的发展，激发了地方对乡村历史文化资源的挖掘，“民宿 +”有效地盘活了地方经济，延长了乡村旅游产业链条，丰富了旅游产品供给体系，促进了产业链本地化，全面提高了农村居民参与乡村旅游的积极性，这对于促进美丽乡村建设、农村产业融合发展及实现农村可持续发展，都有着非常重要的意义。

学术界对乡村振兴战略背景下北京乡村民宿的相关研究成果较少。本书以北京乡村民宿发展为研究对象，探究北京乡村民宿发展存在的问题，具体研究中，以乡村民宿助推乡村振兴为切入点，结合发达地区成功经验，以及乡村民宿和乡村旅游相关理论，以推动乡村文化复兴为落脚点，指出乡村民宿发展应最大限度地满足当地居民的美好生活需要，不断增强其参与乡村旅游发展的获得感。如何顺应时代发展趋势、响应相关扶持政策，更好地发挥旅游业特别是乡村民宿在促进乡村经济发展、产业融合、文化传承、生态文明建设等方面的重要作用，是当前以及未来重点探索的议题。本书在理论研究的基础上，构建北京乡村民宿发展模式，探索乡村民宿带动北京乡村旅游发展的现实路径，有利于推动乡村旅游进一步升级，提高乡村民宿行业发展水平，对促进乡村旅游业的健康发展和人们生活质量的持续改善，具有重要的现实意义。本书共分为 13 章，第 1 章至第 12 章分别从乡村民宿与乡村振兴、乡村民宿理论基础、国外乡村民宿的发展历程、我国乡村民宿的发展历程、我国乡村民宿发展存在的问题、乡村民宿投资与运营、典型乡村民宿经验借鉴与启示、北京乡村民宿市场现状、北京市门头沟区乡村民宿发展的实证分析、北京乡村民宿发展的资源依托、北京乡村民宿发展模式的构建、北京乡村民宿发展的对策及展望几个方面展开研究，第 13 章是对本书的总结。本书适宜的读者为农业、乡村旅游等行业从业人员和相关学者。

本书能够顺利出版，首先，感谢北京农业职业学院“特色高水平院校建设项目－高水平师资项目－高水平双师队伍建设项目”（PXM2020—157102—000054）的全力支持；其次，感谢北京农业职业学院人事处和财务处的领导及同事，正是大家的无私帮助，促成本书的面世；最后，真诚地感谢我系张天琪教授及其他教师给予的支持与帮助，感谢崔建裴、李耘同学提供的相关数据支持材料。在撰写本书的过程中，笔者参考了大量的文献和资料，在此对相关资料的作者表示由衷的感谢，正是站在你们的肩上，笔者的研究才能取得些许亮点。

乡村民宿发展迅猛且潜力巨大，由于时间和精力有限，虽然笔者在撰写本书过程中尽心竭力，但书中疏漏之处在所难免，敬请广大读者批评指正，同时也希望本书的出版能对读者提供有益的帮助。

何艳琳

2022 年 3 月于北京

目录

1 乡村民宿与乡村振兴

乡村振兴是实现中华民族伟大复兴的一项重大任务。民族要复兴，乡村必振兴。在人们对美好生活向往的驱动下，乡村旅游拥有巨大的市场需求，乡村民宿作为现代乡村旅游发展体系的重要部分，由于根植于乡村，已经成为乡村旅游的吸引物，吸引了大量资本进入，乡村民宿产业已经成为乡村一二三产业融合的重要方向，成为乡村振兴最直接的抓手。

1.1 乡村民宿的定义、类型和特质

1.1.1 乡村民宿的定义

乡村民宿在国外一般采取许可经营制，营业须先取得执照，禁止非法经营。民宿是一种特殊的非标准住宿形态。它不同于传统酒店，除住宿接待服务外，其还可以为游客提供当地特色的美食、文化活动等，突出的特点表现为体验性。乡村民宿通过特定农作业或地方生活技术及资源设计体验项目，丰富人们休闲度假生活。例如，乡村中的休闲中心、农舍、牧场等，都可以归纳为民宿。不同的人、不同的地域对乡村民宿的理解不同。

1.1.1.1 国外对于乡村民宿的定义

乡村民宿的概念起源于18世纪的欧洲，当时部分高官贵族受邀前往乡村游玩，到农村休闲度假。在那个时代，由于农村休闲度假尚未全民化，高官贵族主要是临时借用农村用房或民居进行休闲活动，由此形成了早期的民宿概念。之后，随着休闲旅游和生态旅游的发展，游客开始选择走向乡村田野，体验式旅游活动逐渐成为主流。

在世界各地，不同的地域或主体，不同的文化和环境造就了多样化的民宿风貌，丰富多样的民宿形态，赋予了各个国家不同的民宿概念。

英国乡村民宿称为 B&B（Bed and Breakfast），是只提供睡觉场所和简单早餐的家庭式住所。

日本民宿则指由本地居民以家族经营方式开办的住宿设施，多数情况下规模很小，主要用于接待观光、休假的客人，客房风格多为和式。

在加拿大，民宿一般为假日农庄（Vacation Farm），假日期间人们可以享受农庄生活。

欧洲多为农庄式民宿（Accommodation in the Farm），可以体验农庄生活，享受农庄的生活环境。

美国民宿一般为居家式民宿（Homestay）或青年旅舍（Hostel），是未经刻意布置、价格一般比宾馆便宜的住所。

国外乡村民宿概念研究中，多强调民宿的私人服务、与经营者的文化交流、鲜明的地域环境与文化特色等内容。

1.1.1.2　国内对于乡村民宿的定义

我国乡村民宿被界定为非标准住宿场所，其不同于传统的酒店旅馆，规模一般不大，没有高级奢华的设施，但能让人体验到当地的风情民俗。乡村民宿的基础是乡村，以乡村文化为内涵，多依托景区或者当地的地域特色资源发展起来，乡土气息浓厚，游客在不同程度上参与农家生活，体验农村生活方式，感受民宿经营者的热情与服务。

胡敏（2021）认为，乡村民宿是指农民利用各种自然旅游资源为游客提供住宿、游览、感知服务的经营实体；易鑫（2010）认为，乡村民宿应具备民宿特点和乡村特色，以独有的乡村居住环境、乡村民俗文化、乡村田园风光以及乡村农业生产为基础，为游客提供乡村景色游览、文化接触、生活服务；王明泰（2015）认为，乡村民宿是将当地生态环境、人文与自然景观以及农林牧渔生产活动等资源相结合，利用农民闲置的房间，配置相应的住宿与餐饮设备设施，并融合文化与主题，为憧憬乡村生活的游客提供食宿的处所。学者们围绕乡村的自然、生态、资源环境，从不同侧重点出发，对乡村民宿进行了定义。

1. 地方层面出台的标准对乡村民宿的定义

2015 年 6 月 1 日起，浙江省德清县正式实施的国内第一部县级民宿地方标准——《乡村民宿服务质量等级划分与评定》，将乡村民宿定义为经营者利用乡村房屋，结合当地人文、自然景观、生态环境及乡村资源加以设计改造，倡导低碳环保、地产地销、绿色消费、乡土特色，并以旅游经营的方式，提供乡村住宿、餐饮及乡村体验的场所。我国台湾民宿从 20 世纪 80 年代发展至今，已经成为当地旅游消费者住宿的重要选择之一。2001 年我国台湾出台相关规定，将民宿定义为，利用自用住宅空闲房间，结合当地人文景观、自然景观、生态资源、环境资源及农林渔牧生产活动，以家庭副业方式经营，供旅客乡野生活之住宿处所。该定义界定的出发点是民宿产业管理，因此主要强调了民宿产权性质、经营方式等方面的特征。总体来说，乡村民宿除住宿条件外，其所在的地理位置、周边配套设施甚至天气情况等，都会影响对其游客的吸引力。

2. 国家层面出台的标准对乡村民宿的定义

2019 年 7 月 3 日，我国文化和旅游部发布了《旅游民宿基本要求与评价》（LB/T 065—2019）行业标准，将旅游民宿定义为：利用当地民居等相关闲置资源，经营用客房不超过 4 层、建筑面积不超过 800m^2，主人参与接待，为游客提供体验当地自然、文化与生产生活方式的小型住宿设施。同时，明确了旅游民宿的等级，由低到高分为三星级、四星级和五星级 3 个级别。

2021 年 2 月 25 日，文化和旅游部发布旅游行业标准《旅游民宿基本要求与评价》（LB/T 065—2019）第 1 号修改单，并宣布自发布之日起实施。其中，最为明显的修改是新增了民宿“提供餐饮服务时应制定并严格执行制止餐饮浪费行为的相应措施”条款，并将旅游民宿等级由三星级、四星级、五星级更改为丙级、乙级、甲级。据了解，这是文化和旅游部采用修改单形式根据工作实际对已发布实施的《旅游民宿基本要求与评价》（LB/T 065—2019）行业标准进行的修改，旨在与时俱进地规范引导旅游民宿健康发展，更好地助力乡村振兴和突出民宿特色。

从国内外民宿相关研究可以看出，在国外与我国台湾，乡村民宿一般为副业经营，我国大陆则经营形式多样，大部分为主业经营。乡村民宿一般是利用村民闲置房屋经营或出租，经营规模较小，为游客提供别样的生活体验；多位于景观周边地带，可结合当地自然、人文景观等开展具有地方特色的旅游接待服务；乡村民宿经营者与游客要有人际交流、互动，产生一种共有的情怀；游客得到的服务产品除住宿以外，还应该包括享受当地的田园风光、乡土味及民俗文物等地域文化；[①] 为了满足游客的心理和精神需求，乡村民宿需要重视住宿氛围的营造，应具有文化品位、人文关怀，给予住宿者“家”的感觉。

因此，一般意义上的乡村民宿是指在乡村区域内，利用乡村农宅、集体用房或其他配套用房，结合当地自然、生态、人文、环境资源及农林牧渔生产活动，为游客休闲度假、体验当地风俗文化提供住宿、餐饮等服务的场所。

1.1.2 乡村民宿的类型

乡村民宿从开发角度主要可以分为普通民宿和精品民宿，普通民宿一般是村民利用自有住宅开发的，精品民宿多由外来资本投资开发；乡村民宿从其与周边资源的融合角度，主要可分为景观依托型民宿和农旅一体化型民宿，景观依托型民宿主要依托知名景区（点）开发，缓解旅游旺季住宿问题，农旅一体化型民宿依托乡村丰富的农业资源开发，致力于农旅融合发展。此外，还有依据特色资源打造的特色主题型民宿，从而形成不同特色主题的乡村民宿。

1.1.2.1 普通民宿

普通民宿主要指村民利用自有住宅闲置房间，以家庭副业方式经营，产权归个体私人所有的民宿类型，大多为民居型民宿，自主经营、自负盈亏。

1.1.2.2 精品民宿

精品民宿主要是外来投资者投资建设或租赁房屋，以主业方式经营的民宿类型。一般由企业集团或私营业主等投资建设或以租赁房屋的形式开展经营活动。例如，门头沟洪水口村由私营业主投资建设，形成了“门头沟小院”精品民宿，在设计上实现了现代化风格与乡土元素的融合，其中，“灵山木屋”“小苗家”“向往拾光”等已经成为网红民宿，推动了洪水口村乡村旅游和民宿业的发展。

---

① 文化基因下的民宿业发展［EB/OL］.（2017-08-09）［2022-01-02］. https//www.sohu.com/a/163384669_554347.

1.1.2.3 景观依托型民宿

随着休闲度假时代的到来，乡村旅游常态化。景观依托型民宿是依托景区人气发展起来的非标准住宿场所，多为个体经营，具有干净、价格低廉的特点。例如，门头沟洪水口村依托灵山景区和聚灵峡景区建成的乡村民宿，就是在原农家乐的基础上通过硬件升级发展起来的。

1.1.2.4 农旅一体化型民宿

农旅一体化型民宿作为农旅融合形式之一，指以农业为主题的集住宿、娱乐、休闲等功能于一体的场所，它是以生态农业为基础、以文化旅游为新业态、以乡村产业升级为目标的“三产融合”“城乡融合”发展模式。例如，门头沟白虎头村打造的“最乡村”生态宜居村，就是通过挖掘内部资源，引入资本，建成精品民宿的。同时，其依靠北京市农林科学院多个科研所帮助，实现了传统农业向精品农业的转型，更推出了多种形式的旅游活动，为乡村旅游发展提供了产业支撑，促进了当地民宿的发展，真正实现了农业与乡村旅游融合发展即农旅一体化发展。

1.1.2.5 特色主题型民宿

随着民宿业的发展，越来越多的民宿根据自身拥有的独特资源，打造个性主题。特色主题型民宿按特色主题不同可分为历史文化特色民宿、艺术特色民宿、名人文化民宿等。

历史文化特色民宿，其设计不论是房间装修还是特色服务都具有浓厚的历史文化氛围，让游客有一种穿越时空的体验；艺术特色民宿，具有浓郁的艺术气息，可以提高游客的艺术修养，美术、音乐、建筑等都可以作为此类民宿的主题；名人文化民宿，充分利用名人效应，对各界名人居住或停留过的地方进行改造，真实还原名人当年的活动和经历，用名人使用过或喜爱的物品装饰房间，以满足游客对名人特殊的情感需求。此类民宿个性化服务特征十分突出，一般针对某一特定人群目标市场。例如，北京市房山区张坊镇大峪沟村倡导自然教育的“博士小院”民宿，该博士小院民宿是以自然教育为主题的高端民宿，“生活即教育、玩耍即学习、自然即课堂、快乐即动力、劳动即成长”的教育理念贯穿于小院活动设计。

1.1.3 乡村民宿的特质

乡村民宿个性张扬、文化特征明显、平民特征突出、乡愁味浓厚，观赏价值、体验价值和研究价值并重，其特质主要表现在地方性和文化性、主人特征和需求导向性几个方面。

1.1.3.1 地方性和文化性

乡村民宿的核心特质是原生态，这也是乡村民宿区别于其他住宿形态的重要标志，这里的原生态指乡村民宿形态、生活方式和节奏各个方面的原生态。乡村民宿大多以村落景观、自然风景、少数民族文化等资源为依托，以简单的食宿接待、特色农产品或少数民族歌舞表演为基本形态，提供休闲度假服务，表现出明显的地方性和文化性。

1.1.3.2 主人特征和需求导向性

基于我国民宿发展的现实，民宿主人作为一个非常特殊的群体，其拥有的主人特征和表现出来的生活态度，是吸引客人的闪光点。民宿主人是民宿的灵魂，更是民宿的一种独特产品，是民宿核心竞争力的重要组成要素。乡村民宿追求小而美，而不是酒店的大而全，其服务主要围绕民宿主人的生活而展开。乡村民宿提供的生活方式体验服务，是酒店所不能提供的。民宿主人往往在民宿中融入极强的个人感情和人文理念，给游客提供具有浓厚的家庭温馨氛围的个性化住宿设施、环境和服务。浓郁的人情味和极强的亲和力是民宿主人的共同特点，他们注重与游客交流互动，让游客充分体验居家氛围。民宿主人特有的服务理念和服务方式往往让游客轻松自在。民宿主人一般是民宿经营者，在经营理念上，一般追求返璞归真、超凡脱俗的意境。

乡村民宿住宿规模较小，容纳率较低，能让游客在亲密融洽的主客关系中感受到舒适温暖；同时注意汲取当地自然、人文资源精华，构建与周边环境相融合的“世外桃源”，结合地域文化，让游客在深度体验活动中感受当地文化魅力，感受民宿主人的亲和力，有“回家的感觉”。民宿从旅游体验的角度，更加关注游客居住过程中“以身体之，以心验之”的舒适的心理感受，同时根据游客感受与喜好不断改善住宿环境与供给，以满足游客日益增长的新需求。

1.2 乡村振兴背景下乡村民宿的意义

乡村振兴战略是针对目前我国农业不发达、农村不兴旺、农民不富裕的现实实施的国家战略，是中国特色社会主义进入新时代的重大历史任务。乡村振兴战略不仅为乡村发展提供了一定的政策支持，也为乡村发展明确了战略方针。2015 年，《中共中央 国务院关于落实发展新理念 加快农业现代化 实现全面小康目标的若干意见》明确指出，有规划地开发休闲农庄、乡村酒店、特色民宿、自驾露营、户外运动等乡村休闲度假产品。乡村民宿是对农村闲置住宅和资源进行有效整合利用，为游客提供住宿、餐饮、休闲娱乐、文化体验等综合服务的旅游新业态。发展乡村民宿，是助力乡村产业、人才、文化、生态等全面振兴的有效措施。乡村民宿集群，在乡村旅游区域开发中，开始成为政府和开发商的着力点。乡村民宿发展与乡村振兴相辅相成，没有乡村的整体振兴，就没有乡村民宿的持续发展。[①]

1.2.1 满足游客需求新变化

据统计数据显示，2016 年，从总量上看，乡村旅游已经占据我国旅游业的半壁江山：休闲农业和乡村旅游游客接待人次 20 多亿，占全国游客接待人次的近一半；营业总收入超 5700 亿元。乡村旅游的快速发展带动了乡村民宿发展，乡村民宿已成为乡村振兴战略实施中重要的支撑产业之一。社会经济的发展、产业结构的调整以及人们对回归乡土生活的渴望，催生了对乡村旅游民宿的大量需求，乡村民宿成了人们不能远行时的优选落脚点。乡村民宿所处的地域区位优势、自然生态的乡村环境、差别于城市生活方式的体验等个性化特质，以及立足于市场需求的不断创新，是其受到人们喜爱的主要原因。随着人们生活水平的不断提高，旅游成为人们日常生活的一部分，休闲度假日益成为人们的常态化消费形式，越来越多的不同年龄段的人在寻找好的乡村民宿，将之作为自己休闲度假的住所。目前乡村民宿的发展，既反映了乡村旅游发展的新热点，也反映了游客需求的新变化，契合了当前休闲度

① 吕晓勋 . 打造特色民宿　助力乡村振兴（评论员观察）[N] . 人民日报，2021-09-06（9）.

假市场的新诉求。

1.2.2 满足美好生活新需求

乡村民宿的发展契合了现代人亲近自然、寻味乡愁的美好追求，以及当代人对美好生活的想象和向往。乡村旅游通过直接的经济效益，正在借助民宿兴起进一步盘活乡村资源，乡村中蕴藏的历史文化以及艺术价值正在被人们发现与深度挖掘。乡村民宿的发展进一步促进了对乡村历史文化资源的挖掘，通过“民宿 +”有效地盘活了地方经济，延长了乡村旅游产业链条，丰富了旅游产品供给体系，满足了城市人对慢节奏生活与健康美好生活的需求。乡村成为城市人生活的第二空间。发展乡村民宿，为城乡居民广泛接触、深度交流拓宽了渠道，打通了城市文明与乡村生活的通道，有助于提升乡村农民综合素质、改善农村人居环境、满足城乡人民对美好生活的向往。

1.2.3 助力乡村振兴的实现

党的十九大报告中，习近平总书记提出，要坚持农业农村优先发展，按照产业兴旺、生态宜居、乡风文明、治理有效、生活富裕的总要求，建立健全城乡融合发展体制机制和政策体系，加快推进农业农村现代化。乡村振兴战略是把乡村发展放到了国家战略的高度。发展乡村旅游，是振兴乡村的有效路径之一，乡村民宿已经成为现代乡村旅游发展体系的重要组成部分，具有促进城乡融合发展、产业转型创新、村落文化传承、生态环境优化、农民持续增收、农村治理创新的多维功能，是促进全域旅游发展的重要推手。2018 年 1 月 2 日，《中共中央 国务院关于实施乡村振兴战略的意见》发布；3 月 5 日，李克强在《政府工作报告》中提出要大力实施乡村振兴战略；9 月，中共中央、国务院印发了《乡村振兴战略规划（2018—2022 年）》，进一步明确要坚持乡村振兴和新型城镇化双轮驱动，建设立足乡土社会、富有地域特色、承载田园乡愁、体现现代文明的升级版乡村。建设乡村民宿、实现乡村民宿产业的快速发展，已经成为推动乡村旅游发展、实施乡村振兴战略布局的重要抓手。乡村民宿作为一种新的生活方式，正在成为具有中国特色的乡村休闲方式，是乡村旅游的主导力量及美丽乡村建设的重要组成部分，是助力实施乡村振兴战略的重要载体，有利于促进资本、技术、人才、信息、管理等多种要素向乡村集聚，推动农村一二三产业结构优化和融合发展。乡村振兴战略为乡村民宿发展提供了良好契机，乡村民宿的发展将乡村一部分闲置的住房合理利用起来，促进了当地居民增收，改善了他们的生活质量，同时也带动了乡村道路、用水用电等基础设施建设，促进了乡村振兴战略伟大目标的实现。

1.2.4 满足创业投资新需求

乡村振兴战略的实施为乡村民宿发展提供了宝贵机遇和发展空间。乡村民宿作为一种新的生活方式，重构了乡村生活元素，其小而美、小而特的多元化个性，吸引了大量社会资本进入。乡村民宿延续了当地文化与生活，带动了更多农村社区发展，推动了当地旅游经济发展，盘活了当地资源与富余劳动力，有利于推动农民创新创业、增收致富，为乡村带来巨大的社会效益。乡村民宿"井喷式"的发展，展示出其广阔的市场空间，激发了一批高知人群下乡、一批返乡创业投资者的新需求，带动了大量资本的进入，迎合了当前建设乡村、倡导乡村复兴、鼓励中小型投资等诸多诉求点，为旅游领域的大众创业、万众创新提供了广阔的发展空间。乡村民宿发展的社会意义远远高于它的经济价值（吴文智，张琰，2017）。

乡村旅游的转型升级带动了乡村民宿业的迅猛发展，我国乡村民宿业的发展，中国特色明显，不论是增长速度还是总体数量，都已大大超出住宿业和旅游业本身，其发挥出积极的辐射和带动作用，不仅促进了地方资源整合、产业融合发展，更激发了对地方传统文化的挖掘，文化已经成为乡村民宿的灵魂。乡村民宿业中国特色式的发展，既彰显了文化自信，也是旅游产业自信的回归，乡村民宿已经成为带动乡村产业发展的重要抓手，促进着乡村价值的存续，满足着当代人期盼乡村复兴的愿景以及对新生活的向往。"民宿 +"正成为地方发展新的关注点，助力乡村发展与振兴。

2 乡村民宿理论基础

2.1 产业融合理论

产业融合源于实业界关于“电脑和通信”融合图景的描绘，此后扩展到学术界和政界，是伴随技术变革与扩散而出现的一种新的经济现象。美国学者罗森伯格（Rosenberg，1963）认为，技术融合可以使分立的产业相互联系起来，即相同的生产技术应用到以往不关联的相异产业，从而出现产业融合。20 世纪 70 年代末，该现象受到广泛关注，欧洲委员会在 1997 年将产业融合定义为“产业联盟和合并、技术网络平台和市场等三个角度的融合”。于刃刚（2006）认为，随着进入壁垒的弱化，产业融合会依次经历产业分立—产业过渡—产业融合 3 个阶段，在这一过程中，产业边界趋于模糊，多种因素共同作用，最终实现产业融合。产业融合的本质是创新，产业融合后会出现新的产业与企业结构，引入新的产业模式，从而促进经济的可持续发展。李美云（2007）认为，产业融合是指原本分立的两个或者多个产业间产业界限消弭或模糊化，从而直接改变企业之间竞合关系的过程。20 世纪 90 年代中后期，产业融合研究进入高潮阶段。江东芳等（2019）研究指出，从产业融合的原因与过程来看，它是从技术融合到产品与业务融合再到市场融合最后到产业融合的，这一过程是逐步实现的。刘国斌（2019）认为，深化农村一二三产业融合是实现农业现代化的重要途径，是助力乡村振兴战略实现的重要手段。

“三农”一直是我国发展的重要领域，乡村振兴战略进一步强调要坚持农业农村优先发展的理念，提出了产业兴旺、生态宜居、乡风文明、治理有效、生活富裕的总要求。在乡村振兴过程中，只有充分发挥企业带动作用，将乡村内外部关键要素紧密联系起来，才能创造出有需求的产品与服务，才能让乡村资源价值最大化，真正促进农村一二三产业融合发展，走具有中国特色的社会主义乡村振兴道路。农村一二三产业融合，需要以新技术、新业态、新要素、新产业为依托，从产业链、农业经营主体和农业功能等多角度挖掘，探索多种融合发展模式。产业融合还必须有政府支持，在乡村原有的农业基础上，企业要积极参与，根据消费新需求，确定产业融合发展新方向。企业资本直接提供、人才和技术转移至乡村产业、参与市场开拓等，都有助于深化乡村“三产”融合发展，助推乡村产业振兴。产业融合的结果就是改变了原有产业的竞合关系，使产业界限模糊化，甚至于重构产业边界（植草益，2001）。在社会发展新形势下，产业融合是提高企业生产效率和组织竞争能力的新型发展模式，有助于推动传统产业创新，促进产业结构优化，提高产业竞争力。

产业融合发展是经济发展的趋势，是现实的选择，是振兴乡村产业、提升农业竞争力、构筑乡村振兴物质基础的根本路径，在产业融合发展这一过程中，新的产业不断产生，产业内部或者外部与其他产业相互延伸、渗透，最终实现融合，产业融合发展需要以高新技术、消费升级与分工的发展为依托，产业链交叉形成新产业。产业融合发展也是适应环境自发融合的结果。产业融合催生新技术与传统产业的融合，促进传统产业创新，改变传统生产和服务方式，促进产品与服务升级。产业融合以新的形式为传统产业带来了新经济增长方式，为产业结构的优化创造了新内容，满足了人们日益增长的需求，这种新业态有着广阔的发展空间，如乡村旅游。乡村旅游在产业结构调整中具有优化提升的作用，当前，政府在政策方面的创新，为乡村旅游发展创造了良好的政策环境，政府以引导的方式为乡村旅游发展“保驾护航”。

乡村文化是乡村旅游发展的核心要素。乡村旅游与乡村文化的融合有利于传承和发展传统农耕文化，使传统农耕文化产生新内涵、焕发新活力。乡村旅游与乡村文化的有机融合，表现为乡村文化与乡村旅游边界日益模糊、联系日益密切、关联性更强，形成产业间的互通性。产业融合以全新的角度诠释了旅游产业的内涵，旅游产业的外延因产业融合而丰富。

研究表明，在乡村发展过程中，构建新型农业经营主体，有助于促进农村一二三产业深度融合。徐其好（2018）认为，随着融合发展过程中相关国家政策的出台，若要推进农村一二三产业深度融合，那么就要大力培育新型农业经营主体，构建新型农业经营体系。苗苏皖（2020）利用双差模型，将农户家庭经营收入作为衡量农村产业与新型农业经营主体关系的效益度量指标，通过实证分析，得出新型农业经营主体的发展可以有效提高农村一二三产业融合效益的结论。产业融合让多个分离产业以协作方式产生新产品和价值链。旅游业是经济发展的产物。从社会学角度来说，旅游作为一种社会活动，与各部门关联较多，因此，旅游业与其他产业具有天然的融合性，具体表现为旅游与其他资源、产品、市场、组织的融合等。

随着人们消费水平的提升以及技术的进步，现代旅游业不断发展，促进了乡村经济不断增长，这为农业与旅游业深度融合提供了条件与保障。农旅融合发展的过程是动态的，让原有的农业生产资源有了休闲娱乐与观赏的功能，提高了资源利用率，降低了生产成本，提升了生产率与利润空间，增加了农民就业的机会，为周边利益相关者增收、创收创造了经济价值，开辟了新的市场空间，重构了乡村形象，提升了品牌价值，让人们意识到生态环境具有重要的经济价值，让农业有了全新的活力，为现代农业提升竞争力提供了保障。乡村民宿正是在产业融合发展中成长起来的旅游新业态，它让乡村有了新活力。

2.2 可持续发展理论

发展是人类永恒的主题，只有不断发展，才能满足人们日益增长的需求。在人类发展过程中，一定时期、一定空间不可再生资源的数量、可再生资源的承载能力和环境容量都是有限的。可持续发展思想源于自然学科，强调保护生态系统的生产和更新能力，之后，其内涵又从经济、社会等角度得到延伸和补充。人与自然和谐共处，保护生态环境，推进可持续发展，已经成为世界各国的共同目标和战略选择，这是人类对于社会发展在观念和认识上的一次飞跃。1987 年，世界环境与发展委员会在《我们共同的未来》报告中第一次阐述了可持续发展的概念，该报告将可持续发展界定为“既满足当代人的需要，又不对后代人满足其需要的能力构成危害的发展”，得到国际上广泛认同。人和环境不协调矛盾的加剧，促使可持续发展思想产生，资源的分配利用在时间和空间以及不同人群、不同区域上都应体现出社会公平原则，社会、经济、资源和环境间的关系需要协调，改善环境能力需要提高，以实现可持续发展。1990年，Globe'90国际大会中的《旅游持续发展行动战略》提出，要增进人们对旅游所产生的环境效应与经济效应的理解，强化其生态意识、促进旅游公平发展、改善旅游接待地的生活质量、向游客提供高质量的旅游服务、保护旅游开发赖以生存的环境质量等可持续发展目标。

随着旅游业的迅猛发展，自然资源危机和环境问题越来越严重，引起政府、开发商、旅游学者等多方面的关注。旅游业的可持续发展要求平衡和协调自然、社会与经济发展彼此间的关系，实现经济发展目标与社会发展目标的统一。协调环境、游客和当地社会三者间的利益关系，是旅游业可持续发展的核心。旅游业的发展对旅游资源特别是不可再生资源的消耗是绝对的，而且随着旅游开发、利用程度的增强，不可再生的旅游资源生命周期呈缩短趋势。在旅游环境承载能力范围内开发、利用旅游资源和发展旅游业，是实现旅游业可持续发展的关键。旅游业可持续发展的本质是资源管理问题，因此，在资源规划、保护、监管等方面，要控制好、管理好对环境和旅游资源的使用，以实现在不破坏生态环境的前提下进行再生性、创造性和多样性旅游资源的开发，突出旅游特色，保护好未来旅游赖以生存的环境，在满足当代游客和旅游地居民需要的同时，保持和增加未来发展的机会，不损害后代旅游需求，实现游客需求和旅游地居民需求的协调统一，实现旅游发展与自然、文化和人类发展的和谐统一。

我国乡村旅游发展面临的最棘手的问题就是，既要发展乡村旅游，又要保护自然资源。乡村旅游发展是一把“双刃剑”，各地乡村旅游发展都必须走经济利益与环境、乡村文化、社区居民利益相协调的发展之路。国外学者们也特别强调保护乡村的“乡村性”特征，由此可见，妥善处理发展与乡村地区自然和文化传统的关系是乡村旅游可持续发展的重要研究内容。我国学者杜江、向萍在《关于乡村旅游可持续发展的思考》一文中指出，乡村旅游可持续发展的基本内涵，包括生态的可持续、社会和文化的可持续以及经济的可持续。乡村民宿已经成为现代乡村旅游发展体系的重要组成部分，可持续发展需要从保护乡村资源、传承历史文脉做起，应合理利用、规划和管理乡村旅游资源，保证供给地区环境的协调性、地域文化的完整性、需求市场的可持续利用性。实现经济、生态、社会、文化的可持续发展，关系到利益相关者的共同利益，对农村经济发展、乡村资源、生态环境、民俗文化传承具有非同寻常的意义。乡村民宿的可持续发展，同样需要政府主导、市场运作、企业经营、居民参与等多方面的不懈努力。在为游客提供高质量乡村旅游环境的同时，通过乡村民宿带动地方旅游业发展，促进当地居民生活水平提高，在发展过程中保持旅游生态环境的良性循环，在经营层面、生态环境层面等实现可持续发展，只有这样，乡村民宿产业才能真正发展壮大。

2.3 利益相关者理论

利益相关者理论属于经济发展的产物。1963 年，“利益相关者”概念才被斯坦福大学研究所明确提出来。1984 年，弗里曼（Freeman）对利益相关者进行了划分：影响组织目标实现与受到该组织目标影响的个体与群体，包括社会团体、政府部门、社区、股东、供应商、消费者、债权人等。利益相关者理论在人类学、社会学等基本学科中应用越来越多。20 世纪 80 年代后期，该理论被引入旅游研究领域，1999 年后，这一理论逐渐运用到旅游开发和规划之中，用以关注各利益相关者的利益诉求，协调各利益主体间的经济矛盾与分歧。旅游业的涉及范围极其广泛，利益相关者也有很多，包括游客、政府、企业、相关从业人员等。与乡村旅游发展具有直接的法律与经济关系的群体或个人，被称为核心利益相关者，主要包括当地居民、游客、政府与企业。而与乡村旅游发展没有直接的法律与经济关系的群体或个人，被称为非核心利益相关者，如行业协会、媒体、非政府组织等，他们会随着主体变化而发展，其地位也会改变。

在乡村旅游产业中，政府起着引导发展的作用，听取并根据实际情况满足各方利益诉求；企业有着人才、技术与资本等资源优势，是开发决策受益最大的一方，通过为游客提供服务获利；当地社区居民因提供资源而获利，其参与度深受企业发展的影响，这也提示我们应该格外关注他们的利益诉求；游客作为旅游活动主体，一般来说无法参与决策，这导致其利益诉求容易被忽视。在乡村旅游不断发展过程中，利益主体的权益需求会随时调整。乡村旅游发展中的住宿新业态——乡村民宿，其利益相关者主要涉及政府、社区、企业、民宿从业者和游客。利益相关者之间的关系是影响乡村民宿发展的突出因素。乡村民宿从业者是重要的利益相关者，他们提供劳动力和相关服务，满足市场需求，并获得就业机会和报酬；游客是乡村民宿经济发展的决定因素，通过直接消费享受乡村资源，收获差异性体验和满足。总的来说，我国乡村民宿发展还处于初级阶段，只有平衡好各主体之间的利益关系，发挥好政府主导作用，政策和监管到位，才能保障民宿市场正常运行，才能促进乡村民宿的健康、可持续发展。

3 国外乡村民宿的发展历程

住宿类型可以划分为标准和非标准两大类，标准住宿的最典型代表是酒店，其提供标准的服务和定价；非标准住宿包括客栈、民宿、公寓、度假别墅、小木屋、帐篷、房车、集装箱等，其中以民宿数量最多、最为普及。现代旅游业的迅速发展，使民宿衍生为一种新型的旅游体验居住模式，呈现出多种多样的形式和特点。民宿在世界各地因环境与文化不同而略有差异。

3.1 英国乡村民宿——政府重视管理，辅导业者经营

英国可谓较早将农业与旅游观光结合起来的国家，也是欧洲民宿发展较完备的国家之一。英国乡村民宿诞生于 20 世纪 60 年代初期，当时英国西南部与中部人口较稀疏，农家为了增加家庭收入而经营起民宿。B&B 是英国一种传统家庭旅馆服务方式，只为游客提供床铺和早餐。B&B 提供的服务和设施有限，费用大多为每人每晚 20~30 英镑，具体价格根据星级不同而定，但总的来说比一般旅馆便宜很多，它低廉的价格对于广大普通老百姓来说很有吸引力。乡村民宿的主人通常会带游客去享受采收农产品、喂食牛羊、挤奶等乐趣，带领游客探索乡村的奥秘。

3.1.1 自治发展

1949 年英国政府颁布了 *National Parks and Access to Countryside Act 1949*（《1949 年国家公园和进入乡村法案》），特别强调地主有义务维持英国农业历史遗产——密集的田埂及骑马道的现状，并规定不得破坏，因此现今英国农村仍保留了许多观光游憩步道。20 世纪 70 年代后期，民宿经营范围扩大至露营地、度假平房，并采用集体营销的方式，联合当地农家组成自治会，共同推

动民宿发展。

3.1.2 分级管理

1983 年英国民间设立的农场假日协会，得到英国农业主管团体与政府观光局的支持。农场假日协会根据规章条文对民宿进行了分级，不同级别的民宿有各自应具备的条件，该协会的会员必须是在农渔粮食部登记在案的农场经营者或在协会登记且具有一定服务质量水平的农家住宿设施经营者。英国农家住宿设施由政府观光局比照旅馆分级认证方式制定审查标准，共分为四级，每年由政府观光局以不予先告知方式进行审查。一开始实行时这种分级制度是从硬件方面来做评分认定的，如地毯质地、窗帘及房间色调、起居室空间等，近几年来则着重在软件方面界定等级，如服务质量等，有关机构还会对民宿经营者进行辅导，其目的就是保障消费者的权益并提升民宿水平，[①] 可见英国政府对观光发展与民宿发展的重视程度。

3.1.3 共同管理

之前英国中央政府有多个政府部门，它们共同管理休闲领域相关事务，地方政府的任务虽然比较全面，但管理仍“支离破碎”。在提供休闲资源时，中央政府与地方政府通过一些法定机构合作。这些法定机构，有些是因为皇家规章设立，有些则是按照部级指示设立。当时中央政府有相当大的影响力。

3.1.4 重要角色

1997 年英国国家资产部更名为文化、媒体与运动部，其职责是协助所有层级的政府，在休闲规划、资源提供与管理上提供帮助，该部门在当时休闲管理方面扮演着相当重要的角色。

3.1.5 重要组成

英国民宿的务实精神和追求品质的经营思路为其赢得了口碑和商机。各

---

① “绅士”英国，民宿发展如何有模有样……［EB/OL］.（2016-07-02）［2021-11-07］. https://mp.weixin.qq.com/s/7uaeyX__rHd5LOPu1NPQEw.

地方政府对于经营 B&B 有严格的管理制度，B&B 机构只有向国家或当地公家单位申请并经过认证后才可挂牌营业，且依规定要缴纳营业税，当时民宿业是支撑英国旅游业发展的重要力量。

3.1.6 可持续发展

为了促进民宿业规范发展，英国主管部门制定了各种法规，包括消防设施标准、室内改装许可制、食品卫生查核标准、税额标准等，要求民宿经营结合当地产业、文化及自然生态资源，推行生态旅游、深度旅游、定点旅游和知识之旅，塑造地区魅力。英国政府为促进民宿业发展，不仅设立各种农政推广组织、义工团体及民间业者组织等团体，政府也会主动辅导从业者从事民宿经营业务，政府会主动提供与民宿经营有关的咨询及训练全套课程，其内容包括农场住宿设施、农场环境的保全维护、农场附设运动及游憩设施等方面。英国政府对旅游业可持续发展与民宿推行的重视程度由此可见一斑。①

在夏季，多数英国游客会选择 B&B 这种住宿方式。一般而言，B&B 的定价以双人房为定价标准，具体定价因地区及设备不同而异，建筑类型包括城堡、海边别墅等，部分建筑有数百年历史，十分值得入住体验，部分 B&B 主人还会提供餐厅甚至客厅供客人使用，部分民宿甚至有单独的卫浴设备和电视等。另外，英国还有由民间从业者经营的 Farm House（农舍）或 Holiday Homes（度假屋），一般是提供农舍让游客住宿，并附带提供环境解说与导览等多项贴心服务，这类民宿通常在收费上高于普通民宿。

无论是经营民宿还是入住民宿，在英国都已成为一种根深蒂固的旅游文化。而民宿业在英国旅游经济中所占的比例，以及在英国文化传播方面发挥的作用，都已经使这种旅行住宿方式成为英国旅游业名副其实的“国家名片”。

3.2 法国乡村民宿——政府积极主导，协会全力推动

法国乡村民宿正式诞生于 20 世纪 50 年代，第二次世界大战后，法国百

① 民宿下一站在哪里？ 50 年经验的民宿告诉您！［EB/OL］.（2016-09-07）［2021-11-07］. https://mp.weixin.qq.com/s/pC_Nz5ceBdbStBgy-6GCGA.

废待兴，农村人口急速外移到城市，许多农舍空置，农村危机使上普罗旺斯阿尔卑斯省参议员奥贝萌生了在农舍接待度假者的想法。1951 年，法国第一家乡村民宿开张；1952 年，法国农业部发放补助给投入民宿经营的农民，同时，农业信贷银行等为经营民宿的农民提供优惠贷款服务；1955 年，法国民宿联合会成立。从 1936 年起，法国规定所有员工只要在一家企业连续工作满 1 年便可享受 15 天的带薪假期，这推动了法国人休闲度假。乡村民宿正好满足了人们向往在宁静田野享受度假生活的需求，游客在农庄便可以欣赏田园风光，品尝当地特产，有兴趣的还可以亲自干农家活，体验乡村生活，同时为处于发展危机中的农村带来了一些额外收入。

法国居民素有以种植蔬菜为乐的习惯。根据法国 BVA 民意调查机构为报刊《20 分钟》做的一项民意调查，除巴黎地区的一些居民以外，65% 的法国人都更喜欢住在乡下。因此，许多农民在自家农场开辟菜园，为城市居民提供休闲场所，这种菜园在法国北部工业区比比皆是。据统计，截至 2015 年年底，全法国已有 1.6 万多家家庭旅馆，推出农庄旅游项目。其中，3000 多家户还组织了一个联合经营组织。观光农业每年可给法国农民带来 700 亿法郎的收益，这相当于法国全年旅游业收入的 1/4。①

目前，法国民宿联合会已建立遍布全法国甚至欧洲很多其他国家和地区的超大型乡村旅游度假住宿体系，法国乡村旅游度假住宿体系完善成熟，有专业化和标准化的服务指导，有非常强的社团性和组织性，是世界民宿产业的典范。法国政府对民宿的占地面积、设备配备、清洁卫生情况、环境等都有严格要求，为保证民宿业良性发展，每 5 年会进行一次评鉴，并要求为游客们办理保险，以确保游客人身和财务安全。② 此外，法国民宿联合会还会为民宿从业者提供辅导与咨询各项服务，并负责监督、检查民宿质量，以及向绿色旅游爱好者推销这些民宿。在法国，民宿分为按天计价和按周计价两种，经营方式以家族经营为主，民宿形式从简单的小农庄到设在文艺复兴城堡的客房，应有尽有。法国民宿联合会推出的“法国民宿”品牌，要求民宿经营

① 民宿：缘何而来［EB/OL］.（2015-11-09）［2022-01-04］. https://mp.weixin.qq.com/s/ZrjxOvYqwaRev16K14X5OQ.

② 你不一定知道的美法英日民宿旅游业发展模式［EB/OL］.（2016-06-20）［2022-01-04］. https://mp.weixin.qq.com/s/I0mdjRdlB0ICxk6YaNmJdA.

者满足面积、设备、卫生、环境等各项条件要求。

法国民宿具有以下特点：

1. 业主非农化

民宿经营者中农民只占 1/4，其余都是城市人。许多城市人为了寻求更舒适的生活环境，离开城市到乡下定居，从而投身民宿业。

2. 政府提供补贴

法国政府会为民宿经营者提供各种补贴，例如，民宿经营者只要保证经营民宿不少于 10 年，就能享受地方政府提供的乡村建筑整修翻新的补贴。

3. 保护农村遗产

法国民宿业使无数农舍、粮仓、阁楼免于倒塌、损毁。多年以来，法国民宿经营者为保护农房做出了贡献，在房屋整修翻新上，法国每年都会投入大量资金。民宿经营，极大地提高了所利用房屋的价值。

4. 情怀为主要动力

民宿经营者不追求短期回报，民宿经营所得收入一般只能作为经济上的补贴，很少是主要收入。“接待客人的渴望”是广大经营者投身民宿业的真正动力。

5. 客源高端化

据统计，法国民宿客源趋于高端化，近半数游客为政府人员、企业高管和自由职业者，一般职员只占很少的一部分。

6. 自由定价

民宿的价格虽然根据地区和季节不同而有所变化，但总的原则是自由定价，即由经营者自行制定价格。

目前，法国民宿呈现出多元化的发展趋势，游客传统的住宿和消费习惯逐渐被改变。

3.3 美国乡村民宿——民宿初衷不同，各州管理不同

美国早在定居者时期就有了“乡村民宿”。移民西进时，美国人在当地居民家、旅馆和小酒馆里寻找安全的避难所；经济大萧条时期，许多人向旅行者提供房屋，为家庭带来额外的收入；经济大萧条之后，这种住宿类型入住

率大幅降低，许多人仍然想借此营利，转而为低收入者提供住宿；20 世纪 50 年代初期，人们开始使用“游客之家”这种称呼，这基本上是 B&B 的一种形式。据美国民宿业主国际专业协会（The Professional Association of Innkeepers International，PAII）统计，2018 年全美民宿营业额高达 34 亿美元，平均客房出租率为 43.7%，平均房价为每晚 150 美元一间。

美国的 B&B 民宿主要分为两类，一类称为 B&B 之家（B&B Home），另一类称为 B&B 客栈（B&B Inn）。

3.3.1 B&B Home

一般只有 1~3 间客房，通常是主人把空出来的子女的房间改造成客房供游客使用，其经营的主要动机是贴补家用，不少主人也因喜欢接触陌生、有趣的客人而开设民宿，具有非营利的特点。B&B Home 不需要营业执照，除非当地政府有强制执行的健康和安全法规方面的要求。

3.3.2 B&B Inn

相对 B&B Home 大一些，一般有 4~20 间客房，功能更像传统的住宿设施，这类民宿会打广告做宣传，有全职的管理者，有的还雇用了少量的员工。B&B Inn 一般都有营业执照，受地方或州政府法规条例规范。

美国各州或地方政府相关法规对这类民宿的客房规模在认定上存在较大差异，如威斯康星州发放民宿营业执照的标准是 8 间客房及以下并且最多只能同时接待 20 个客人，佛罗里达州是 15 间客房及以下，加利福尼亚州是 20 间客房及以下，等等。

在当今的美国，除上述民宿外，居家式民宿或青年旅舍不刻意的家居布置和主人热情的服务，仍然深深吸引着广大游客。居家式民宿或青年旅舍相对来说更适合游学的学生。向美国当地家庭租用一个房间，既能学习，又能体验地道的美式生活，还能增强语言能力，非常适合旅行时间为一个月以上的中期旅行者。

举办特别活动，如婚礼，是 B&B Inn 重要的收入来源；团队游客包括商务会议或研讨会的与会者，是 B&B Inn 工作日的重要客源，越来越多的 B&B Inn 增设了小型会议室和接待场地。此外，美国最吸引人的是牧马场民宿，这类民宿多出现在美国西部，民宿经营者大多是有故事的人，有很多美国当地人会利用假期住进牧马场民宿，带着孩子一起度过一个美好的周末。住进这样的民宿，除了可以享受自由生活，能更方便地融入当地的生活氛围。根据PAII统计，目前美国大部分民宿客房数为4~11间，平均为6间。美国民宿中还有一种“民宿群（Inn Cluster）”形式，它是民宿经营者购买相邻的民宅并将它们改造成民宿以提供更多的客房获取更多收益的民宿经营形式。

3.4 德国乡村民宿——完善制度管理，注重特色体验

第二次世界大战后，德国经历了游客快速增长、传统酒店数量急剧增加时期，但乡村民宿并没有发展起来。到了20世纪中后期，登山和滑雪运动火热起来，经营乡村民宿的农家才多了起来。1970年，德国政府开始鼓励市民到农村去休假，乡村民宿迎来了发展黄金期，之后德国乡村民宿逐渐发展成熟。农民也通过重修农宅、举办活动等多种形式，吸引都市居民到农庄度假。1971—1980年，受到欧洲整体范围内文化遗产保护的影响，德国乡村发展开始重视综合提升，注重地方特色、环境资源特点、历史文脉等的保护与延续，乡村发展显示出自身的魅力。为了确保乡村民宿服务品质，提升旅游市场的整体水平，德国农业协会于1971年针对农场与农家发展的乡村民宿进行了可行性研究，并结合都市居民休闲意象调查结果，提出建立乡村旅游品质管理机制及度假农场与乡村度假评鉴制度。这两项措施分别从乡村民宿的管理部门、乡村民宿的认证分类、乡村民宿的评鉴内容等多个层面，严格评定乡村民宿并不断修订、完善相关评定标准，以保障乡村民宿舒适性与安全性，指导德国乡村民宿建设，最终实现其乡村民宿发展的总体建设目标。

1980—1990年，德国乡村发展开始具有整体意识，更加系统化和规范化。在法定工具和非法定工具的共同作用下，乡村改善环境，建设突出地方特色的建筑、文化景观。这一时期，德国乡村民宿发展不但依托完善的品质管理机制与评鉴制度严格管理民宿以保障民宿质量，而且十分注重民宿设计、民宿活动策划、民宿品牌营销等方面，通过建立从空间设计到策划营销的服务系统，为游客提供丰富多样的乡土旅游体验。德国乡村民宿一般直接由民宿经营者设计安排，房间大小一般在45~50平方米，配置全套家庭设施，

室内装饰充满特色，提供当地食材；在民宿的外部环境设计中，德国民宿依照尊重乡土特色、保护自然环境的原则，通过增设活动步道、梳理庭院景观、局部修缮农庄等方式，保留民宿风貌特色，协调与周边环境的关系，营造德国乡野体验。德国乡村民宿经营者通过邀请游客参与家庭活动的方式，让游客融入当地生活；此外，民宿经营者还为游客制订出行计划、提供交通咨询服务，让游客参与农场生产过程，体验别样的德国乡土风光。

1990 年至今，可持续发展理念被融入德国乡村建设实践；生态、文化、旅游、休闲、经济等价值得到同等程度的重视。德国乡村民宿发展过程中特别重视民俗文化以及人文历史与创新，德国通过普及民众教育、承办博物展览等多种方式，呼吁人们参与历史遗产保护，同时结合文化创意开发产品，增加文化的附加值，让游客全方位地体验乡村民宿文化魅力。通过评鉴制度认证的德国民宿，都登记在专业旅行网站上，实现了全德国民宿详细信息的便捷查询、搜索；在宣传上，建立了德国乡村竞赛制度，开展年度乡村文化竞赛等，对德国乡村民宿的建筑特色、生态保护、外部环境、文化创新进行评比，选出优秀的德国乡村民宿。这一方面使德国乡村居民能够积极参与完善乡村民宿制度，另一方面也树立了德国乡村民宿的旅游品牌。德国乡村民宿的发展，对德国传统住宿形式具有良好的补充作用，有利于酒店业产业链完善、住宿形式多元化，还使乡村得以全方位发展和提升，使乡民生活富足，乡村环境优雅、特色鲜明。

德国地理环境复杂，自然风光秀美，旅游业高度发达，年均游客数量和人均支出逐年增长，为民宿行业发展创造了有利条件。德国房地产开发商 GBI 公司对多座城市进行的调查研究结果表明：在德国，平均每 11 个游客中就有 1 个会选择通过互联网租用民宿，以解决住宿问题。在法兰克福，有超过 1000 家民宿，由其产生的住宿交易量为 40.67 万欧元左右。这些民宿一般都通过 Airbnb、Wimdu 或者是 9flats 网络平台招揽租客。2015 年，法兰克福住宿总交易量为 870 万欧元，其中，通过互联网完成的民宿订单交易额超 40 万欧元。而在柏林，民宿交易量甚至约占总住宿量的 20%。这项研究针对的仅仅是那些有床位且长期出租的民宿。很多游客有意放弃酒店而选择乡村民宿，是因为他们更看重民宿有个人特色的装修风格，也希望有和民宿经营者面对面接触的机会。德国民宿行业在发展上具有天然优势，民宿更注重打造地方特色和营造舒适氛围，给消费者带来当地特色体验，其主要面向的是旅游群体需求，未来发展前景良好。

3.5 日本乡村民宿——强化细节管理，提供系统服务

日本乡村民宿完全是商业经济的产物。20 世纪 50 年代至 60 年代，日本民宿真正兴起并迅猛发展起来。日本民宿是由一些登山、滑雪、游泳等爱好者租借民居而衍生并发展起来的，因而日本民宿多位于山水奇、险之地。后来，这些奇、险之地慢慢发展成为旅游观光胜地，民宿的对象也不再仅仅是一些运动爱好者，这成了日本民宿转向家庭旅馆式经营方式的重要契机。1959—1960 年，由于社会经济高度增长，夏季旅游与冬季滑雪胜地人潮汹涌，旅馆住宿空间明显不足，洋式民宿随之兴起，部分农场也以副业经营方式向游客提供住宿，农场旅馆的住宿形态于是产生，日本迎来民宿业发展热潮。总体来说，此期间日本民宿主要分为农场旅馆和洋式民宿两类。

1960 年后，日本经济进入高速发展期，经济的繁荣带动了日本旅游业的发展。据昭文社 1997 年 4 月出版的《全国民宿》记载，1970 年前后，日本民宿曾达到 2 万余家，家庭式旅馆成为当时最受游客欢迎的住宿类型，此外，还有 700 余个民宿村（所谓民宿村，就是在游览胜地因民宿集中而形成的有特色的村落）。20 世纪 80 年代后期到 90 年代，日本经济泡沫破灭，经济持续衰退甚至一度停滞，以日本国内人群为主要客源的旅游业首先受挫，民宿业也随之没落，再次进入发展的停滞期。直到进入 2000 年以后，日本民宿才再度复苏，趋向“专业化”经营，这时的日本民宿分为名宿和隐宿两种类型。名宿一般指的是町家、庵、寺、院、亭、庄、翠。名宿基本上遵照日本传统建筑风格，加入各地民风色彩形成，它们往往是以前皇亲贵族的官邸或者是某个达官贵人的祖屋，一般其自身就已经是个历史文物或者风景名胜，在日本国内已经有一定的名气，如栋家旅馆、玄妙庵等，因此称之为名宿，其价格略高，但是它们可以完美地体现日本传统文化。隐宿一般由民宅改建而成，价格大部分比名宿低（当然也有高的，如无量塔、丰月等），往往隐藏在日本各地的风景名胜中，环境优美宁静，有的还有温泉，这种民宿受到日本本土很多文人墨客的喜爱。

进入21世纪，从泡沫经济中逐渐走出来的日本，把发展旅游业的目光转向了国外，并在2003年提出了“观光立国”政策，大力吸引外国游客访日，使日本民宿业再现生机。相关法律法规的完善，是推动日本民宿发展的重要举措。为了让民宿业发展更规范，日本在民宿立法上学习欧洲模式，采取许可制，对由民宿协会审查通过的乡村民宿，给予“体验民宿”称号，对其进行合法认证。政府制定了《住宅宿泊事业法》（2018年6月实施），在法律层面承认民宿经营合法化。日本民宿的体验内容十分丰富，主要包括农业体验、工艺体验、汤浴体验和运动体验等。民宿经营者需经过官方授权的财团法人辅导、审核，认证、登记后才可营业。因此，日本民宿从业者整体素质较高、管理系统性较强。

日本乡村民宿在民宿活动策划、民宿设计装潢、民宿管理服务等层面依托自身特色资源，为游客提供具有鲜明的日式风格的乡村民宿系统服务。农业体验、农旅结合是其最大特点。民宿经营者提供特定体验“菜单”服务，体验项目均以特定农作业或者地方生活技术及资源为主题。日本民宿极富人情味、家庭氛围以及乡土气息，民宿经营者会为游客提供日式家庭用餐服务及特色温泉泡澡服务，通过传统的生活体验，增强游客对于日本乡村民宿的认可。日本乡村民宿重视乡土原真性的表达，在室内设计上，尊重传统日式建筑，采用简单的分隔墙，素雅的色彩，营造出浓浓的乡村生活氛围；在室外设计中，注重植物四季变化，通过山林叠石的搭配，让游客置身于“移步异景”的自然环境中。经营者非常重视利用天然资源，搭配当地文化特色，除提供住宿与餐饮服务外，还提供娱乐、休闲、运动等服务，让游客充分享受悠闲的住宿环境。在民宿管理服务层面，则强调大众化的合理收费与自助服务，并实现了全网连锁，在一些网站上细致介绍民宿信息，提供便捷的网络服务。

国外乡村民宿经过较长时期的发展已相当成熟，其特点主要表现在四个方面：一是已经形成行业协会组织；二是经营高度人性化和个性化；三是服务内容多样化；四是民俗化、本地化、家庭化特征明显。为维护居住民宿游客的权益，各国政府机关都会介入管理，在英国、法国和日本，民宿业的经营都采用许可制，取得执照方可营业。此外，政府也会在消防、建筑安全及食品卫生方面对民宿有所要求。

4 我国乡村民宿的发展历程

作为乡村振兴战略实施的重要支撑产业，乡村旅游业快速发展，激发了乡村民宿业的发展。乡村民宿是地方文化的重要载体，是给予游客住宿、情感、人文、休闲娱乐全方位体验之所。它将家庭生活方式与当地文化体验相结合，使游客能以入住体验形式融入当地家庭和生产、文化活动，进而达到深入体验当地特色文化以及自然生态环境的目的。社会经济的发展、产业结构的调整以及人们对回归乡土生活的渴望，促使乡村旅游住宿业快速发展。乡村民宿产业作为农业供给侧改革的切入点，是休闲农业与乡村旅游相结合的新型业态，有着广阔的发展前景。

4.1 我国大陆乡村民宿的发展历程

我国大陆乡村民宿发展较晚，萌芽于20世纪八九十年代，为迎合游客需求，旅游目的地农民自发形成了“农家乐”，主要是利用家庭闲置房屋为游客提供住宿服务，并且大多以“家庭副业”方式经营，价格低廉。随着社会经济的发展，大众旅游盛行，催生了乡村民宿。

乡村民宿的发展大致可以分为以下几个阶段：

4.1.1 自然萌芽与市场主导阶段（1984—2009年）

20世纪八九十年代，我国农业结构由传统农业向现代农业转变，部分农民利用自己居住的民房和种植的田地开展旅游接待活动。例如，四川成都郫都区农科村的刘氏庄园。只不过，这在当时只能勉强算乡村民宿的雏形。

随着乡村旅游的快速发展，2000年后，乡村旅游开始向集观光、度假、学习、考察、体验于一体的方向发展。以乡村“农家乐”为主流，没有高级奢华的设施，追求淳朴民风，独具特色、民俗文化意味浓厚的乡村民宿自发形成。随着乡村民宿被更多人熟知，农家乐不再能够满足人们对高品质旅游的追求，大部分出身设计师、文化水准比较高又有情怀的民宿经营者涌入民宿市场。此时的乡村民宿呈分散式、个体化特点，单体民宿体量小，整个行业呈现单打独斗的局面。2007 年，浙江省德清县莫干山"洋家乐"（莫干山民宿发源地）的出现，被很多人喜爱和接受，进一步促进了乡村旅游模式的升级。旅游资源相对丰富的景区是民宿发展的依托，在与相关住宿业的竞争之中，乡村民宿基础设施条件趋于标准化，但民宿的快速发展也导致乡村民宿经营中出现盲目跟风、同质化严重、供大于求的问题，乡村民宿产业市场竞争激烈。北京在 2008 年奥运会之后，加大了对乡村旅游的推进力度，乡村旅游在规范中提升品质，逐步从"农家乐"住宿形态向品牌乡村民宿转型。①

此阶段中，民宿学术研究同样得到发展。2006 年之前，学术界对乡村民宿以描述性研究和解释性研究为主，主要是对民宿的概念、开发条件、市场定位、竞争优劣势、发展现状、出现的问题、对策与建议以及经营管理模式等进行研究。2007 年至今，研究逐步具体、深入和多样化，并结合了消费者行为学、心理学、经济学、社会学、服务学等，逐渐重视定量研究与定性研究相结合，主要从游客体验、网络、利益相关者等方面研究民宿的经营策略、营销模式、可持续发展和服务质量等。

4.1.2 "互联网 +"与爆发性发展阶段（2010—2016 年）

2010 年，上海世界博览会使民宿得到了更多的关注，民宿的迅速崛起和互联网旅游经济的快速发展，为民宿经济的互联网化准备了条件，"互联网 + 民宿"逐渐发展起来。2011 年前后，游客通过互联网可以在出发前了解各个城市和景区的民宿情况，并可以利用网络支付手段预订民宿，安排好以民宿为中心或节点的旅游路线和计划，② 一些专业的预订平台开始集中出现。国内第一批民宿平台——途家、木鸟等相继成立。2014 年，在丽江、厦门、杭州、三亚等旅游目的地，民宿如雨后春笋般涌现，成为当地极富吸引力的旅游特

---

① 陈冬 . 打造乡村民宿发展的北京样本［J］. 前线，2021（6）.

② 大幕开启：一大波"互联网 + 民宿"袭来，神灵寨景区［EB/OL］.（2015-11-26）［2022-01-03］. https://mp.weixin.qq.com/s/0QhXJ81wnMC-0RWf5W20tA.

色。[①]2010—2015年，各地民宿爆发式增长，且分布较集中，政府高度重视，市场发展潜力巨大，管理逐渐规范，主体趋向多元化。在我国丽江、厦门、杭州等地，家庭旅馆成为当地的旅游特色，也成为旅游投资的热点。如家、绿城、绿地等企业均已开展实质性的投资布局；国内知名的民宿品牌，如花间堂、宛若故里、幸福时光等品牌民宿管理公司，纷纷开始连锁扩张。

2015年，浙江省德清县（莫干山民宿发源地）发布国内第一部县级乡村民宿地方标准——《乡村民宿服务质量等级划分与评定》，标准的制定和实施极大地推动了该县乡村民宿更高水平的发展，对乡村民宿规范经营、服务质量提高起到了积极作用，标志着我国乡村民宿开始进入科学化发展、品质化经营、规范化管理的新阶段。2015年11月，国务院办公厅发布《国务院办公厅关于加快发展生活性服务业　促进消费结构升级的指导意见》（国办发〔2015〕85号），提出积极发展客栈民宿、短租公寓、长租公寓、农家乐等满足广大人民群众消费需求的细分业态，文件将这些业态定性为生活性服务业，指出将在多维度上给予支持，这为非标准住宿经营提供了政策支撑与依据，推动了民宿合法化。

2015年12月，《中共中央　国务院关于落实发展新理念　加快农业现代化　实现全面小康目标的若干意见》明确指出，大力发展休闲农业和乡村旅游，有规划地开发休闲农庄、乡村酒店、特色民宿、自驾露营、户外运动等乡村休闲度假产品。2016年2月，《北京市人民政府关于促进旅游业改革发展的实施意见》明确指出，推广“北京人家”模式，支持城乡居民利用自有住宅依法从事旅游经营活动。3月，如家正式启动民宿运营业务。以合作形式将符合条件的民宿业主纳入旗下品牌“云上四季民宿”。如家民宿项目发展管理总监透露，经过2015年下半年的调研与试点，公司已在全国8个城市签约了33家民宿作为样板店试点系统运作和管理模拟，此后将在滇、苏、浙、沪、琼、闽、桂等地重点布局。[②]民宿产业火热的背后，是相关政策的逐渐放宽。随着民宿经济的发展，越来越多的创业者、酒店企业和资本力量进入民宿经济领域。

---

① 刘娴．“燃”起来吧！民宿！——专访中国旅游协会民宿客栈与精品酒店分会会长张晓军［EB/OL］.（2018-08-29）［2022-01-03］. https://www.56-china.com.cn/show-case-1383.html.

② 徐维维．如家即将大举进入民宿业 重点布局江浙沪、福建等地［EB/OL］.（2016-02-19）［2022- 01-03］. http://news.winshang.com/html/056/4235.html.

2016年10月10日，中国旅游协会民宿客栈与精品酒店分会成立。旅游作为一个兼具经济与社会功能的综合性产业，互联网元素的融入让旅游业的发展如虎添翼。尤其是在旅游资源丰富的地区，民宿数量更是几何级增长，从2014年的30231家发展到2016年的53852家，增幅达78%。[①] 2015年、2016年前后，我国大陆的民宿分布基本上是从东南沿海一直延伸到西南地区，形成一条以东南沿海为主体的民宿产业带，拥有滇西北民宿群、川藏线民宿带、湘黔桂民宿群、海南岛民宿群、浙南闽北民宿群、徽文化圈民宿群、客家文化圈民宿群、京津毗连区民宿群、珠三角毗连区民宿群、长三角毗连区民宿群、浙闽粤海岸民宿带11个民宿群带。[②] 据有关机构对精品民宿进行调研所得的数据显示，平均入住率，长三角及东部沿海的民宿达到65%~70%，西南及华北的民宿为40%~45%；平均房价，长三角区域的民宿为900~1200元每晚，浙闽粤区域为700~900元每晚，云南区域为400~1000元每晚。2015—2016年是在线民宿市场高速发展时期。

4.1.3 规范发展与双主导阶段（2017年至今）

2017年3月5日，李克强在第十二届全国人民代表大会第五次会议上重点提到了完善旅游设施和服务，大力发展乡村、休闲、全域旅游的相关问题。2017年8月，国家旅游局[③] 首次以官方文件的形式发布了《旅游民宿基本要求与评价》（LB/T 065—2017），提出经营民宿的基本要求、民宿规范管理要求以及等级划分标准，并且从地域上将民宿划分为乡村民宿与城镇民宿，为乡村民宿产业健康发展指明了方向，对民宿行业的发展产生极大的积极影响。同时，基于互联网平台，以公众广泛参与、闲置资源更新利用、权属关系产生新变化（从注重所有权到注重使用权）、更注重用户体验为特征的共享经济的迅速崛起，为民宿产业兴起提供了必要的时代背景。至此，民宿发展进入3.0时代（2017年至今）。

---

① 数据来源：中国旅游协会、《民族团结》杂志社等联合主办的第三届全国民宿大会暨恩施州首届民宿发展大会上发布的《2017全球民宿发展研究报告》。

② 郑彬．我国民宿产业现状调查：发展很火爆 赚钱不容易［EB/OL］.（2017-01-05）［2022-01-03］. http://www.ce.cn/xwzx/gnsz/gdxw/201701/05/t20170105_19395683.shtml.

③ 现称中华人民共和国文化和旅游部。

调查显示，2017 年我国民宿消费规模达 200 亿元，2018 年，我国乡村民宿订单量超过 2017 年全年的 300%，累计接待近 200 万房客，为乡村房东创收超过 5 亿元；乡村民宿入住的平均间夜为 2.8 天，比民宿入住总平均间夜高出 60% 左右；游客人数多为 2~5 人，多以情侣、亲子、家庭为单位出游（田力，2019）。这一时期，民宿业发展主要集中在长三角地区，在浙江省部分地区民宿呈现出发展热潮。

从全国范围来看，民宿市场还有很大发展空间。2018 年中央一号文件提出实施休闲农业和乡村旅游精品工程。2018 年前后，各地民宿行业协会纷纷成立，全国各地民宿大发展。2016—2018 年，相关学术研究成果较多，表明乡村民宿的发展在一定程度上带动了乡村民宿研究的快速发展，越来越多的学者对乡村民宿进行更加深入的研究。

《2019 中国大陆民宿业发展数据报告》表明，我国民宿数量排名前 10 的省级行政区为广东、山东、浙江、辽宁、河北、四川、陕西、湖北、重庆、江苏，其中，民宿数量排名前 10 的城市为重庆、北京、西安、成都、青岛、广州、武汉、上海、秦皇岛、杭州。2019 年之前，我国民宿业发展中，土地、物业、人才、资金等关键产业要素的供给，是通过市场的无形之手调配、供给的。文化和旅游部分别在浙江安吉和四川成都召开了全国发展乡村民宿推进全域旅游现场会和全国乡村旅游（民宿）工作现场会，这标志着我国民宿发展由以往的市场主导、自然成长迅速过渡到政府、市场双主导新时期。① 这个时期民宿业发展特征显著，产业要素尤其是土地实现了依法、合规供给，从而使民宿投资者的权益得到根本保障。民宿业市场准入制的实行，则使民宿合法的市场主体地位得到根本性保障。以《广东省民宿管理暂行办法》实施为标志，很多地方政府制定和出台了相关的地方性法规和政策，为民宿投资和运营开了绿灯。

2019 年，文化和旅游部批准并正式公布旅游行业标准《旅游民宿基本要求与评价》（LB/T 065—2019）。该标准将旅游民宿等级由金宿、银宿两个等级修改为三星级、四星级、五星级 3 个等级并明确了划分条件，加强了对卫

---

① 张晓军 . 民宿发展要正确处理几个关系［EB/OL］.（2019-12-19）［2022-01-03］.http://tour.dzwww.com/sn/news/201912/d20191219_4308964.htm.

生、安全、消防等方面的要求，健全了民宿退出机制。新标准体现了新发展理念和文旅理念的融合。同年，文化和旅游部评定首批全国乡村旅游重点村，其中民宿产业的发展情况是评定重点村的重要指标。

全国乡村旅游发展监测报告显示，随着大众旅游和体验经济时代的到来，当前民宿发展正从传统的1.0时代（粗放型，以住宿功能为主，稍兼休闲、体验等功能）和2.0时代（以“洋家乐”民宿等乡村民宿为主，价格走高端路线）进入3.0时代。民宿3.0时代主要体现为具有跨界融合、回归民生、注重品牌塑造和休闲体验功能。①

2020年，广西壮族自治区文化和旅游厅发布的《广西旅游民宿发展规划（2020—2025年）》提出，到2025年，全区旅游民宿将达到3000家左右，接待游客量将达到1000万人次以上，产生的消费将达60亿元以上，旅游民宿成为广西建设旅游强区的重要支撑以及城乡经济发展的新亮点和增长点。目前，广西桂林阳朔旅游民宿的发展规模、从业人数、经营管理、服务理念均处于全国领先水平。2021年，民宿市场进入高质量发展快车道，周末及节假日预订量翻倍增长。本地游（城市微旅行）、周边游需求旺盛，去哪儿平台的数据显示，2021年最后一周的火车票、机票出票量比前一周增加两成左右，元旦周边短途游需求大约是平日的3倍以上。跨省游曾多次熔断，“熔断机制”使民宿周边市场加速扩容，乡村休闲旅游业的市场潜力大幅释放，促使乡村民宿迅速崛起，成为行业新风口。②

2021年3月，途家发布的《2020年乡村民宿数据报告》显示，新冠病毒感染防控期间，以北京、上海、三亚、厦门、杭州、广州为代表的一线城市和新一线热门城市周边的乡村民宿增长迅猛。2020年“十一”黄金周期间，北京、上海两地的乡村民宿接待游客量和交易额涨幅超过100%；截至2020年年底，途家平台的乡村民宿房源量超过54万套，相较2019年增长约2.4倍；很多像老洋房、木屋、吊脚楼、别墅等一类适合家庭出游、场景多元化且能提供疗愈休闲、游园踏青、郊野漫步等特色项目的民宿，客单价不降反增，

---

① 陈川，何烈孝，李小晓．从福建三落厝看当前中国民宿发展的创新［J］．福建建筑，2019（12）．

② 民宿行业未来发展趋势 中国民宿发展现状及前景分析［EB/OL］．（2022-01-04）［2022-02-07］．http://www.chinairn.com/scfx/20220104/18034547.shtml．

出现了一房难求的情况。乡村民宿量价齐升，个性化、高品质、独栋私密的乡村民宿，正受到市场越来越多的欢迎和肯定。

2021 年，“国家乡村振兴局”成立，为乡村旅游发展带来了新曙光。2021 年 3 月，民宿发展首次被写入国民经济和社会发展五年规划，成为我国 2035 年远景目标纲要内容。“十四五”规划纲要明确提出要壮大休闲农业、乡村旅游、民宿经济等特色产业。如今，发展乡村民宿，已是拓宽绿水青山向金山银山转换通道的重要方式。同时，文化和旅游部发布旅游行业标准《旅游民宿基本要求与评价》（LB/T 065—2019）第 1 号修改单，对该标准中的部分条款进行了修改。其中，最为明显的修改是新增了民宿“提供餐饮服务时应制定并严格执行制止餐饮浪费行为的相应措施”条款，并将旅游民宿等级由三星级、四星级、五星级更改为丙级、乙级、甲级。此次修改旨在与时俱进地规范、引导旅游民宿健康成长。2021 年“五一”期间，某旅游出行服务平台乡村民宿预订量同比增长超过 220%，增速超过酒店。①

我国民宿业发展经历了由粗糙而原始的住宿接待、部分城市里资产小有积累的退休人士回乡重构梦想，到年轻精英和创新型人才“选乡”以新农民身份过起田园牧歌般生活的发展历程，但我国民宿始终以“慢生活”“暖服务”体验为特色，为游客提供乡野生活空间。乡村民宿产业作为新时代体验经济的产物之一，由单体发展向集群化、产业化方向发展，向集住宿、餐饮、科教、文化和情感交流以及身心体验功能于一体，满足消费者个性化需求的综合性产业发展，成为乡村旅游发展的“主力军”，实现了生态效益、经济效益和社会效益的统一。

4.2 我国台湾乡村民宿的发展历程

我国台湾地区民宿创意源于 B&B，其发展大致经历了以下几个阶段：

4.2.1 初级发展阶段（20 世纪 80 年代）

1980 年，我国台湾地区旅游业因景区开发而迅速发展，出现住宿设施不

① 吕晓勋 . 打造特色民宿 助力乡村振兴（评论员观察）[N] . 人民日报，2021-09-06（9）.

足的情况，民宿应运而生；1981 年，观光风潮逐渐兴起，大量民众涌入台湾南部垦丁公园附近游玩，这一时期在垦丁公园附近出现较大规模的民宿，同时，阿里山因知名度较高，一直是游客去往台湾的必游之处，该地附近民宿也成为流行趋势。[①]

4.2.2 引导发展阶段（20 世纪 90 年代）

1990 年，我国台湾地区服务业人口超过 50%，农业人口下降至 10%，台湾地区农业发展面临极大的危机，为了突破农业发展瓶颈，当地开始积极推动发展休闲农业，制定了“一乡一休闲农业园区”政策，成立了各类协会部门，引导民宿业发展，民宿成了旅游吸引物，迅速在台湾地区兴起，当地民宿旅游进入引导发展阶段。

4.2.3 规范化发展阶段（2001—2007 年）

由于我国台湾民宿业发展初期乡村民宿经营水平参差不齐、缺乏完善的管理制度，消费者权益得不到很好的保障，为了保证乡村民宿服务质量，台湾地区修订相关规定，对民宿的设立标准进行了规范。2001 年，民众旅游之风兴盛，台湾地区出台相关规定，对乡村民宿的建设规模、申请登记条件、管理监督及经营者等做出规定，民宿发展逐渐正规化、产业化。另外，民宿因平民化、平价化、亲民化而备受游客喜爱，民宿业已经从原先的副业变成了主业，成为一个新兴的乡村旅游经济产业，带动传统农业向观光农业转型，至此，民宿产业正式成为我国台湾地区的一个新行业，进入规范化发展阶段。

4.2.4 品牌化发展阶段（2007 年至今）

伴随民宿旅游新热潮，当地乡村民宿爆炸式增长，截至 2015 年，我国台湾地区共有 5000 多家合法民宿，2 万多间房间，单纯数量的增长，使得当地乡村民宿面临设施老化等诸多问题，针对这一窘迫现状，台湾地区民宿协会采取各种措施鼓励发展新颖、独特并符合当地自然、人文资源特色的民

① 民宿：缘何而来［EB/OL］（2015-11-09）［2022-01-04］. https://mp.weixin.qq.com/s/ZrjxOvYqwaRev16K14X5OQ.

宿，并指导民宿经营者拓展经营项目，从单一的住宿服务向提供特色饮食、增加休闲设施等推进，利用乡土创意产品开发、乡土旅游服务等延伸乡村民宿的产业链条，提高乡村民宿整体收益。我国台湾地区民宿向精致化、品牌化转型。

与此同时，为了进一步提升台湾地区乡村民宿的服务品质，在民宿活动策划方面，借助台湾地区独特的人文及自然资源，以艺术、运动、农家为主题的体验式民宿，以温泉、海滨为主题的乡野民宿，以及特色鲜明的以怀旧复古、人文沙龙为主题的创意民宿等纷纷开设，不同种类的民宿带给游客多样的旅行体验，同时，乡村民宿差异化发展，最大限度地实现了民宿经营者的共赢。乡村民宿品牌营销，不但以传统媒介为依托进行，而且利用网络技术创办同行业民宿网站进行，游客通过民宿网站可方便地查询信息，直接与民宿经营者沟通，民宿营销实现了线上网络与线下媒介的结合。

5 我国乡村民宿发展存在的问题

近年来，随着游客消费升级，越来越多的乡村民宿兴起，乡村的自然资源和人文景观得到了充分利用，乡村的整体面貌也得到极大改观，巨大的市场需求使得乡村民宿发展呈现出十分广阔的前景。但是，调研发现，乡村民宿在性价比、文化特性、服务质量、营销等方面仍然存在突出问题，乡村民宿面临市场竞争激烈、专业经营能力弱、特色化转型难等困境，多数民宿在成本、质量、创新和游客 4 个方面不具有竞争优势，尤其是内涵不够丰富的大众化乡村民宿，很难满足游客个性化住宿体验需求，竞争乏力。这制约着我国民宿产业的发展。

5.1 缺乏统一规范管理和科学规划

目前，我国乡村民宿呈现以个体为主、零散经营的状态，缺乏科学的规划，相关配套设施不齐全，没有形成集群式的规模，尽管近年来行业内的沟通和交流、统一规范管理相对加强，但还不够充分，我国乡村民宿发展还存在盲目建设、重复开发等现象，造成环境破坏，整体上破坏了土地利用的秩序性，使民宿经营者的效益、游客和周围居民的权益得不到有效保障。

5.2 盲目投资导致核心竞争力不强

在发展过程中，我国乡村民宿巨大的市场前景使很多人盲目投资，这使很多民宿毫无特点可言，表现为主题不鲜明、同质化严重、存活期短，甚至有的民宿与普通连锁经济型酒店毫无差别。大部分乡村民宿提供的服务集中于农家住宿、农园采摘、观光游览、乡味餐饮等，缺乏对文化内涵和参与式体验的深度挖掘，不具备个性化与特色化性质，核心竞争力不强，未能形成差异化竞争优势，难以适应乡村民宿经济发展的社会化、知识化、多元化需求。

5.3 管理人员综合素养不高，服务及管理水平偏低

乡村民宿业具有综合性、关联性、服务性强等特点，需要参与人员具有很强的运营能力和服务能力，但在乡村民宿经营中，服务意识和服务能力不强、营销和管理薄弱的人普遍存在，导致民宿产品开发不足、地方特色不明、文化内涵挖掘不充分。优质、周到的服务是乡村民宿在激烈竞争中取胜的决定性因素，好的服务质量和高的游客满意度会极大地助力民宿发展。柯厅敏（2016）和范少花（2016）认为，应通过加强培训解决民宿业存在的管理人员综合素养不高、服务及管理水平偏低等问题。

5.4 民宿主体缺乏经营意识和创新意识

从全国范围来看，我国南方乡村民宿因资源条件具有优势、经营者经营意识更强，装修风格追求个性与艺术性等，比我国北方民宿发展更好。但普遍来看，民宿主体追风的多，独创的少；民宿经营者急于获利的多，有经营头脑、精于管理的少，表现为缺乏经营意识和创新意识，民宿特点不突出，民宿管理人员和服务人员综合素养不高。总体上看，我国大部分乡村民宿根植于本土，经营管理、接待和服务意识不强，缺乏专业性和创新性，表现为对地方资源挖掘不充足、文化特色不突出等，无法更好地满足游客需求，因而严重影响游客的体验，进而直接影响民宿经营效益。

5.5 地方土地供给有限，民宿发展存在潜在风险

乡村民宿依托土地供给发展，但乡村土地不能触碰的“红线”较多，如

“基本农田”“生态保护区”等，同时，土地产权一直以来都是影响着乡村民宿发展的重要因素。由于乡村民宿的申办、建设、资格审批等手续复杂，目前很多民宿由现有民居、闲置农宅等改造、翻建而成，容易导致纠纷。土地供给成为阻碍乡村民宿发展的重要因素。

6 乡村民宿投资与运营

6.1 乡村民宿投融资模式

在农业农村部办公厅、国家乡村振兴局综合司联合印发的《社会资本投资农业农村指引（2021 年）》中，民宿首次被纳入鼓励（社会资本）投资的重点产业，被归入“乡村新型服务业”，文件指出，鼓励社会资本发展休闲农业、乡村旅游、餐饮民宿、创意农业、农耕体验、康养基地等产业，同时，还提出了人才、金融、用地、投入方式等意见，有助于激活社会资本，投入乡村建设。

6.1.1 众筹融资

民宿作为非标准住宿，得到我国广大游客的高度青睐，从 2010 年起，在我国各地呈爆发式增长。《2016—2017 中国客栈民宿行业发展研究报告》显示，2014—2016 年年末，我国大陆客栈民宿从 30231 家发展至 53852 家，两年间增长接近 78%。互联网的高速发展，改变了民宿投资者的融资模式和行为，众筹融资成为进入民宿产业的最好方式。众筹同时也为民宿创业提供了新思路。其中，“借宿”（国内领先的民宿众筹平台）从 2016 年 11 月开始，一年多内上线民宿众筹项目近 400 个，众筹成功率达 95%，总认筹额超过 15 亿元，实际认筹额达到 10 亿元，平均每家民宿拿到投资约 250 万元。[①] 民宿的快速发展吸引了大量投资者关注，越来越多的普通投资者进入民宿投资市场。众筹平台为民宿投资者筹集资金、解决资金上下游关系问题提供了平台，

① 乐琰 . 百亿民宿业招手 热钱扎堆涌入［EB/OL］.（2017-08-07）［2022-02-04］.https://finance.sina. com.cn/roll/2017-08-07/doc-ifyitapp1856864.shtml.

同样起到了民宿宣传效果。

所谓众筹融资，即大众筹资，也被称为大众集资或大众募资，通俗地讲，就是指用团购的形式，通过网络向大众募集项目资金。众筹融资可以利用互联网的传播特性，让有筹资意愿的群体如小企业或个人筹资者通过互联网平台向公众充分展示自己的创意，以取得人们的关注，获得所需要的资金援助。民宿融资者借助第三方平台，以照片、文字或视频的形式，公开、透明地在众筹网站介绍自己的项目，可能出现两种结果，成功或失败。众筹平台存在在规定时间融资失败的案例，同样存在较短周期内获得高众筹率的民宿项目。

6.1.2 股权投资

在大众旅游迅猛发展、消费快速升级的大背景下，对于希望实现连锁品牌规模化运营的民宿经营者来说，股权融资是很好的选择。例如，成立于2009年的精品连锁民宿品牌“花间堂”，在2017年3月进行股权重整后，北京青普旅游文化发展有限公司成为第一大机构股东，同程旅游成为第二大机构股东，资本的介入，较好地解决了其面临的资金问题，大大加快了其发展速度。某些特定投资人可以为民宿提供资源，如投资人有物业资源的可以进行物业导入，投资人有市场渠道资源的会拓展市场。

随着建设规模的不断扩大，要想吸引主流资本，民宿一开始就要考虑如何搭建独特而不可替代的商业模式，资本要的不是情怀，也不是经营，它更看重的是民宿背后对生活方式进行包装的附加值。[①]民宿的特色需要更加鲜明，品牌价值需要不断强化。值得注意的是，在赢得投资的同时，要防止无限度规模扩张，为迎合资本盲目追求收益最大化的行为是不可取的。

6.2 乡村民宿运营模式

游客选择乡村民宿的目的一般是放松身心、减少因工作和生活带来的压力以及体验差异性生活等，而民宿经营者开办民宿的目的，主要是追求理想

① “没户口”的民宿，通过连锁化就能在风口上起舞吗? [EB/OL].(2017-04-27)[2022-02-04]. https:// www.iyiou.com/news/2017042744140.

或追求个人满意的生活，同时获取相关的经济利益。Lin（2010）指出，几位台湾民宿经营者开办民宿的主要原因与追求理想的生活方式有关，如能够与志趣相投的人交朋友、与他人分享美好的环境等，获得经济利益并不是他们开办民宿的主要目的。通过对马来西亚半岛民宿经营者开办民宿的动机进行研究，Syed Zamberi Ahmad 等（2014）发现，个人的满意、在民宿经营中做令人愉悦的事以及期望产生额外的收入是民宿经营者开办民宿的主要动机。随着民宿的发展，以及创办民宿的初衷、基础和环境的不同，产生了不同民宿经营模式。目前，乡村民宿运营模式主要有"农户自主经营"（农户个体经营）模式、"农户 + 个体"模式、"农户 + 公司"模式、"农民合作社"模式、"公司 + 农户 + 合作社"模式、"公司 + 农村集体经济组织"模式、"企业主导"模式以及"政府 + 公司 + 农户"模式等。

6.2.1 "农户自主经营"模式

"农户自主经营"模式是农户作为投资主体，按个人意向，利用自有住宅进行房屋改造发展而来的民宿，这种民宿可作为主业或副业来经营。这种经营模式下，农户为产权拥有者，其对于经营用房的开发、经营管理拥有相对自由的处置权，根据农户个人素养可形成个性化主题民宿。作为主业经营需要投入大量精力，这种经营模式使农户对民宿收益依赖度较高，容易因淡旺季收益不平衡而造成经营问题；作为副业经营，农户对民宿收益依赖度较低，因此对旅游淡旺季不需要过度关注，这是目前大部分乡村民宿的经营方式。这类民宿一般依托周边景区资源经营，但会受到当地旅游政策、经济环境较为明显的影响，民宿产品品质总体一般，规模一般较小，难以形成品牌。这种模式下，农户将闲置农宅拿出来与游客共享，实现了资源利用最大化，农户可以通过经营或售卖当地农副产品获取利益。

6.2.2 "农户 + 个体"模式

"农户 + 个体"模式下，本地或外地具备一定理念、情怀和审美情趣的人员租用乡村农户房屋（租赁期一般 20 年）经营民宿，民宿经营者根据个人向往的生活样式，将房屋设计、改造成民宿进行经营。农户主要依靠出租房屋或土地获得租金，而民宿经营者依托民宿经营获取收益。例如，北京金叵罗村老友季花园民宿，采用的就是这种经营模式。

出生并长大于北京密云的梁晴，开设老友季花园民宿的初衷，是希望能有个院子，有个跟朋友相聚的地方。2015 年，梁晴为民宿选址时，选择了现在的院子，院子里有一座上百年的老房子，经过她的改造，院子成了花园，院子里有树，窗前有花，花中有蝴蝶，整个院子活了起来，其“爱花爱生活”的理念赋予老友季花园民宿吸引人的魔力。2020 年，在北京市文化和旅游局举办的首届北京网红打卡地评选活动中，老友季花园民宿榜上有名。

6.2.3　“农户 + 公司”模式

农户作为投资主体，按照统一标准出资，对自家房产进行装修改造，开办民宿；村集体成立旅游开发公司，或村集体与专业的旅游公司共同成立旅游开发公司，进行统一规划设计，开发旅游活动，统一管理村内民宿，提供相关技能培训、客房调度等服务，并负责运营和推介。农户通过付出劳动力、出租自家闲置房产、售卖农产品、公司分红等方式获利。这种模式适用于新农村、移民搬迁村或有景点依托的村，且组织化程度要高，村民具有较强的积极性。

2015 年，丽水市养心谷休闲旅游有限公司以租金入股的方式将碧湖镇畲坑自然村村民空余的房屋租了下来，房屋租赁期限 15 年，并让村民参与经营。本着互惠互利、合作共赢的经营理念，丽水市养心谷休闲旅游有限公司与村民形成利益共同体，走起了“农户 + 公司”的民宿经营路子。房屋由公司按照标准统一装修，投入运营后，在公司年度财务决算有利润时，将利润的 30% 分红给村民，村民不出家门就实现了在公司就业，他们有了三笔收入：房租、分红和工资。

6.2.4　“农民合作社”模式

这种模式是通过成立农民合作社的模式运营民宿，农户以自家房产或者现金作为资本，合作社雇用专业的管理人员对房屋进行统一设计、统一装修，然后根据不同房屋的特点为房屋设定风格，以满足不同客户的需求。“农民合作社”模式可以将农民的资金集合起来，以专业的管理模式进行投资，并按照公司或者相应的章程开展业务；还可以对原有散乱的农户房屋进行整合，通过统一、专业、细致的管理，确保房屋得到更为有效的分配，这样既能够减少无效竞争又能够实现资源合理分配。“农民合作社”模式实际上实现了风险共担、利润共享。

延庆区旧县镇东龙湾村通过组建专业合作社，与社会力量合作兴办乡村民宿“左邻右舍”。“左邻右舍”乡村民宿以合作社为投资主体，将 3 处村民闲置院落改造成民宿。村民将房子交给合作社，签订 15 年的合作协议，装修运营 1 分钱都不用出，根据入住收益按比例分成。前 3 年村民与合作社是三七分成，第 4 年和第 5 年是四六分成，第 5 年之后都是五五分成。没有闲置房屋的村民也可以来这些民宿工作，解决就业问题。

6.2.5 “公司 + 农户 + 合作社”模式

该模式以市场为导向、以企业为龙头、以农户为基础、以合作社为平台，通过集成创新，最终形成了家庭经营、合作经营、公司经营、产业化经营和行业协调“五位一体”及农户、合作社、企业“三方共赢”的局面。

成都九坊宿墅位于寿安镇岷江村，项目以“文、创、产、旅四维融合”为理念，具备民宿 + 新零售、民宿 + 互联网、民宿 + 供应链等诸多新特征。其采取“公司 + 农户 + 合作社”运营模式，由政府出资进行基础配套建设。项目保留了乡村原本风情，用原真的宿墅形态复刻其独特的地方文化；同时，突破了传统旅游收益模式，村子里成立了专门的旅游公司，与投资方合股成立成都九坊宿墅酒店管理有限公司，村集体占 35% 的股份，除了保底收入，通过经营共享厨房、共享菜园也有一定的收入，村集体将这些收益用于为村民提供更多的公共服务。项目促进了乡村旅游发展，让农村的资源变成了资产，并让资产流动了起来，激活了农村市场。

6.2.6 “公司 + 农村集体经济组织”模式

公司作为投资主体，组建投资平台公司，由平台公司与村集体（以地作价或以土地经营权入股形式）、社会资本合股成立民宿公司。作为资产主体，民宿建成后村集体不参与经营。村集体按出资比例获得保底固定收益，公司、社会资本按出资比例获得除村集体固定收益外的经营收益。

位于北京房山区的知名的“姥姥家”“黄栌花开”和“桃叶谷”等民宿，是隐居乡里在2016年与黄山店村合作开发的民宿。该村得到政策支持，建设了35栋楼房，实现了全村上楼，老村原有的340多个院落，成为集体资产，被统一开发、利用，2016年，该村与隐居乡里合作，将老村原有的院落改造成民宿，发展旅游业，使闲置农宅得到利用，实现了产业发展的二次繁荣，走出了富民强村之路。公司运营集体按比例获得收益，并给村民分享集体资产的收益分成。这种模式不仅激活了乡村产业，同时带动了当地村民稳定就业。

6.2.7 “企业主导”模式

该模式下，由一家企业以租赁形式租用整个村落，对整个村落的环境、民居进行改造提升，企业作为投资主体，以工商资本投资进行独立经营管理，或者对村落、民居进行改造包装后招商，吸引有经验的经营者二次租赁。这类民宿有一定的体量规模，且一般来说民宿产品品质较高。这种模式下，企业买断一定时期之内资源的使用权，进行经营，获得投资回报；政府和农户转让一定时期内资源的占有权、处置权、使用权，一次性获得资源使用补偿费。该模式适用于已经搬迁安置的村落。缺点有两点，一是房产所有权非民宿经营者所有，当租赁期限到达时续约风险大；二是当经济效益不好时亏损较大。乌镇民宿采用此类经营模式的较多。

2009年，江湾镇诞生了篁岭模式，凭借“晒秋文化”享誉世界。投资公司婺源篁岭文旅股份有限公司通过与政府协商，分期对村庄进行规划、搬迁和投资，并进行全面产权收购，整体盘活了古村旅游开发经营权，并全额出资，将未纳入保护名录的许村镇“怡心堂”，整体搬迁至篁岭修缮保护，与政府达成协议：所有权仍归许村镇政府，公司拥有经营使用权。截至2021年，篁岭120多栋老建筑中有20多栋是易地搬迁来的，这使篁岭成为婺源老建筑密度极大的村落之一。同时，篁岭通过活化乡土资源，注入现代要素，以村民兼业、就业、创业、兴业的旅游化“生活态”复兴了传统文化的精神家园。篁岭模式是“企业主导”模式的典范，为乡村旅游资源保护和利用开辟了新方向。

6.2.8 “政府 + 公司 + 农户”模式

这种模式下，政府以工商资本投资作为投资主体。政府负责资金投入，提供培训学习机会、公共配套设施建设服务；公司负责规划设计、改造引导、营销、运营管理；农户负责对自家房屋进行具体的改造并提供服务。公司以资金、管理等方式入股，政府以资金、土地等方式入股，农户以劳动力等方式入股，三者按股份分红。此模式适用于政府、公司、农户各有资源，均想从开发中获利，三方各自开发意愿较强但单独一方难以顺利推进的情况。

7 典型乡村民宿经验借鉴与启示

7.1 典型乡村民宿

7.1.1 九坊宿墅的“业态共享”

九坊宿墅，被称为浓缩版的“桃花源”，其打造了 9 个特色匠人工坊，让村民成为“局内人”。自 2018 年 7 月 18 日建成运营以来，一直“一房难求”。“九坊”指盆景坊、陶艺坊、家居设计坊、染织坊、编艺坊等 9 个特色匠人工坊，为游客提供了多种体验的机会。九坊宿墅最大的亮点是推出“业态共享”的经营模式，建立村资源库，比如，村里谁家菜园蔬菜新鲜、谁家豆花好吃、谁家盆景技艺高、谁是编织能手等，都会纳入村资源库，然后九坊宿墅后期会根据游客需求开展共享经营模式。“业态共享”，几乎让每家每户都享受到了真正的实惠。九坊宿墅倡导让村民成为“局内人”，一起参与乡村发展，共享发展成果，成为推动当地乡村发展的动力。

7.1.2 七间房的“定制服务”

七间房是滇西北典型民宿客栈，位于大理市双廊镇岛依旁村，其注重细节、品位，专为享受安静舒适、自在悠闲度假生活的客人开设，为其提供私享空间和定制服务。第一，七间房成功打造西餐厅饮食 IP，主推招牌菜，需要提前定制的套餐，已成为客栈文化的重要组成部分；第二，可定制当地旅游行程和游玩攻略，以及个性化旅拍服务，七间房已将自己打造为大理地接社；第三，还可定制微电影、早餐、车辆等服务，2015 年七间房推出项目“七苹果”，通过上游与房地产开发商合作经营空置房源，下游与租车公司合作为游客提供可定制的车辆使用服务，“2 个房间 +1 辆车”的组合型产品设计，构建了全国第一家“自驾车 + 公寓 + 自助厨房”式度假公寓，不仅满足了自驾游旅客的需求，也让产品性价比实现最大化。

7.1.3 三姑民宿的“手作民艺”

三姑民宿是西南区域典型民宿客栈，位于四川省成都市三圣乡，有着传统的农家生活基调，更加注重住客与住客、住客与三姑民宿之间的交流与互动，无论是音乐、书法，还是陶艺、清茶，住客都可以在这里找到志同道合的人。同时，三姑民宿餐饮 IP 深入人心，塑造了好口碑，大盆鱼、一笼九味、无骨鱼、小龙凤等特色招牌菜，每个周末都能吸引大量的老住客从市里赶来。住在三姑民宿，可以学习手作民艺，制作的陶制品、书法品等还可以寄放在此展销，展销平台的搭建，使住客与住客、住客与三姑民宿之间的联系更为紧密，形成了三姑民宿特有的社交圈，增强了客户黏性。

7.2 经验借鉴与启示

从以上 3 个典型民宿案例可以看出，共享带来发展与共赢，民宿业有向各相关产业延伸的可能，民宿生活可以形成精彩的生活圈和社交圈。

7.2.1 构建利益共同体共享机制

民宿业可以以协会或联盟的形式构建民宿业利益共同体共享机制。利益共同体成员可以形成协作共享机制，以推动民宿业发展。利益共同体成员通过协会或联盟形式，享受集中资源、统一筹划，形成互惠互利的合作关系，各自取长补短，整体促进民宿业质量提升，最终实现共赢。

7.2.2 构建关联产业的定制服务

“民宿 +”使民宿业不断创新发展，同时，游客对高品质生活的追求，催生了更多高品质定制服务。七间房的“七苹果”项目，给民宿赋予了更多的身份，而在“民宿 +”发展中，还有更多思考空间，可以满足各类有独特想法的人群特别是高端人群的需求。例如，“民宿 + 运动”主题民宿，可运用名人效应，关联运动器械、运动陪伴等定制服务；“民宿 + 艺术”主题民宿，可提供夏令营或冬令营定制服务，吸引有艺术需求的家庭；“民宿 + 手工”主题民宿，可以利用手工 DIY（Do It Yourself，自己动手制作）方式，提供不同材质或内容的手工定制服务等。

7.2.3 构建民宿生活社交服务圈

民宿本身就是一种生活，对于游客来说，民宿生活是一种新生活方式的体验。乡村民宿以其乡村性吸引了大批爱好自然、渴望自由的游客，同时，民宿本身就是建立在独特性基础上的，有独特的生活、独特的资源、独特的活动等，意在吸引认同感强或辨识能力强的有缘人。同时，人们离开惯常居住地入住民宿，这一过程本身就是在潜意识中寻找自我、发现自我并与他人建立联系的过程。而在民宿参与各类体验性活动，参与成果在一定范围内被展示出来，这使很多人在旅行中找到自我，建立自信，开启新的社交圈，如“民宿 + 展览”相关案例，使游客在旅途中构建起民宿生活社交服务圈。

8 北京乡村民宿市场现状

随着乡村旅游和休闲农业的蓬勃发展，我国民宿产业处于快速发展状态。从 2015 年开始，民宿等非标准住宿井喷式发展。有数据显示，截至 2019 年，现有的民宿加上原来的农家乐，已经达到了 15 万家左右。《中国民宿发展报告（2016—2019 年）》显示，2019 年我国国内旅游人次超 60 亿，其中选择在乡村、古街旅游的人次超过 30 亿。旅游消费升级的推动，政府政策的大力支持，以及众筹等新融资方式的兴起，导致大量资本涌入民宿市场。2019 年发布的《旅游民宿基本要求与评价》（LB/T 065—2019），是在《旅游民宿基本要求与评价》（LB/T 065—2017）基础上，对旅游民宿范围、规范性引用文件、术语和定义、等级和标志、基本要求、等级划分条件、等级划分方法几个方面做出的更进一步的要求，它使民宿产业发展方向更加明确，对促进我国民宿行业健康、有序发展有着重大意义。国内各地政府也积极响应，陆续出台乡村民宿产业相关政策，极大地推动了全国各地乡村民宿产业的快速发展。

8.1 乡村民宿供应市场现状

2020 年，蔡奇调研时强调，乡村民宿作为乡村旅游发展的重要内容和新兴热点，是助力北京实施乡村振兴战略的重要渠道，是推进全域旅游发展的重要抓手，也是促进首都文化和旅游消费的重要途径（姚婕，崔曦，2021）。新冠病毒感染防控期间，整个旅游业遭到冲击，但乡村民宿却因卫生、安全、私密等特色逆势增长。尤其是那些专注于体验、设计独特及兼具康养功能的高品质民宿，更是迎来发展契机，停留在民宿目的地进行吃、住、娱闭环消费，成为疫情之后人们出游的新趋势。有数据统计，2020 年途家国内乡村民宿的房源数量达到54万套，同比增加近2.4倍；乡村民宿创收超17亿元，是2019年创收水平（5.5亿元）的3倍以上。

8.1.1 乡村民宿成为疫情常态化下的出游首选

美丽的自然景观、新鲜的空气、安静的村落等，使乡村民宿成为疫情常态化下人们出游的首选。2020年突如其来的疫情打乱了人们正常的出行计划，影响了人们的出境游和出省游，却激发了人们对本地游的研究和探索。随着互联网旅游平台的发展，自驾到本地或周边的乡村民宿休闲度假，成为人们的出游首选。疫情让人们逐渐习惯在节假日选择到乡村民宿消费和体验。乡村民宿产业成为各地及周边游发展框架的重要组成部分。

8.1.2 互联网营销助力乡村民宿营销

疫情防控期间，越来越多的乡村民宿经营者意识到线上渠道推广和专业运营的重要性，纷纷拓展并上线途家等线上售卖渠道，积极参加平台的培训和活动，为自家民宿引流。乡村民宿经营者开始在民宿服务、品质、特色等核心要素方面下苦功夫，以增强民宿的核心竞争力。各地方政府也积极出台相关政策，帮助民宿行业渡过难关。民宿经营者多同时选择多种线上旅游平台进行整合营销，与此同时，也会自行建立自媒体营销宣传渠道。途家统计数据显示，自媒体营销手段在民宿经营中备受欢迎。

8.1.3 星级评定推动民宿品质化发展

依据标准对民宿进行等级划分，是引导民宿品质化发展的创新举措。2018年，北京市怀柔区颁布奖励办法、出台等级标准，多项举措助力精品民宿发展，带动乡村旅游提质升级。2019年7月，文化和旅游部发布新版《旅游民宿基本要求与评价》（LB/T 065—2019），按照三星级、四星级、五星级的标准对依法合规经营的乡村民宿进行等级评定，其必将有效促进民宿产品和服务的规范化、个性化、差异化发展。上海、郴州等地已经依据地方标准评定产生了第一批等级民宿。依据标准对民宿进行等级评定，已经成为各地各级文化旅游部门的普遍共识和一致行动。

8.1.4 民宿从业者学历偏低现象突出

调查显示，我国乡村民宿员工难招，民宿运营服务人员多为当地村民，文化水平偏低，因此用工成本也普遍较低。大多数的民宿经营者或管家需要从外部支持中获得员工专业培训相关帮助。还有一些民宿经营者认为人才管理问题是其面临的较大的挑战。目前乡村民宿急需专业的民宿人才，以助力民宿运营管理。培养高素质民宿人才已经成为当务之急，民宿行业迫切需要民宿人才职业化。

8.1.5 民宿投资偏高且回报周期较长

从最初民宿兴起到蓬勃发展，以及疫情考验后，一部分民宿经营者难以承受资金增大的压力选择离场，仍然有很多人看好乡村民宿市场，特别是京郊乡村民宿，吸引大批“追风者”投资乡村民宿行业。新进入民宿行业的民宿经营者，需要了解目前行业的成本与营收整体趋势，根据个人实力，结合地方发展和市场需求，做出理性权衡，避免盲目投资造成损失。

实践证明，乡村民宿建设总投资中，前期投资大，主要包括前期的房源成本、建设成本、装修成本等静态投资，此外还有后期运营等动态成本。数据显示，大多数的民宿前期投资在 200 万元以上，其中，投入资金来源中多为自有资金，投资回报期一般在 5~7 年。近年来，乡村民宿投资表现出见效慢、回本时间长的特点。有的地区乡村民宿供给正逐步趋于过剩的状态，行业的投资回报周期也在变长。

8.2 乡村民宿消费市场特征

2020 年突发疫情，使旅游业遭到重创，而乡村民宿却呈现出顽强的生命力和强大的吸金能力。乡村民宿已经发展成为乡村旅游住宿业态重要的标志性吸引物。邹益民和董艳琳（2006）经过研究，将游客选择民宿的动机归纳为以下几个，即寻找独特体验、追求人文与自然环境、体验服务口碑、注重实质效益。乡村民宿因盘活了农村闲置农宅、激活了乡村资源、直接带动就业，引起了各地政府重视，各地政府纷纷出台相关政策给予支持，积极发展民宿业。乡村民宿从单纯的住宿空间发展为乡村新生活方式的代表，功能日益多元化，更多地体现为高端小众群体的选择。例如，有专门为商务人群聚会打造的多功能民宿，有为中年人打造的安静民宿，有为孩子撒欢打造的亲子民宿，等等。

8.2.1 消费主流为家庭和团体出游人群

从多个民宿预订平台获取的统计数据显示，2016 年春节与 2015 年同期相比，房间平均出租率提升 6.15%（达 88.75%），平均出租时长延长 1.111 天（为 4.99 天）。据统计，2020 年“五一”期间，北京乡村民宿中有 381 家乡村精品民宿营业，入住率达 90%。其中，怀柔区民宿入住率达 92%以上。2021 年春节假期受疫情影响，消费者的出游半径明显缩短，家庭和朋友成为民宿热门顾客类型。可见，乡村民宿更适合家庭游和团体出游人群。

8.2.2 本地出游和周边游火热

受新冠病毒影响，乡村民宿成为人们出游首选，途家大数据显示，在新冠病毒感染防控期间，消费者出游住民宿最关心的 4 个关键词已经变成了卫生、安全、品质和特色（王玮，2020）。乡村民宿占比快速增加，从 2019 年的 24% 增长到 2020 年的 41%。2021 年乡村民宿预订量较 2020 年实现两倍以上增长，尤其是城市周边民宿，周末预订异常火热。数据显示，2021 年“五一”假期，某旅游出行服务平台乡村民宿预订量同比增长超 220%，增速超过酒店（吕晓勋，2021）。2022 年春节到乡村民宿过年成为一种趋势。多家在线旅游平台数据显示，假日期间本地游及周边游市场火热，民宿预订量价齐升，北京、上海等城市周边的乡村民宿甚至“一房难求”（张雪，2022）。调查显示，民宿的目标客户群定位为家庭游、亲子游人群，以及崇尚自由、有较强猎奇心理的“80 后”“90 后”。

8.2.3 消费呈现本地化、小半径特征

随着众多特色突出的京郊乡村民宿的涌现，到郊区住民宿成为北京人流行的休闲度假方式。对北京上班族来说，周末有时间一般会驱车前往京郊，选择在大自然的美景中休闲度假，纵情山水，享受休闲的惬意，使身心放松

愉悦。因受新冠病毒影响，北京市政府鼓励人们就地过年，很多人响应号召，提前预订民宿到京郊过大年。民宿消费呈现显著的本地化、小半径特征（高飞，2022）。可见，乡村民宿竞争主要是周末营销的竞争，民宿经营者应考虑打造“周末民宿”效应，迎合并刺激游客周末入住民宿的需求。

8.2.4 “一房难求”，量价齐升

北京乡村民宿98%在生态涵养区，怀柔、密云、延庆3个区占总数的88%。北京怀柔民宿是最早、最多、最好的，但从民宿品质和出租率来看，延庆民宿最高。据统计，2022年春节假期，延庆民宿入住率在80%以上，共接待游客46.7万人次，实现旅游收入7233.9万元，游客量和收入均占全市乡村游一半以上。延庆和门头沟、怀柔、密云的民宿基本满房，冬季也成为京郊度假的旺季。民宿预订量价齐升，北京周边的乡村民宿频频出现“一房难求”的现象（高飞，2022）。

8.3 北京乡村民宿市场特征

北京乡村民宿业在全国起步较早，起源于20世纪80年代末期的农家乐，现在发展成为乡村精品民宿，主要分布在怀柔、延庆、密云、门头沟、房山、平谷等京郊地区，已经形成景观依托型、文化主题型、特色餐饮型、景观建筑型、创意创新型、亲子乐园型等多种类型，已有699个品牌（包括1668个院落，8211间客房），日接待量达到1.7万人次（李洋，2020），乡村精品民宿经营主体1077家，对接社会资本近百亿元，盘活闲置农宅2000余户（李泽伟，2021）。但目前北京乡村民宿业发展仍普遍存在经营管理能力待提升、制度不健全、保障难支撑等问题，这些问题严重制约了北京乡村民宿业的高质量发展。

8.3.1 地区特色明显

随着游客旅游消费的升级，以及消费需求的多元化，北京旅游进入休闲度假发展阶段，人们旅游出行更加注重健身养心和休闲享乐，对于目的地的选择，也更要求品质。北京生态资源丰富，自然风景区众多，自然资源与人

文资源融合发展。特别是京郊地区，文化资源丰富，人文旅游区众多，拥有浓厚的历史底蕴。截至2019年年底，北京市13个涉农区，共成立并发展采摘篱园、休闲农庄、乡村酒店、山水人家、生态渔家、养生山吧、民族风苑等特色旅游业态710家、乡村精品民宿500余家、星级民俗旅游户5595户、星级民俗旅游村263个、农业观光园1216个、特色旅游村镇100个和传统村落441个。[①]北京乡村民宿与地区特产相结合，在京郊自然风景区和人文旅游区都出现了大量的乡村民宿，展现了北京地区特色。例如，北京康陵村乡村民宿，与春饼宴、十三陵旅游相结合，共同发展；房山区东村打造的森林乡村民宿，充分利用林地资源，特色突出。

8.3.2 农民意愿强烈

乡村民宿业成为北京乡村经济社会发展的“新标杆”，在地方政府支持与个体经营及企业介入的带动下，绝大多数农民愿意加入其中，把一定时期内房屋的使用权转移给民宿创业主体，从中赚取一定的房屋租金。还有一部分农民自己成为民宿创业主体，积极参与到乡村民宿的运营管理、投入产出、服务宣传等各项活动中。魏燕妮（2020）针对房山、昌平、密云的三个村进行了调查，结果显示，84.7%的村民表示愿意为了配合开发旅游景区而出让土地，84.6%的村民认为从事民宿旅游能够改善收入状况，82.1%的村民认为发展民宿业能够让贫困人口得到实惠。

8.3.3 经营模式多样

发展乡村民宿，丰富了休闲度假产品的有效供给，同时成为加强节假日及旅游旺季弹性供给、缓解北京中心城区客流压力的重要手段。北京乡村民宿业经营模式多种多样，典型的有农户个体经营、农户+农户、公司+农户、合作社+农户、集体企业+农户、公司+集体+农户等。例如，门头沟洪水口村村民根据自家农宅情况对房屋进行改造，分别形成了快捷酒店、居家民宿和精品民宿3种村民个体经营模式；水峪村普遍采用“集体企业+农户”

---

① 投资120亿元，35个京郊旅游项目大招商［EB/OL］.（2019-12-04）［2022-02-04］. https://finance.sina.com.cn/wm/2019-12-04/doc-iihnzhfz3651748. shtml.

的经营方式；昌平康陵村普遍采用“合作社 + 农户”的经营模式；张泉村采用了“公司 + 农户”“农户 + 农户”“公司 + 集体 + 农户”3 种经营方式。有关调查显示，“合作社 + 农户”经营模式被 38.5% 的村民认同；33.3% 的村民认为“公司 + 农户”模式更适合民宿经营；另外，分别有 15.4% 和 12.8% 的村民赞同自主分散经营模式和“农户 + 农户”经营模式。经营模式的不同根源于发展目的的不同，不同的经营模式形成了不同的利益分配机制，也使得北京郊区乡村民宿业呈现出不同的发展特点和发展趋势。

8.3.4 大量闲置资源

发展乡村民宿是丰富京郊旅游供给的重要方式，发展乡村民宿是解决北京旅游发展不平衡不充分问题的客观要求，发展乡村民宿能够有效化解人民日益增长的旅游需要和不平衡不充分的旅游发展之间的矛盾。北京郊区生态涵养发展区的民宿及旅游休闲需求旺盛，但目前在发展上都不同程度受到一些限制，“一刀切”“不许建”“不发照”“不供地”的情况时有发生（张永，2021）。据有关部门统计，截至 2020 年 9 月底，仅 10 个远郊区闲置农房院落就有 20199 处，闲置房屋 96438 间。郊区集体经营性资产缺乏，大量闲置的旧厂房、宅基地及农宅、供销社、学校校舍、关闭的工矿、敬老院等有待盘活。

8.3.5 出台规范引导

2019 年北京市文化和旅游局联合多部门印发《关于促进乡村民宿发展的指导意见》，指出乡村民宿应综合考虑所在地环境容量和相关法律、法规要求，同步配套建设污水处理等设施，确保污水达标、规范排放。乡村民宿经营者需依法办理营业执照、公共场所卫生许可证、食品经营许可证（如经营餐饮）。《北京市旅游条例》第五十八条规定，市、区人民政府应当根据旅游发展规划，加强对民宿经营的引导，鼓励乡村民宿发展。区人民政府应当支持农民专业合作社接受其成员委托，以成员自有宅基地上的合法房屋从事民宿经营。北京市关于乡村民宿的管理规定，对乡村民宿的健康发展起到引导作用，为满足游客游览、观光、休闲的旅游度假消费需求提供了保障。但乡村民宿业尚未形成健全的监管制度，缺乏整体的统筹规划，没有规范的程序，有待进一步出台相关规定，促进乡村民宿业高质量发展。

2020 年 8 月，按照《“十三五”旅游业发展规划》《国务院关于促进乡村产业振兴的指导意见》等文件提出的建立全国乡村旅游重点村名录要求，在各地遴选推荐的基础上，经专家评审和公示，文化和旅游部、国家发展改革委决定将北京市门头沟区斋堂镇爨底下村等 680 个乡村列入第二批全国乡村旅游重点村名录。同时，指出各地要在政策、资金、市场、人才等方面加强对全国乡村旅游重点村的支持，充分发挥其示范带头作用，更好地服务国家乡村振兴和脱贫攻坚战略。

8.3.6 网红民宿火爆

发展乡村民宿是促进旅游消费的重要途径。调查显示，2019 年“十一”黄金周期间，乡村民宿成为休闲度假的“新网红”，门头沟区一瓢客栈、怀柔区老木匠、延庆区山楂小院等网红民宿，提前 2 个月就已在线售罄，出现“一房难求”的现象。乡村民宿的出租率和接待收入远高于普通民俗户。在此期间，延庆全区乡村民宿共接待游客 7454 人次，旅游收入 400.1 万元，同比分别增长 196.74% 和 182.96%，平均住宿率 75.8%，比普通民俗户高出 115.3%，山楂小院等精品民宿住宿率均达到了 100%。[①]

途家发布的《2020 年乡村民宿数据报告》显示：疫情之下，分散式的乡村民宿表现出更强的韧性。截至 2020 年年底，途家平台上的乡村民宿房源量超过 54 万套，较 2019 年增长约 2.4 倍；2020 年乡村民宿价量齐升，途家平台上的乡村民宿累计接待房客超过 570 万名，为乡村房东创收超 17 亿元，是 2019 年创收的 3 倍以上。京郊旅游作为北京旅游消费的重点领域，发展潜力巨大，乡村民宿已经成为北京农村经济社会发展新的增长点。

8.3.7 民宿集群显现

以互联网为载体的同业聚合平台逐步形成，单体民宿在资源和市场的影响下，逐渐加入各地旅游民宿联盟。北京合宿 · 延庆姚官岭是北方第一家真

---

① 北京乡村民宿、京郊精品酒店有了“辅导书”［EB/OL］.（2019-12-26）［2022-02-04］. http://travel.people.com.cn/n1/2019/1226/c41570-31524637.html.

正落地的民宿集群，其依托延庆民宿联盟，共享资源，统一服务，统一运营模式，降低了企业的成本（曹一勇，2019）。截至2020年，延庆民宿联盟会员单位已经发展到237家，联盟统一培训，平台共享，在北京市各区的民宿行业中走在了前列。产业要素集中和相关业态集聚而成的民宿产业集群发展模式，已经被业界普遍接受，在地方政府的政策引导和着力培育下，将有更多的民宿集群在民宿后发地区涌现（张晓军，2020）。

9　北京市门头沟区乡村民宿发展的实证分析

京郊旅游是北京旅游发展的重要引擎，也是促进京郊农民创业增收的重要载体，以及推动美丽乡村建设的重要抓手。乡村民宿作为现代乡村旅游发展体系的重要组成部分，其的快速发展，为农业、农村、农民带来了生机，加速了美丽乡村建设、农村面貌改变和农民脱贫致富。本书以北京市门头沟区清水镇洪水口村和斋堂镇白虎头村为例，对景观依托型和农旅一体化型旅游民宿的发展模式、困境进行了分析，并从依托资源创新、打造文化品牌、统一管理宣传、搭建自有渠道、广纳人才技术、获得政策支持 6 个方面提出门头沟区乡村民宿发展建议。

9.1　门头沟区乡村民宿发展概况

乡村民宿是自然生态与当地居民生活完美融合的一种乡村住宿形式，以乡村民宿主人文化和管家式管理为突出特色，特别受高端客户青睐。乡村旅游的常态化，带动了乡村民宿的快速发展。2004 年，北京市门头沟区被定位为首都“生态涵养发展区”，以矿产资源开采为主导产业的门头沟区，面临着资源转型和产业结构调整局面。为了更快地实现转型，门头沟区积极出台相关政策，引资入村，依托自然资源和农业资源，发展乡村民宿业，为乡村发展带来了新生机。门头沟区清水镇洪水口村和斋堂镇白虎头村，分别依托景区资源和农业资源两种不同资源发展乡村民宿，具有一定的典型性。本书试图通过分析门头沟区乡村民宿发展模式及其面临的困境，为实现资源与民宿的最佳结合、提升乡村民宿吸引力、促进乡村发展与振兴服务。

9.1.1 基本发展概况

近些年，门头沟区政府结合文化和旅游部发布的旅游行业标准《旅游民宿基本要求与评价》（LB/T 065—2019）、北京市文化和旅游局联合多部门印发的《关于促进乡村民宿发展的指导意见》，出台了《门头沟区乡村振兴绿色产业发展专项资金管理暂行办法》《“门头沟小院 +”田园综合体实施方案》《“门头沟小院”精品民宿扶持办法》等相关文件，以鼓励和支持精品民宿提质升级，并明确了未来几年精品民宿发展方向和资金倾斜政策，同时，推出“大额度、长周期、广覆盖”的精品民宿政策服务包，推动门头沟区民宿产业规范、理性发展。2019 年年底，门头沟区推出了北京第一家地区性的精品民宿品牌“门头沟小院”，2020 年，“门头沟小院 +”项目覆盖范围增至 41 个村，地区精品民宿迅速拓展至 57 家，其中，创艺乡居等 4 家民宿达到旅游民宿国家级“五星”标准。

9.1.2 洪水口村乡村民宿

门头沟区清水镇洪水口村是北京市极偏远的村庄之一，也是著名的避暑胜地，其位于北京东灵山的山脚下，是京冀地区登山爱好者的必去之地，但耕地匮乏。1998 年，依托北京灵山景区，村民在当地干部的带领下筹资筹劳建起了第一家乡村酒店——灵峰山庄，并利用得天独厚的地理优势，开发出聚灵峡景区。2014 年，借助新农村建设，在原来宅基地的基础上，该村依据原建筑面积对全村村民宅基地重新进行了划分，分成大、中、小 3 种户型，并建立起联排别墅，改善村内环境，2016 年村民基本完成入住。村内环境的改善和基础设施的提升，为发展旅游打下了良好的基础，同时，村集体明确了旅游产业的发展方向。

随着社会经济发展，大众旅游逐渐普及，到景区的游客增多，洪水口村逐渐把视野转向乡村原汁原味的农家体验，农家乐在洪水口村遍地开花，并带动周边村子纷纷效仿。

9.1.3 白虎头村乡村民宿

白虎头村位于门头沟区斋堂镇，处于灵水举人村、双龙峡、爨底下村、珍珠湖四景区的中央位置，距最近的景区双龙峡约 5 公里。白虎头村最初想依靠周边景区发展乡村旅游业，2009 年提出了“分时度假”的理念，但效果并不理想，其间也有村民开起农家乐，但均以失败告终。

面对依靠外部资源旅游得不到发展的情况，白虎头村积极挖掘村内文化资源。村内多处明清古民宅、悠久的枣树种植历史，都成为白虎头村旅游发展的新资源。白虎头村通过与北京市农林科学院林业果树研究所携手，打造了以科普功能为主的“百枣园”种植基地，形成了独特的白虎头枣文化。根据村内特色资源，推出了“采百枣，免费住民宿”的活动：在枣成熟季节，客人从百枣园采摘够 100 个品种的鲜枣，即可在民宿小院免费住宿。还会不定期举办“寻味白虎头”美食比赛，每期一个主题，如全枣宴、酱菜大赛等，极大地提升了对游客的吸引力，提高了村子的知名度，促进了当地乡村民宿发展。

9.2 门头沟区乡村民宿发展模式

门头沟区自然景观资源丰富的乡村最早自发形成了农家乐。随着乡村旅游业的发展，人们对乡村旅游休闲的品质追求逐渐提高，农家乐逐步转型为乡村民宿或乡村酒店等。政府为促进乡村民宿发展，利用政策不断提高精品民宿补贴限额，这为“门头沟小院”及“门头沟小院 +”田园综合体建设等项目注入了更大的活力。吸引外部资金进村，打造精品民宿，极大地促进了区内各村镇乡村民宿的发展，为乡村带来了活力。

洪水口村与白虎头村因资源条件差异，两者发展乡村民宿的模式也各有独特之处。虽然理念、风格各异，运营方式也不尽相同，但乡村元素是两村乡村民宿设计的主色调。

9.2.1 景观依托型

洪水口村依托灵山景区和村内开发的聚灵峡景区发展乡村旅游，形成了景观依托型发展模式，客源条件比较成熟，乡村民宿就是在原农家乐的基础上进行硬件升级发展而来的。村子知名度提高，促进了乡村旅游持续发展，游客也逐年增多，带动了村内旅游住宿业的发展。村内自发形成了快捷酒店、居家民宿和精品民宿3种乡村民宿经营模式。

在洪水口村乡村民宿的3种经营模式中，知名度高、收益好的当属灵山木屋、小苗家、向往拾光等几家星级“门头沟小院”精品民宿，游客评价很高。在乡村民宿设计理念上，更偏重现代化风格，同时融入了不少不可分割的乡土元素。景区跟旅行社合作，推广一日游及团体接待，使当地乡村民宿得到良好发展。灵山木屋、小苗家、向往拾光等已经成为网红民宿，推动了本村乡村旅游和民宿的发展，促使当地农家乐逐步向精品民宿转型。

洪水口村3种村民个体经营模式互助互补，很好地满足了游客需求，使洪水口村先后获得“中国最美休闲乡村”“全国乡村旅游重点村”等称号。在此基础上，政府牵头先后以“中秋团圆美食活动”“九九重阳节尊老活动”为主题组织长桌宴活动，吸引了多家媒体争先报道，极大地提高了洪水口村的知名度，游客数量激增。同时，镇工会平台推出的会员半价入住活动，进一步拓展了旅游的客源市场——企业团建市场，客流量不断增长。截至2019年，村内有精品民宿10多家，其中，精品民宿品牌“门头沟小院”3家。2020年年底，游客达3万人左右，旅游年收入达900万元（包括景区门票收入），村内旅游发展呈良好上升趋势。

洪水口村将现代元素与乡土元素相结合，景区与旅行社联合，推进村内旅游发展。全村接待户，房屋为不同的格局，拥有不同的接待对象。多元化的住宿接待标准，使得这个村子在旅游接待上游刃有余，满足了不同游客的需求。洪水口村依托景区资源，以及对环境的精心打造，村子每一处都透着精致，成为吸引游客的亮点，促进了乡村民宿的发展。

9.2.2 农旅一体化型

白虎头村挖掘内部资源，形成了农旅一体化型发展模式。白虎头村在发展精品民宿的同时，依靠北京市农林科学院等多个科研所帮助，发展林下经济，建成了高效繁育食用菌大棚、日光温室草莓大棚，引进景观草、耐寒猕猴桃、鲜食玉米、食用百合等，实现了传统农业向精品农业的转型，推出了多种形式的农旅活动，如观光采摘、果树认养、小菜园认养等。精品农业的发展，为旅游发展提供了产业支撑，促进了精品民宿的发展，真正贯彻了农业与乡村民宿融合发展的农旅一体化发展理念。

白虎头村坚持原汁原味和原生态，打造“最乡村”生态宜居村，提出“最乡村”经营理念，打造“最乡村”环境，为游客提供静谧的“最乡村”体验。对于乡村民宿建造，该村尽力保持当地房屋原貌，运用当地木梁、石瓦、水缸、旧筐、锄头、茅草等营造住宿环境，充分展现出原生态的“最乡村”味道；对于住宿体验的舒适度，在原生态基础上融入现代元素，体现高品质，让游客感受“最乡村”的宜居生态。

在当地政策支持下，白虎头村积极招商引资，打造精品民宿。2018 年，与房地产企业朗诗集团签订了精品民宿开发框架协议，合作成立北京朗诗虎跃旅游开发有限公司。引企引资入村，企业参与、指导乡村民宿运营，打开了白虎头村以精品民宿为主基调的乡村旅游新局面。2020 年的疫情让旅游业遭受重创，但当年白虎头村的乡村民宿营业收入仍达到 100 多万元。

白虎头村从传统农业转型为精品农业，乡村民宿也从村民的生活空间拓展为让客人体验高品质乡村慢生活的最佳选择。“最乡村”的理念，使白虎头村生态宜居，让游客感受到乡村原有的味道。

9.3 门头沟区乡村民宿发展困境

门头沟区首都“生态涵养发展区”的定位，决定了其旅游发展角色。长期的矿产资源开采给门头沟区造成了严重的生态景观破坏，而发展旅游业在一定程度上激发了旅游与生态环境保护之间的矛盾。由于游客和当地居民缺乏生态保护意识，当地缺乏统一管理，产业人才支撑不足，门头沟区乡村民宿发展一度陷入困境。

9.3.1 缺乏生态保护意识

实践证明，在乡村旅游发展过程中必须关注乡村生态功能。由于缺乏生态保护意识，对乡村生态功能保护措施不到位，随着游客人数的不断增加，洪水口村生态环境及一些深层次的生态因素被严重破坏，触碰到生态红线，这使洪水口村的旅游发展一度处于半停滞状态。

9.3.2 缺乏统一管理

洪水口村具有森林覆盖率高、负氧离子含量高、海拔高的特点，村庄环境优美，是夏日避暑胜地，但村内旅游资源一直得不到有效开发、利用，这限制了村庄旅游业的发展。村内景区基本不具备沿路游玩设施及购物配套设施，仅有基本的安全提示牌、指路牌、厕所及临时休息的座椅等，缺乏必要的便民服务。村内自行开发的二帝山森林公园于2017年因为暴雨道路水毁严重，也因生态保护等原因不允许再开发修复，直接影响当地乡村民宿的发展。同时，村内旅游资源宣传力度不够、旅游吸引力不强，游客接待没有统一标准，间接影响了乡村民宿的发展。

9.3.3 缺乏产业人才

近年来，白虎头村农业得以发展，更多的是依赖低收入帮扶项目，如发展林下经济、配套设施农业等，销售也多依赖帮扶企业和单位。自2021年起，村内不再有低收入帮扶项目，村内农业产销完全靠自主经营，鉴于产业人才缺乏、技术支撑不足等问题，白虎头村一度处于农产品销售不畅、集体经济薄弱状态，乡村民宿发展出现产业支撑乏力征兆，农旅一体化发展受到限制。

9.4 门头沟区乡村民宿发展建议

首都“生态涵养发展区”的功能定位，指明了门头沟区的发展方向，明确了其乡村民宿发展主题。门头沟区乡村民宿发展应紧紧围绕首都“生态涵养发展区”的功能定位，采取多种措施，加大宣传力度，努力提高知名度，助力乡村发展。

9.4.1 依托资源创新

自然资源丰富的乡镇，可根据适宜性原则进行植物栽植和鱼类增殖放流，逐步增加区内生物多样性；可依托丰富的自然资源，开展“民宿+”活动，创新乡村民宿发展，如开发“民宿+研学旅行”；可充分利用网络平台，以“关心生态环境发展，享受绿色生活”为主题，开展门头沟生态环境相关知识竞赛，让获胜者免费到门头沟入住一日乡村民宿。

9.4.2 打造文化品牌

鉴于门头沟区旅游资源开发受到生态保护等相关政策限制，可从文化品牌打造入手，打造“民宿 +”的模式，坚持文化挖掘，开发一些独具地方特色的旅游文化项目。例如，可以挖掘区域内特有的地方戏、秧歌等，在村民农闲时候或夜晚演出，丰富游客住宿体验；还可以加强与北京市高校和企业的合作，获得人才、资金等方面支持，形成品牌项目，提升当地旅游吸引力，不断提高乡村民宿发展水平。

9.4.3 统一管理和宣传

乡村民宿要发展，必须进行统一管理和宣传。根据当地情况，可建立乡村民宿专业合作社，将村内所有乡村民宿接待户纳入统一管理。以绿色生态环保为主题，建立生态宜居民宿，享受绿色生活。从食、住、服务、定价、营销宣传到推广等，由合作社统一制定标准，乡村民宿接待户共同遵守。通过标准化管理，提升乡村民宿服务质量，打造特色突出的民宿集群。

9.4.4 搭建自有渠道

乡村民宿要发展，必须有自己的宣传渠道，以技术促发展、增活力。要积极与政府建立良好的互动关系，在营销渠道上获得政府支持，线下主要打通政府—协会—企业之间路径，线上可以考虑与北京市高校合作搭建专门的乡村民宿营销平台，形成自有营销渠道，加大营销宣传力度，逐步摆脱线上如 OTA（Online Travel Agency，在线旅行社）等平台的控制和依赖，通过多渠道营销模式扩大客户群。

9.4.5 广纳人才技术

乡村民宿要发展，必须高度重视人才作用，应通过各种方式吸引高素质技术人才，促进乡村发展。习近平总书记指出，乡村振兴，人才是关键。发展离不开人才，农旅一体化是乡村旅游和休闲农业融合发展的新模式，更需要人才支撑。首先，做好农业产业，根据需要积极培育本土人才，吸引技术投资；其次，通过政策激励，吸引、鼓励外出能人返乡创业；最后，可以通过入股等方式吸引人才进入乡村，鼓励大学生村干部扎根基层，为乡村振兴提供人才保障。

9.4.6 获得政策支持

乡村民宿要发展，必须获得政策支持，要通过对接国家、北京市产业政策，推动区内乡村民宿发展。当前，从国家到地方都在积极推进乡村振兴，乡村民宿是乡村旅游的重要内容，也是乡村振兴的重要力量。当地政府要用好政策，打造地方特色，以此引起上一级政府部门关注；同时，积极与上一级政府部门沟通，争取优惠政策，简化申报流程，提高办事效率，进行规范化管理，指导和帮助乡村民宿产业健康发展。

综上所述，乡村民宿发展必须成长于乡村土地，根植于农业、农村，依赖于农民。北京市门头沟区清水镇洪水口村和斋堂镇白虎头村，应立足首都“生态涵养发展区”功能定位，充分利用好当地自然、人文以及产业优势资源，利用好当前国家和当地政策，进一步挖潜、赋能，积极推进绿色生态发展，营造宜居环境，实现乡村旅游业态联动，走民宿与资源融合发展之路，使乡村民宿特色突出、精致有品，以增强当地人和游客幸福感，逐步实现区域转型发展，促进乡村发展与振兴。

10　北京乡村民宿发展的资源依托

乡村振兴战略为农业、农村、农民新时代发展提供了一定的指引。乡村民宿作为现代乡村旅游发展的重要内容和新兴热点，是改善农村生活水平、促进就业、实现城乡文化交流的重要途径，肩负着促进乡村旅游升级发展、转变农业生产方式、强村惠民的重要功能。乡村民宿的发展，引发了大批返乡“新农人”“新创客”对美丽中国乡村梦的追寻。乡村民宿主要是以自然资源、乡村文化、生态环境和农业资源等为基础，为游客提供住宿餐饮和相关活动旅游接待设施的场所，是人们体验当地民俗风情和文化的载体，主要以地方特色资源为依托建设发展。不同的发展模式都需要以该区域原有资源为依托。随着乡村振兴战略的实施，“产业兴旺、生态宜居、乡风文明、治理有效、生活富裕”20字方针和“产业振兴、人才振兴、文化振兴、生态振兴、组织振兴”5个主攻方向的提出，乡村资源越来越受到重视。

10.1　闲置农宅资源

随着乡村旅游的发展，旅游消费不断升级，为满足旺盛的市场需求，各地方政府千方百计出台政策支持乡村民宿发展。2019年12月，北京市文化和旅游局联合多部门印发《关于促进乡村民宿发展的指导意见》，指出要加强资金支持，通过“美丽乡村”建设，围绕高标准推动乡村民宿发展的聚集地，打造良好的农村人居环境和较为完善、配套的农村基础设施。统筹利用现有支农政策资金，以奖代补鼓励村集体、合作社盘活闲置农宅发展乡村民宿。北京市各区也分别出台各种政策鼓励村民、企业对乡村闲置民房进行改造、利用，打造具有一定文化、地域特色的乡村民宿，让其成为乡村旅游的“吸睛点”，这些都大大推动了乡村旅游产业发展。

10.2 农村生态资源

农村生态资源包括自然生态资源和田园生态资源 2 个亚类。其中，自然生态资源包括水域风光、地文景观、天象与气候、动植物资源 4 个基本类型。田园生态资源包括农田、种植园、养殖园 3 个基本类型（秦冉，2019）。乡村民宿因其拥有丰富多元的农村生态资源，其发展拥有更多的可能性。返璞归真的、有情怀的创业者和返乡创客多选择农村生态资源好的区域发展乡村民宿。例如，浙江莫干山的乡村民宿就是依托优美环境发展起来的乡村民宿的典型代表。北京密云区的山里寒舍，依托良好的生态资源，吸引了诸多追求闲适自然、想过山野悠然生活的小众客户；柏岭泉小院则以周围众多知名景区如古北水镇、云岫谷、雾灵山国家森林公园，特别是周边原始长城等为依托，资源丰富，山灵水秀，是休闲度假的胜地。但目前仍存在大部分远离喧嚣城市的地区尚未被开发。

10.3 农民生活资源

农民生活资源包括特色人文活动、特色建筑与遗址遗迹、特色物产与工艺 3 个亚类。其中，特色人文活动包括地名、方言、人物、历史事件、文艺团体、文学艺术作品、传说与典故、地方习俗与民间礼仪、民间演艺、民间健身活动与赛事、宗教与祭祀活动、庙会与民间集会、特色服饰、现代节庆 14 个基本类型。特色建筑与遗址遗迹包括传统与乡土建筑、特色街巷、特色社区、交通建筑、历史事件发生地、名人故居与历史纪念建筑、废弃生产地 7 个基本类型。特色物产与工艺包括农林畜产品与制品、传统手工产品与工艺品、中草药材及制品、水产品与制品、菜品饮食 5 个基本类型（秦冉，2019）。

个性化文化民宿模式主要依托有历史的乡村建设有文化的民宿，在乡村民宿建设时结合乡村历史事件或人物，打造艺术化、创意化、体验化民宿，打造具有带动和示范效应的乡村民宿标杆。一个乡村就是一个乡土文化博物馆，一个民宿讲述一个乡村历史故事。乡村民宿一般选择在历史厚重、文化特色突出的乡村建设，一般要求村域内拥有较为丰富的历史文化遗存，如名宅大院、寺庙宗祠等，或有一定数量规模、具有历史感的传统民居院落等。

10.4 农村美食资源

农村美食资源是一类特殊的旅游资源，在乡村民宿发展中也越来越成为核心吸引物之一。它兼具自然资源与人文资源的双重因素，主要是产自乡村饮食生活环境、极具区域特色与文化内涵、能够诱发旅游动机并产生经济价值的食物原料、饮食品制作技艺、饮食习俗与传统等因素的总和。美国学者萨拉研究发现，乡村美食在带动乡村餐饮业、零售业、住宿业和交通业等地方行业发展方面具有显著效应，对乡村居民收入的乘数效益约为 1.65，对乡村就业的乘数效益约为 1.29。Godfrey Baldacchino 则认为，乡村美食是乡村旅游资源中极富魅力的部分，曾经不起眼的乡村美食，如今已成为旅游经济发展的重要推动力。乡村美食资源成为拉动乡村旅游发展、带动乡村经济的核心推动力。

位于北京延庆的柳沟村，2002 年时只是一个小山村，而如今柳沟村依靠小小的豆腐成为京郊旅游的典范。豆腐宴是中华民族特色美食，北京延庆柳沟村豆腐宴是北京一道传统名宴，是中国传统饮食文化与现代健康饮食观念的结合，是传统文化与现代生活结合的产物，其以豆腐为主，用传统制作工序和制作工艺加工制作而成，再附加几个地地道道的农家豆腐菜肴，突出民俗特色，把豆腐做得既出花样又不失农家味道。其以火盆锅为核心的“凤凰城 - 火盆锅 - 三色豆腐宴”，香飘京城，许多海内外游客慕名来此。截至 2015 年 6 月，柳沟村乡村旅游共接待游客 387266 万人次，实现旅游收入 2323.6 万元（张晓军，2016）。

10.5 农业生产资源

农业生产资源包括特色农业资源、传统农业生产资源和现代农业生产资源 3 个亚类。其中，特色农业资源包括特色农作物、特色养殖 2 个基本类型。传统农业生产资源包括传统农业生产活动、传统农业生产设施 2 个基本类型。

现代农业生产资源包括现代农业生产基地和现代农业生产设施 2 个基本类型（秦冉，2019）。对特色农业资源，可通过深入挖掘农耕文化内涵，将农耕文化与现代农业技术、旅游开发相融合，形成大中见小的农耕文化体验园；对传统农业生产资源，可通过打造文化体验区，丰富传统农业生产活动；对现代农业生产资源，可以农耕文化为基础，以农业现代技术为亮点，同时融入自然教育，开发能够满足学、行、悦一体化需求的旅游服务功能。

10.6 “互联网”资源

随着乡村民宿的迅速崛起，自 2011 年起，包括民宿在内的非标准住宿领域，集中出现一批专业的预订平台。“互联网 +”促进了互联网与传统民宿产业的结合，提升了闲置房源的利用率，丰富了旅游接待设施。借助互联网，游客可以提前了解各地区乡村民宿情况，提前筹划旅游行程，利用网络提前预订特色突出的乡村民宿。目前，“互联网 + 民宿”主要模式，主要有 C2C 模式，以个人房源为主的交流平台，如小猪短租、蚂蚁短租等；O2O+B2C 模式，以开发商和经营者的空置房源为主，从房屋出租到交易结束平台都会介入，涉及售中、售后各项服务及线下物业管理等各条生态链，这类平台如“番茄来了”。

11　北京乡村民宿发展模式的构建

2019 年 12 月，北京市文化和旅游局联合多部门印发《关于促进乡村民宿发展的指导意见》，文件明确指出，应突出独特的文化审美和乡情乡趣，深入挖掘京郊传统文化和乡俗风情，形成一批以文化、体育、娱乐、节庆活动为主题，与景区旅游、文化体验、农产品销售相结合的精品化、品牌化民宿，推进农村一二三产业融合发展，努力打造内涵丰富、特色鲜明的乡村民宿发展格局。《乡村振兴战略规划（2018—2022 年）》阐述的相关发展目标是，农村一二三产业融合发展格局初步形成，乡村产业加快发展，农民收入水平进一步提高，脱贫攻坚成果得到进一步巩固；农村基础设施条件持续改善，城乡统一的社会保障制度体系基本建立；农村人居环境显著改善，生态宜居的美丽乡村建设扎实推进；城乡融合发展体制机制初建立，农村基本公共服务水平进一步提升；乡村优秀传统文化得以传承和发展，农民精神文化生活需求基本得到满足；以党组织为核心的农村基层组织建设明显加强，乡村治理能力进一步提升，乡村振兴取得阶段性成果。北京乡村民宿发展应借助乡村振兴战略这一良好契机，以及北京市文化和旅游局发布的指导意见的精神，按照产业兴旺、生态宜居、乡风文明、治理有效、生活富裕的总要求，将乡村的产业经济、乡村文化和生态环境作为一个整体来发展，以农业农村优先发展、突出农民主体地位为原则，以“活业—活人—繁荣文化—善治乡村”为路径，以产业发展为根本，促进农村产业融合发展，让农民共享产业融合发展的增值收益，构建北京乡村民宿发展模式，走中国特色社会主义乡村振兴道路。

11.1　以“民宿 +”融合产业发展，助推乡村产业兴旺

习近平总书记强调，“产业振兴是乡村振兴的重中之重，要坚持精准发

力，立足特色资源，关注市场需求，发展优势产业，促进一二三产业融合发展，更多更好惠及农村农民”。《乡村振兴战略规划（2018—2022年）》在推动农村产业深度融合方面指出：把握城乡发展格局发生重要变化的机遇，培育农业农村新产业新业态，打造农村产业融合发展新载体新模式，推动要素跨界配置和产业有机融合，让农村一二三产业在融合发展中同步升级、同步增值、同步受益。乡村民宿的发展，正在以“民宿+”融合产业发展，助推乡村产业兴旺，有了产业作支撑，绿水青山才能变成“金山银山”。乡村振兴战略中产业兴旺排在首位，说明产业发展对农业农村发展的重要性。乡村振兴以乡村经济发展即产业兴旺为基础，只有产业兴旺了，才会有农民收入的提升。产业要兴旺，必须发展具有“造血功能”的内生性产业，这样才能实现乡村经济的持续增长，起到综合带动作用，促进城乡融合发展。实践证明，乡村民宿旅游对于推动城乡经济、政治、文化、社会、生态协调发展具有重要的作用。乡村民宿发展符合时代发展趋势，有助于实现乡村产业兴旺的目标，而各产业协作能够带来生态价值、休闲价值和文化价值的共同实现，也为乡村民宿发展提供了有利的社会环境。

现代农业从增产导向转向提质导向，要求农业农村发展需要遵循创新、协调、绿色、开放、共享的新发展理念，达到生产、生活、生态的“三生”协调，促进农村一二三产业融合发展。乡村旅游、休闲农业、新型农业经营主体等一批新产业、新业态、新主体在农村地区广泛兴起，农业增收空间也在不断拓宽，催生了“民宿+农业”“民宿+文化”“民宿+康养”“民宿+体育”“民宿+电商”等新业态发展。例如，“民宿+康养”通过对生态人文资源的整合利用，实现了民宿和生态农业、加工业等产业的协同发展，民宿由住宿空间拓展为文化理念的重要载体，为游客提供了更多的生态和地方文化体验，同时，为当地提供了更多的就业岗位，促进了当地绿色、有机农产品的生产和消费，带动了当地居民收入的增加。而“民宿+电商”可以将分散的乡村民宿资源聚集起来，通过电商平台筛选出一批品质高、易于复制推广、带动就业潜力大的项目，拓宽行业发展空间。通过打造品质化、个性化、多元化乡村民宿产品，促进乡村民宿与农业、农村其他产业融合发展，实现民宿业与多产业的融合发展，形成乡旅产业集群效益，以提升其核心竞争力，延伸产业链、衍生新业态、增加附加值，促进农村一二三产业融合发展，建设“看得见山、望得见水、记得住乡愁”、留得住人的美丽乡村、美丽中国。

11.2 以民宿发展带动乡村建设，建设生态宜居乡村

国强农业必须强，国富农民必须富，国美农村必须美。为深入贯彻落实中共中央办公厅、国务院办公厅印发的《农村人居环境整治提升五年行动方案（2021—2025年）》精神，提升农村人居环境、建设美丽乡村，中共北京市委办公厅、北京市人民政府办公厅印发《北京市“十四五”时期提升农村人居环境建设美丽乡村行动方案》，要求以“百村示范、千村整治”工程为抓手，以建设宜居宜业美丽乡村为导向，加快农村人居环境基础设施建设，全面提升农村人居环境质量，为全面推进乡村振兴、加快农业农村现代化、建设国际一流的和谐宜居之都提供有力支撑。习近平总书记指出，“三农”工作始终是党的工作的重中之重。2017年中央农村工作会议提出，应按照产业兴旺、生态宜居、乡风文明、治理有效、生活富裕的总要求，让农业成为有奔头的产业，让农民成为有吸引力的职业，让农村成为安居乐业的美丽家园。生活环境、生产环境、生态环境是乡村振兴的基础，也是旅游发展的基底。建设生态宜居的美丽乡村，对历史文化村落、古建筑、古树等都要以保护为主，以改造和新建为辅，尽量不改变保留下来的古老的遗存物，不破坏生态环境中原有植被，突出乡土味、原生态。

乡村民宿发展更多基于乡愁、怀旧等情怀和乡土味道，因此，乡村民宿的建设应有助于营造和谐、文明的生活环境，同时，应倡导“民宿+”创新发展。农旅融合发展是“民宿+农业”发展的一种新业态，有利于创新农业生产新形式，构建健康舒适的农业生产环境，有助于保护绿水青山的生态环境。文旅融合发展激发了“民宿+乡土文化”，使之成为文化生态旅游的重要形式，带来更大的绿色经济效益，形成当地生态状况和民俗文化的展示窗口和游客的体验场所。2019年12月，北京市文化和旅游局联合多部门印发的《关于促进乡村民宿发展的指导意见》指出：生态优先，绿色发展。牢固树立“绿水青山就是金山银山”的理念，注重生态保护，突出生态宜居，尤其是在水源保护区范围内，要按照相关法律、法规要求，处理好发展民宿与水环境保护的关系，引导农村进行景区化建设，提升乡村旅游服务设施建设水

平，努力打造环境优美、生态和谐的乡村民宿发展格局。在乡村民宿建设中，带动乡村建设向生态宜居乡村发展，一是需要政府做好整体规划、顶层设计，强化生态发展方向的引领，结合地方资源情况和发展实际，引导农村进行景区化建设，出台符合地方发展的乡村民宿管理办法和服务规范，做好指导与市场监管，促进乡村民宿带动乡村向生态宜居乡村建设方向发展；二是需要充分发挥政府、市场、行业协会或联盟组织、村民等各方作用，形成合力，多方联动，共建共治乡村民宿治理体系，注重生态宜居乡村建设，做好规划，以乡村民宿发展为抓手，带动乡村建设向生态宜居发展。

11.3 以民宿建设引领乡风文明，繁荣发展乡村文化

《乡村振兴战略规划（2018—2022年）》指出：立足乡村文明，吸取城市文明及外来文化优秀成果，保护利用乡村传统文化；重塑乡村文化生态；发展乡村特色文化产业，推动文化、旅游与其他产业深度融合、创新发展。保护乡村优秀传统文化是旅游地保持乡村性的根本之道，也是延续竞争力与吸引力的根基所在，乡村振兴离不开文化振兴，发展乡村旅游需以推动乡村文化复兴为落脚点。乡村民宿的兴起，激活了乡村文化，让人们对乡村价值有了重新认识与理解，使泥土里酝酿的独有文化焕发新的魅力。同时遵循了中央农村工作会议的要求，走中国特色社会主义乡村振兴道路，传承发展提升农耕文明，走乡村文化兴盛之路。乡村民宿的发展使乡村旅游发展中“千村一面”、内涵不足的局面得以改善，乡村民宿的兴起，有利于传承发展乡村优秀传统文化，是实现城市居民对乡村优秀传统文化沉浸式体验的有效途径，对传播、活化、振兴乡村文化具有重要作用，乡村民宿正在积极推动乡村文化振兴。

乡村民宿的本质是创新发展，其中包括乡村优秀文化的传承与创新，将古老文化与现代元素结合，也正是乡村民宿的魅力所在。乡村民宿经营者积极打造具有当地特色的文化体验活动，建立乡村文化各类主题的博物馆，等等，利用多种方式活化乡村文化，同时积极研发具有乡村特色的纪念品，努力为游客旅居留下美好记忆。随着物质生活的日渐富足，农民对精神生活的需求愈加强烈。让当地村民参与乡村民宿建设，有利于激发和带动当地村民

自发参与文化保护与传承，强化村民对传统文化和生活习俗的认同感与自豪感。但乡村民宿真正能引领乡村文明，繁荣发展乡村文化，还需要政府政策引领与资金支持，要科学、合理编制古村落保护发展规划，把保护、传承和开发利用有机结合起来，实现活态传承和经济发展双赢，让历史悠久的乡村文化在新时代焕发出新的魅力和风采。让有形的乡村文化留得住，让活态的乡村文化传下去，不断丰富乡村文化，激发发展活力，既是这个时代的要求，更是广大人民的愿望。

11.4 以乡村民宿激活群建群治，提升乡村治理效能

2018 年中央一号文件全面部署实施乡村振兴战略，提出，加快推进乡村治理体系和治理能力现代化，加快推进农业现代化。乡村振兴，治理有效是基础。健全自治、法治、德治相结合“三治合一”的乡村治理体系，既离不开农村基层党组织建设的凝聚力，也需要在自治和德治的基础上增强法治建设，这是健全乡村治理体系的硬性保障（杨光，2020）。乡村民宿的发展打破了乡村原有住宿业经营模式，不可避免地会带来一些治理问题，需不断加强对经营主体的规范管理和对游客、村民的文明引导，持续优化乡村民宿市场秩序，助力实现乡村的有效治理。2019 年 12 月，北京市文化和旅游局联合多部门印发的《关于促进乡村民宿发展的指导意见》，重点解决了乡村民宿经营合法性问题，为北京乡村民宿经营者发放了合法“身份证”，并弥补了审批监管短板，为乡村民宿有效管理打下了基础。

民宿要想健康有序发展，管理有效是基础。未来乡村民宿发展，一是需要政府做好整体规划、顶层设计，强化方向引领，出台符合地方发展实际的乡村民宿管理和服务规范，做好指导与市场监管；二是需要以国家法律法规和社会公德规范为依据，结合农村民俗、乡规民约，引导村民学法、懂法、守法、用法，让更多村民学会用法律武器维护自身合法权益，这是建设法治乡村、平安乡村的基础；三是需要相关部门和乡镇、村（居）加强指导、监督和管理的针对性，提升有效性，通过普法不断提高经营者法律意识和诚信经营意识；四是需要培养壮大民宿民间组织，如民宿联盟、合作社、协会等行业自治组织，统一管理，规范经营，形成行业自律；五是需要充分发挥政

府、市场、行业协会或联盟组织、村民等各方作用，形成合力，多方联动，共建共治乡村民宿治理体系。以乡村民宿激活群建群治，提升乡村治理效能，构建稳定、有效的乡村民宿管理体制，优化乡村治理体系，推动乡村治理升级，为乡村振兴提供机制保障。

11.5 以乡村民宿促进农民增收，增强幸福感获得感

2019 年 12 月，北京市文化和旅游局联合多部门印发《关于促进乡村民宿发展的指导意见》，明确指出：共建共享，以农为本。坚持以农民为受益主体，以农业农村为基础依托，尊重农民意愿，注重农民的全过程参与，调动农民的积极性、创造性和参与性，带动农民创业创新、就业增收，确保乡村民宿发展的成果能够为当地农民所享，努力打造扶农助农、惠农富农的乡村民宿发展格局。乡村振兴战略，为乡村旅游发展提供了政策利好的机遇，并明确了乡村旅游发展方向，从产业、环境、规划、土地、资金、人才等方面全面助力乡村旅游发展。《乡村振兴战略规划（2018—2022 年）》指出：鼓励行业协会或龙头企业与合作社、家庭农场、普通农户等组织共同营销，开展农产品销售推介和品牌运作，让农户更多分享产业链增值收益。始终坚持把农民更多分享增值收益作为基本出发点，着力增强农民参与融合能力，创新收益分享模式，健全联农带农有效激励机制，让农民更多分享产业融合发展的增值收益。这些要求乡村旅游在精品打造、生态保护、产业融合、文化传承、旅游扶贫以及市场监管等方面做好转型升级。单纯依靠农业很难富裕农民，要把生态农业与创意农业、乡村旅游结合起来，发展休闲观光农业，把农村建设成为养生养老的地方，把田园变为乐园，农房变为客房，农产品变为旅游产品，有效提升农业溢价能力。

乡村民宿是现代乡村旅游发展体系的重要组成部分，正好契合了当今乡村旅游发展的新形势，其日益火爆带旺了乡村人气，盘活了乡村闲置的农宅，同时为农民创业就业提供了新机会。但是，乡村民宿发展还需要创新乡村民宿营利模式，打造“民宿＋地方特色”新业态，有效盘活地方经济，丰富乡村民宿产品供给体系，延长乡村民宿产业链条，促进产业链本地化，创造更多就业岗位，增强当地农民幸福感和获得感。乡村民宿的本质是创新发展，

通过打造精品民宿，将乡村活动创意化、体验化，丰富乡村休闲娱乐方式，引入如节庆活动、剧院等城市休闲娱乐元素，不仅创造了大量的就业岗位，同时拓宽了农特产品销路。越来越多的农民成为乡村旅游的经营者、服务者，积极参与民宿的经营中，在原有农宅基础上打造其理想的民宿，并积极学习、提升，通过努力获得更加丰厚的回报，使其乃至村内居民共同获益。发展乡村民宿提升了农民的获得感，为农民实现生活富裕、提高生活质量打下了坚实的基础，增强了农民幸福感。

乡村振兴，农民生活富裕是根本。只有发展壮大集体经济，才能真正实现农民共同富裕。政府积极出台相关政策，做好整体规划、顶层设计，引企引资进村，有组织地带动产业发展，从以人为本出发，切实关注农民的需求，特别是正在经营民宿的当地居民和外来投资经营者的需求，给予他们更多的政策扶持、方向指引等，有利于实现以下目标：以民宿带动当地发展，创造更多农民就业机会，实现农产品附加值提升，实现当地自然、人文环境和氛围改善，满足游客对休闲度假和乡村优质农产品的需求，促进农民增收，增强当地农民幸福感和获得感。乡村民宿的发展，不仅要满足城市居民的多样化旅游体验需求，也要最大限度地满足当地居民的美好生活需要，不断提高其参与乡村民宿发展的获得感，这是乡村振兴和未来乡村发展的重要落脚点。

12 北京乡村民宿发展的对策及展望

民宿作为旅游休闲和现代服务业的新型业态，在北京四个中心建设和乡村振兴中发挥着重要的作用（谷慧敏等，2020）。乡村民宿的发展其实是小众文化大众化的过程，是带着民俗和本土文化、带着民宿主人的偏好发展出来的，是一种以文化为支撑的生活方式，符合旅游休闲需求和分众化、低龄化、散客化的趋势。根据发展需要，民宿未来发展将呈现以下几个方面的趋势。

12.1 政府统一管理，引导产业布局

乡村民宿是乡村振兴的重要载体，其发展的核心资源是农宅，充分释放闲置农宅的巨大潜力和市场，建设乡村民宿，必须以乡村资源为基础，保护好原汁原味的自然环境、人文环境和传统文化。政府的统一管理和引导，是民宿产业观念更新、资源整合、可持续发展和创新发展的重要基础（钟舒奇等，2017）。发展乡村民宿产业，要先做好整体规划和定位，政府需要引导推介，进行区域内的资源整合，合理高效地配置资源，使人、地、财等各项发展要素集聚起来，有效整合乡村文化、旅游和农业资源，构建农文旅融合视角下的民宿产业品牌，推动地方乡村民宿产业发展。在此基础上，配套民宿发展所需要的公共设施，并通过出台乡村民宿管理办法等政策条文与规定规范民宿市场，进一步引导并推进产业深度融合，不断引进新兴体验项目，打造民宿产业链，促进产业转型升级、乡村文化复兴、生态环境保护、农民持续增收、农村治理有效等，实现从规范监管产业发展到引导乡村民宿产业布局的角色升级，并要重视民宿经营者和村民之间的重要联结纽带作用，协调民宿经营者与村民之间的经济利益关系，促进乡村和谐发展和乡村振兴。

目前，北京部分郊区采取的精品民宿带动产业发展的模式，还需要政府进一步引导，北京各郊区应因地制宜，根据区域资源特色，打造本区域具有竞争力的特色民宿品牌，深化农文旅融合发展模式，把农业、文化和旅游三大产业真正融合起来，带动地方产业发展和创造更多就业机会，促进社会经济效益的最大化。

12.2 结合美丽乡建，发展民宿村落

自美丽乡村建设开展以来，北京市委、市政府始终将这项事业置于城乡融合发展中来考量。中共北京市委书记以四个“重要”清晰阐释了新时代美丽乡村建设的重大意义——实施乡村振兴战略的重要载体、促进城乡融合发展的重要举措、疏解整治促提升专项行动的重要内容、加强首都生态文明建设的重要抓手。2017 年 11 月，十九届中央全面深化改革委员会第一次会议提出要“建设美丽宜居村庄”。北京立刻启动 2017—2020 年美丽乡村建设三年专项行动，到 2020 年年底前基本完成全市农村环境整治任务。这为依托美丽乡村建设发展民宿村落打下了良好的基础。结合美丽乡村建设发展民宿村落，需要在农村一二三产业融合发展基础上，丰富乡村经济业态，大力发展休闲农业与乡村旅游，以吃、住、行、游、购、娱为主线打造一条龙服务的民宿村落，逐步形成各类乡村品牌，促进乡村经济发展。

平谷区挂甲峪村为较早的美丽乡村建设村。像挂甲峪村一样的美丽乡村在京郊达上千个。挂甲峪村从一本规划入手，修水库、种果园，改造旧民居、建起小别墅，发展起乡村旅游、特色林果等产业，成为京郊生态宜居乡村的标杆，知名度较高。可以在这个基础上，利用村内特色和知名度，进一步精细化主题，让民宿特色更加突出，以民宿进一步带动村庄发展，形成民宿示范村，发挥引领示范作用。美丽乡村建设，使乡村更加美丽整洁，在保持居住、餐饮环境和风土人情原生态的基础上，积极建设民宿村落，进一步突出乡土的自然、建筑的古朴、村庄的静谧、服务的质朴，使游客体验到原汁原味的乡村生活，是民宿经济实现可持续发展的关键。

12.3 吸引创客加入，推动业态升级

在乡村振兴战略实施过程中，发挥创客在推动乡村建设方面的作用，有利于为乡村民宿提供更好的环境，带动乡村民宿业的发展。乡村具有良好的生态环境，乡村民宿的发展吸引了大批返乡创业的年轻人，以及有乡村情怀的事业有成人士。乡村民宿在继承发展当地传统文化的同时吸引创客进入，助力乡村振兴，不但能够为乡村产业发展注入新活力，而且能改善乡村的社群结构。创客既是乡村产业的开发者，也是乡村文化创新发展的实践者，对现代社会的发展有着深刻影响。

乡村民宿作为乡村旅游的一种新业态，除为游客提供差异化住宿环境外，还可以为游客提供具有地方特色的自然、文化与生产生活等方面的体验，让游客对乡村生活形成记忆。这成为众多返乡人员创新创业的重要选择。乡村民宿创客在乡村创新与创业行动中，其先进的理念直接促进社区品质提升，同时引领着乡村旅游转型与升级，促进了乡村经济的发展。吸引创客进入乡村产业，能够为乡村产业发展提供更多的人才资源（钟舒奇等，2017），是助力乡村振兴战略实施的重要方式。

北京作为首都，是人才聚集之地，政府在政策上应该为创客进入乡村创造更多便利条件和优惠政策，创客入乡将丰富乡村文化内涵，使乡村产品更具特色，提升游客体验，增大民宿吸引力，为乡村民宿发展创造更多的可能，引领产业升级。

12.4 从民宿单体化，到民宿集群化发展

伴随着全域旅游、自主旅游时代的到来，到乡村去住民宿或者自己改造民宿成为一种流行趋势。

从乡村民宿运营投资与收益角度看，民宿集群化是未来趋势之一。从民宿发展单体看，现实生存是存在困难的，要想摆脱困境、降低成本，集群发展势在必行。目前，“企业 + 合作社 + 农户”“合作社 + 村集体 + 农户”“协会 + 企业 + 农户”“企业 + 农户”等各种民宿运营模式层出不穷，但地方单体民

宿发展，还是需要依靠当地民宿产业协会等类似组织对接政策资源，为民宿经营者提供相关服务，包括培训、资金、营销、运营等方面的支持，以降低运营成本、拓展营销渠道、改善并提升民宿服务等。民宿集群可以形成客源共享的规模经济效应，降低了单体民宿经营风险和成本，能为游客提供多样性的住宿体验产品。因此，民宿集群是未来民宿发展之路。2016 年成立的宿联中国就专门致力于打造民宿集聚区，以降低单个民宿运营成本（杨彦锋等，2020）。

除此之外，“民宿 +”的方向越来越朝着深度与广度方向延展，城市民宿带动当地纪念品热销以及乡村民宿带动农产品俏销的情况常常发生，由于具有鲜明的空间集聚特征，民宿更容易通过能量破圈形成产业集聚效应，呈现出的商业生态不断叠加与更新，除了众所周知的民宿基建、民宿餐饮、民宿安保等外，还有民宿创意、民宿运营、民宿营销、民宿拍摄、民宿培训、民宿融资以及民宿养老和民宿医疗等。

12.5　发挥民宿联盟、行业协会作用

民宿产业的蓬勃发展，在活化乡村文化、美化乡村环境、盘活乡村经济中发挥了重要的带动作用，显示了旺盛的乡村供给活力和大众化的消费需求。为了进一步形成规模经济效应，实现规范经营，民宿业将区域内经营状况良好的民宿联合起来，成立民宿联盟，面向游客推行统一管理服务，如统一订单管理，再分流到具体的民宿。同时，各地积极组建民宿行业协会，发挥对乡村民宿的指导作用，提供技术方面的指导，制定统一服务、市场、行业自律等相关协议，为乡村民宿发展提供标准框架，维护和延伸乡村民宿发展空间。调研显示，近年来，各地都在积极成立民宿联盟或行业协会，以增强区域内核心竞争力和对目标客源的吸引力，以实现共生多赢和可持续发展。

2016 年 8 月，北京多家相关企业牵手成立民宿联盟，并针对市场制订了下一步发展的整体推进计划，以及系列促进北京民宿行业发展的各种活动、整体品牌输出计划等。在北京民宿联盟的积极推动下，北京民宿行业的整体发展速度和质量提升到一个新的台阶。2018 年 4 月，京西民宿联盟暨门头沟旅游行业协会民宿分会成立，这是北京首个区域性民宿协会组织，事实证明，

协会和联盟的成立，有力地促进了门头沟民宿业发展，后续打造出的“门头沟小院”精品民宿，有力地推动了京西民宿与乡村建设相结合，促进了京西乡村民宿的进一步发展。2019 年 3 月，北京市旅游行业协会民宿分会成立，旨在引导民宿行业健康有序发展，探索民宿服务标准，加强行业自律，反映民宿业内呼声，维护消费者权益，提升北京市民宿业的整体形象，推动北京市乡村休闲旅游产业的整体升级。

北京作为首都，还需要从行业协同管理方面把民宿行业、民宿产业做大做强，做成全国标杆，具体来说，需要进一步建立京郊各区域内的民宿联盟或行业协会，促进京郊民宿行业规模化、规范化发展，为京郊民宿发展提供组织保障，为民宿经营者创建具有系统性、广泛性、平台性的学习、交流、合作与发展组织，促进区域内民宿管理者共谋发展之路，共同探讨与推进运营管理与服务，以及创新发展，激发民宿行业内生动力，同时提升服务水平，促进联盟或协会内的民宿规范化发展，确保乡村民宿发展的协调性与可持续性。

12.6 主题呈多样性，提供定制服务

民宿对地方的带动性已经日益凸显，巨大的产业价值让民宿成为政府关注的焦点。乡村民宿业赋予农村经济结构以新的形式，并形成了农产品生产经营 – 休闲观光旅游一体化的新型经济模式，其拥有独特的产业链。乡村民宿已经成为当今休闲度假首选旅游落脚点，因其本质上具有乡土教育、农业体验、生态与文化体验等知性功能，因此成了一个产业的标志、文旅重点 IP。“乡土性”是乡村旅游也是民宿休闲的核心，它为民宿特色发展提供了个性化资源。未来随着消费者的日趋成熟，更多人的注意力不会停留在民宿表象之上，而是倾向于追求它的内涵，个性化以及在此基础上衍生出的用户体验，成为民宿最核心的资产与最宝贵的资源。以此为圭臬，民宿主题将朝着垂直性、纵深化方向挖掘拓展，从而呈现出多样化特征。第一，多样化特征是完全建立在本地生活与文化底蕴基础之上的，民宿元素在“去泛在化”的同时，更能将“在地化”做到极致，将乡村文化及价值转化为各式各样的“乡土性”元素，甚至民宿还能够携带民宿主人独特的生活与艺术品位；第二，通过整合当地自然、文化、产业和生活资源，针对不同消费群体，民宿产品会细分

出更精准的主题，实现别样化与个性化定制，如宠物主题民宿、禅修主题民宿、观鸟体验主题民宿等。更重要的是，民宿内容服务将不再是供给方的单向推送，而是让作为需求方的消费者参与到各种有趣的具象化场景中来，主客双向互动，民宿用户黏性不断增强。

首都北京乡村资源丰富，应充分挖掘、整合现有资源，创新发展，创造更多主题特色突出的民宿，针对不同群体采取定制化服务。积极调整乡村旅游结构，围绕乡村民俗民居、农事活动、戏曲等积极进行创意开发和设计，提升活动的深度、趣味性与体验性，构建起游、学、购、娱、产一体化的产业链，有效助推农村经济发展效益最大化。

12.7 “互联网 +”助推平台渠道发展

2015 年 8 月 11 日，《国务院办公厅关于进一步促进旅游投资和消费的若干意见》首次系统提出积极发展“互联网 + 旅游”。作为一个兼具经济与社会功能的综合性产业，互联网元素的融入让旅游业的发展如虎添翼。民宿与共享经济加速融合发展，互联网的应用在其中起着关键的作用。“互联网 +”以一种新型经济形态快速发展起来，促进了旅游产业革命性转变。民宿产品从 B2C、B2B2C（Business to Business to Consumer，一种把供应商、平台商户、消费者紧密联系在一起的网络购物商业模式）向 C2C、C2B2C（Customer to Business to Customer，消费者到企业再到消费者的互联网经济的新型商业模式）发展，供应商也从开发商、政府、平台商户扩展至个人业主和职业房东，这种转变促进了在线民宿预订营销产业的发展。目前国内较为成熟的营销模式，如携程旅行网以组合的方式打包销售民宿及周边旅游产品等，能够满足定制化等个性化需求。

乡村民宿发展还需要借助互联网拓展营销渠道。首先，利用互联网建立乡村民宿专门的网络营销平台，成立区域性的乡村民宿网站，利用图片、文字和视频，提供每日房间报价、餐饮特色菜肴、所在位置和周边环境等信息，统一对外发布，形成规模经济效应；其次，整合当地自然、人文、饮食、住宿、交通、娱乐、购物等多种资源，利用微信、视频号、抖音、政务网等渠道扩展民宿客栈与潜在客户之间的沟通交流渠道，实现信息分享、互动，使得潜在客户可以自行获取大部分所需信息；最后，民宿经营者利用已有的互联网民宿预订平台，或自行开发的网络预定管理平台，为游客提供 24 小时查询和预订服务，民宿经营者也可以随时了解房间的空余信息，便于应对变化。此外，还可以通过微信公众号、知名网络论坛等发布民宿的宣传信息，如撰写图文并茂的旅游攻略与游记，加大宣传力度，使民宿为更多用户所熟知。在服务乡村民宿发展、助力乡村振兴的同时，也要注重乡村旅游市场规范化和乡村民宿的健康发展，如提高民宿产品及服务质量。

北京乡村民宿旅游市场更加成熟、规范。北京各郊区正以科学的发展观、独特的首都特色、当地资源特色来开发当地民宿，可复制经营，从而推动了民宿旅游乃至整个旅游业更快更好发展。

13 结语

发展乡村旅游，是实现乡村振兴的有效途径，乡村民宿是乡村旅游业的一种特殊业态和发展趋势。随着国家对乡村民宿的不断规范，政策的不断完善，乡村民宿在情怀和投资的双重驱动下，数量有增无减，民宿业呈现出投资高增长、资本多元化的趋势，人们对乡村民宿的认知度也越来越高。乡村民宿经营者已经在民宿设计、经营管理、宣传包装和分销渠道等方面积累了丰富的经验，正在逐步由低端、单一个体经营、同质化、分散布局向高端、企业经营、特色突出、主题明确、差异化明显、集群布局转变，逐步发展形成民宿产业。为适应市场需求，乡村民宿发展中结合客人需求，进行产品资源整合，正在突破现有的住宿形态，自然延伸出餐厅、咖啡厅、酒吧、书吧、画廊、主题博物馆等新业态，逐渐拓展出更多的增值服务，拓宽收入渠道，提升盈利水平。

随着乡村民宿的不断发展，民宿理论与管理运营体系逐渐完整，乡村民宿利用已有的发展优势和资源，逐渐扩大经营范围，丰富其他业态，不断延伸产业链，实现连锁化经营，打造自身的独特品牌。相关数据显示，目前我国超过 10 万家企业名称或经营范围含“民宿”，而且民宿相关企业年注册量逐年增长（高飞，2022）。

未来，民宿将逐渐摆脱早期单一的以景区为依托的发展模式，充分挖掘当地文化资源精髓，开拓出新的个性化、创意型主题，进行差异化打造，形成自身独特的主题与文化，成为具有强旅游吸引力的民宿。未来民宿发展必将趋向规模化、主题化、多元化。

参考文献

[1] 程琳琳，杨玉曼，李月颖，等. 矿业型村镇转型期发展问题分析与策略研究：以北京市门头沟区为例[J]. 中国矿业，2021，30（3）.

[2] 李焱. 门头沟小院升级田园综合体[J]. 投资北京，2021（4）.

[3] 刘宗林. 构建乡村振兴战略四梁八柱[J]. 民生周刊，2021（17）.

[4] 朱丽，孙斐. 南京市民宿分布特点和营销渠道构建研究[J]. 现代商贸工业，2020，41（6）.

[5] 罗兰，张绪清，邹丽琴，等. "三变"改革助推农旅一体化发展动力机制研究：基于钟山区大河镇的实地调查[J]. 社会科学前沿，2019（5）.

[6] 侯玉霞，代涵奕. 乡村民宿旅游导向下民族村寨"三生空间"的演变与重构：以恭城瑶族自治县红岩村为例[J]. 贵州民族研究，2021，42（2）.

[7] 昆明市旅游发展委员会. 乡村旅游经营手册[M]. 北京：中国旅游出版社，2016.

[8] 胡敏. 美国 B&B 发展及对我国民宿业发展的启示[J]. 三峡大学学报（人文社会科学版），2021，43（3）.

[9] 陈可石，娄倩，卓想. 德国、日本与我国台湾地区乡村民宿发展及其启示[J]. 开发研究，2016（2）.

[10] 魏燕妮. 乡村振兴战略背景下北京乡村民宿业可持续发展路径研究[J]. 生态经济，2020，36（9）.

[11] 姚婕，崔曦. "一企一村"背景下的文旅扶贫：北京怀柔局里村扶贫民宿项目[J]. 北京规划建设，2021（2）.

[12] 巫建华，姚培君，吉根宝. 乡村振兴战略背景下江南地区乡村民宿发展路径研究[J]. 江苏农业科学，2020，48（17）.

[13] 钟维，沈旭方，周奕，等. "三生有信"民宿连锁模式的构建[J].

韶关学院学报，2018，39（5）.

［14］杨光．发展民宿产业　助力乡村振兴：对湖北省恩施市推动民宿产业发展的实践与思考［J］．民族大家庭，2020（2）.

［15］钟舒奇，庞嘉琪，李一鸣，等．城镇化过程中生态人文型民宿发展途径分析：以乾潭镇为例［J］．农村经济与科技，2017，28（19）.

［16］张永．促进民宿产业与乡村文旅融合发展［J］．北京观察，2021（9）.

［17］刘燕婷，高月，汪西霞．基于旅游偏好生态旅游城市民宿发展策略研究：以广东河源为例［J］．旅游纵览，2021（6）.

［18］黄河啸，费建庆，朱奇彪，等．浙江省民宿经济与特色农业资源开发利用研究［J］．科技通报，2016，32（9）.

［19］王显成．我国乡村旅游中民宿发展状况与对策研究［J］．乐山师范学院学报，2009，24（6）.

［20］李初叶，周元雄．温州民宿产业发展探索［J］．浙江农业科学，2016，57（4）.

［21］刘玲玲．对舟山发展美丽海岛民宿游的思考［J］．农村经济与科技，2014，25（10）.

［22］田力．乡村民宿与乡村旅游协同发展的路径研究［J］．智库时代，2019（4）.

［23］秦冉．乡村振兴背景下乡村旅游资源分类与评价探讨［EB/OL］.（2019-04-17）［2021-11-07］. https://mp.weixin.qq.com/s/Uau8usDtq81Q--A8V6bBOA.

［24］吴唯佳，唐燕，唐婧娴．德国乡村发展和特色保护传承的经验借鉴与启示［J］．乡村规划建设，2016（1）.

［25］陈国胜．创意民宿的道与术［M］．北京：中国农业科学技术出版社，2017.

附录

旅游民宿基本要求与评价
（LB/T 065—2019）

前　言

本标准按照 GB/T 1.1—2009 给出的规则起草。

本标准代替 LB/T 065—2017《旅游民宿基本要求与评价》，与 LB/T 065—2017 相比主要技术内容变化如下：

——更加体现发展新理念，体现文旅融合；

——加强对卫生、安全、消防等方面的要求，健全退出机制；

——将旅游民宿等级由金宿、银宿两个等级修改为三星级、四星级、五星级 3 个等级；

——明确了三星级、四星级、五星级旅游民宿的划分条件。

本标准由中华人民共和国文化和旅游部提出。

本标准由全国旅游标准化技术委员会（SAC/TC 210）归口。

本标准起草单位：中华人民共和国文化和旅游部市场管理司、浙江省文化和旅游厅、浙江旅游职业学院。

本标准主要起草人：章艺、刘克智、杨建武、余昌国、吴健芬、杨彦锋、李明星、林卫兴、刘瀛、张一、沙绍举、曾安明。

旅游民宿基本要求与评价

1　范围

本标准规定了旅游民宿的等级和标志、基本要求、等级划分条件、等级划分方法。

本标准适用于正式营业的小型旅游住宿设施，包括但不限于客栈、庄园、宅院、驿站、山庄等。

2　规范性引用文件

下列文件对于本文件的应用是必不可少的。凡是注日期的引用文件，仅注日期的版本适用于本文件。凡是不注日期的引用文件，其最新版本（包括所有的修改单）适用于本文件。

GB 5749　生活饮用水卫生标准

GB 50222　建筑内部装修设计防火规范

3　术语和定义

下列术语和定义适用于本文件。

3.1　旅游民宿　homestay inn

利用当地民居等相关闲置资源，经营用客房不超过 4 层、建筑面积不超过 800 平方米，主人参与接待，为游客提供体验当地自然、文化与生产生活方式的小型住宿设施。

注：根据所处地域的不同可分为城镇民宿和乡村民宿。

3.2　民宿主人　owner；investor

民宿业主或经营管理者。

4 等级和标志

4.1 旅游民宿等级分为3个级别，由低到高分别为三星级、四星级和五星级。
4.2 星级旅游民宿标志由民居与五角星图案构成，用三颗五角星表示三星级，四颗五角星表示四星级，五颗五角星表示五星级。
4.3 旅游民宿等级的标牌、证书由等级评定机构统一制作。

5 基本要求

5.1 规范经营

5.1.1 应符合治安、消防、卫生、环境保护、安全等有关规定与要求，取得当地政府要求的相关证照。
5.1.2 经营场地应符合本市县国土空间总体规划（包括现行城镇总体规划、土地利用总体规划）、所在地民宿发展有关规划。
5.1.3 服务项目应通过文字、图形方式公示，并标明营业时间，收费项目应明码标价。
5.1.4 经营者应定期向文化和旅游行政部门报送统计调查数据，及时向相关部门上报突发事件等信息。

5.2 安全卫生

5.2.1 经营场地无地质灾害和其他影响公共安全的隐患。
5.2.2 易发生危险的区域和设施应设置安全警示标志，安全警示标志应清晰、醒目；易燃、易爆物品的储存和管理应采取必要的防护措施，符合相关法律法规。
5.2.3 应配备必要的防盗、应急、逃生安全设施，确保游客和从业人员人身和财产安全。
5.2.4 应建立各类相关安全管理制度和突发事件应急预案，落实安全责任，定期演练。
5.2.5 食品来源、加工、销售应符合相关食品安全国家标准要求。

5.2.6 从业人员应按照要求持健康证上岗。

5.3 生态环保

5.3.1 生活用水（包括自备水源和二次供水）应符合 GB 5749 的要求。
5.3.2 室内外装修与用材应符合环保规定，达到 GB 50222 的要求。
5.3.3 建设、运营应因地制宜，采取节能减排措施，污水统一截污纳管或自行有效处理达标排放。

5.4 其他

5.4.1 旅游民宿开业一年后可自愿申报星级评定，近一年应未发生相关违法违规事件，同一地点、同一投资经营主体只能以一个整体申报。
5.4.2 经评定合格可使用星级标志，有效期为三年，三年期满后应进行复核。
5.4.3 旅游民宿评定实行退出机制，经营过程中出现以下情况的将取消星级：

a）发生相关违法违规事件；

b）出现卫生、消防、安全等责任事故；

c）发生重大有效投诉；

d）发生私自设置摄像头侵犯游客隐私等造成社会恶劣影响的其他事件；

e）日常运营管理达不到或不符合相应星级标准要求。

取消星级后满三年，可重新申请星级评定。

6 等级划分条件

6.1 三星级

6.1.1 环境和建筑

6.1.1.1 周边环境应整洁干净。
6.1.1.2 建筑外观应与周边环境相协调。

6.1.2 设施和设备

6.1.2.1 客房应配备必要的家具。

6.1.2.2 客房应有舒适的床垫和床上棉织品（被套、被芯、床单、枕芯、枕套等）及毛巾。

6.1.2.3 客房应有水壶、茶杯。

6.1.2.4 客房应有充足的照明，有窗帘。

6.1.2.5 应有方便使用的卫生间，提供冷、热水。照明和排风应效果良好，排水通畅，有防滑防溅措施。

6.1.2.6 各区域应有方便使用的开关和电源插座。

6.1.2.7 厨房应有消毒设施，有效使用。

6.1.2.8 厨房应有冷冻、冷藏设施，生、熟食品及半成食品分柜置放。

6.1.2.9 应有适应所在地区气候的采暖、制冷设施，各区域通风良好。

6.1.3 服务和接待

6.1.3.1 各区域应整洁、卫生，相关设施应安全有效。

6.1.3.2 客房床单、被套、枕套、毛巾等应做到每客必换，并能应游客要求提供相应服务。

6.1.3.3 拖鞋、杯具等公用物品应一客一消毒。

6.1.3.4 卫生间应每天清理不少于一次，无异味、无积水、无污渍。

6.1.3.5 应有有效的防虫、防蛇、防鼠等措施。

6.1.3.6 民宿主人应参与接待，邻里关系融洽。

6.1.3.7 接待人员应热情好客，穿着整齐清洁，礼仪礼节得当。

6.1.3.8 接待人员应能用普通话提供服务。

6.1.3.9 接待人员应掌握并应用相应的服务技能。

6.1.3.10 接待人员应保护游客隐私，尊重游客的宗教信仰与风俗习惯，保护游客的合法权益。

6.1.3.11 夜间应有值班人员或值班电话。

6.1.4 特色和其他

应为所在乡村（社区）人员提供就业或发展机会。

6.2 四星级

6.2.1 环境和建筑

6.2.1.1 周边环境应整洁干净，绿植维护较好，宜有良好的空气质量和地表水质。
6.2.1.2 周边宜有医院或医疗点。
6.2.1.3 周边宜有停车场，方便出入。
6.2.1.4 周边宜有地方特色餐饮。
6.2.1.5 周边宜有地方生产生活方式活动体验点。
6.2.1.6 建筑外观应与周边环境相协调，宜体现当地特色。

6.2.2 设施和设备

6.2.2.1 客房应配备必要的家具，摆放合理、方便使用、舒适美观。
6.2.2.2 客房应有舒适的床垫和柔软舒适的床上棉织品（被套、被芯、床单、枕芯、枕套及床衬垫等）及毛巾。
6.2.2.3 客房应有水壶、茶杯和饮用水。
6.2.2.4 客房应有充足的照明，有窗帘，隔音效果较好。
6.2.2.5 应有方便使用的卫生间，24h 供应冷水，定时供应热水。照明和排风应效果良好，排水通畅，有防滑防溅措施。客房卫生间盥洗、洗浴、厕位宜布局合理。
6.2.2.6 各区域应有满足游客需求、方便使用的开关和电源插座。
6.2.2.7 宜有满足游客需求、方便使用的餐饮区。
6.2.2.8 厨房应有消毒设施，有效使用。
6.2.2.9 厨房应有与接待规模相匹配的冷冻、冷藏设施，生、熟食品及半成食品分柜置放。

6.2.2.10　应有清洗、消毒场所，位置合理，整洁卫生，方便使用。

6.2.2.11　应有布局合理、方便使用的公共卫生间。

6.2.2.12　应有适应所在地区气候的采暖、制冷设施，效果较好，各区域通风良好。

6.2.2.13　宜有与接待规模相匹配的公共区域，配置必要的休闲设施。

6.2.2.14　室内外装修宜体现文化特色。

6.2.3　服务和接待

6.2.3.1　各区域应整洁、卫生，相关设施应安全有效。

6.2.3.2　客房床单、被套、枕套、毛巾等应做到每客必换，并能应游客要求提供相应服务。

6.2.3.3　拖鞋、杯具等公用物品应一客一消毒。

6.2.3.4　卫生间应每天清理不少于一次，无异味、无积水、无污渍。

6.2.3.5　应有有效的防虫、防蛇、防鼠等措施。

6.2.3.6　应提供或推荐多种特色餐饮产品。

6.2.3.7　接待人员应热情好客，穿着整齐清洁，礼仪礼节得当。

6.2.3.8　接待人员应熟悉当地文化旅游资源和特色产品，用普通话提供服务。

6.2.3.9　接待人员应掌握并熟练应用相应的服务技能。

6.2.3.10　接待人员应满足游客合理需求，提供相应服务。

6.2.3.11　接待人员应保护游客隐私，尊重游客的宗教信仰与风俗习惯，保护游客的合法权益。

6.2.3.12　夜间应有值班人员或值班电话。

6.2.4　特色和其他

6.2.4.1　宜建立有关规章制度，定期开展员工培训。

6.2.4.2　宜建立水电气管理制度，有设施设备维保记录。

6.2.4.3　宜提供线上预订、支付服务，利用互联网技术宣传、营销。

6.2.4.4 宜购买公众责任险以及相关保险。

6.2.4.5 应为所在乡村（社区）人员提供就业或发展机会。

6.3 五星级

6.3.1 环境和建筑

6.3.1.1 周边环境应整洁干净、环境优美，宜有良好的空气质量和地表水质。

6.3.1.2 周边宜有医院或医疗点。

6.3.1.3 宜设有民宿导向系统，标志牌位置合理、易于识别。

6.3.1.4 周边宜有停车场，方便出入。

6.3.1.5 周边宜有较多地方特色餐饮。

6.3.1.6 周边宜有地方非遗、风俗、生产生活方式等活动体验点。

6.3.1.7 建筑外观应与周边环境相协调，宜就地取材，突出当地特色。

6.3.2 设施和设备

6.3.2.1 客房、餐厅、公共活动等区域应布局合理。

6.3.2.2 客房应配备必要的家具，品质优良，摆放合理、方便使用、舒适美观。

6.3.2.3 客房应有品质优良的床垫和床上棉织品（被套、被芯、床单、枕芯、枕套及床衬垫等）及毛巾。

6.3.2.4 客房应有水壶、茶具和饮用水，品质优良。

6.3.2.5 客房应有充足的照明，有窗帘，遮光和隔音效果较好。

6.3.2.6 客房应有方便舒适的独立卫生间，24 h 供应冷、热水，客用品品质优良。照明和通风应效果良好，排水通畅，有防滑防溅措施。盥洗、洗浴、厕位布局合理。

6.3.2.7 餐厅宜氛围浓郁、方便舒适，满足游客需求。

6.3.2.8 各区域应有满足游客需求、方便使用的开关和电源插座。

6.3.2.9 应有专门的布草存放场所，位置合理，整洁卫生。

6.3.2.10 宜提供方便游客使用的消毒设施。

6.3.2.11 厨房应有消毒设施，有效使用。

6.3.2.12 厨房应有与接待规模相匹配的冷冻、冷藏设施，生、熟食品及半成食品分柜置放。

6.3.2.13 应有清洗、消毒场所，位置合理，整洁卫生，方便使用。

6.3.2.14 应有布局合理、整洁卫生、方便使用的公共卫生间。

6.3.2.15 应有适应所在地区气候的采暖、制冷设施，效果较好，各区域通风良好，宜采用节能降噪产品。

6.3.2.16 应有主题突出、氛围浓郁、与接待规模相匹配的公共活动区域，配置必要的休闲设施。

6.3.2.17 室内外装修应材质优良，宜体现地方文化特色，有主题。

6.3.2.18 宜提供方便有效的音响、充电、调控等智能化设施。

6.3.3 服务和接待

6.3.3.1 各区域应整洁、卫生，相关设施应安全有效。

6.3.3.2 客房床单、被套、枕套、毛巾等应做到每客必换，并能应游客要求提供相应服务。

6.3.3.3 拖鞋、杯具等公用物品应一客一消毒。

6.3.3.4 卫生间应每天清理不少于一次，无异味、无积水、无污渍。

6.3.3.5 应有有效的防虫、防蛇、防鼠等措施。

6.3.3.6 应提供或推荐多种特色餐饮产品。

6.3.3.7 接待人员应热情好客，穿着整齐清洁，礼仪礼节得当。

6.3.3.8 接待人员应熟悉当地文化旅游资源和特色产品，用普通话提供服务。

6.3.3.9 接待人员应掌握并熟练应用相应的服务技能。

6.3.3.10 接待人员应满足游客合理需求，提供相应服务。

6.3.3.11 接待人员应保护游客隐私，尊重游客的宗教信仰与风俗习惯，保护游客的合法权益。

6.3.3.12 夜间应有值班人员或值班电话。

6.3.3.13 宜提供接送服务，方便游客抵达和离开。

6.3.4 特色和其他

6.3.4.1 民宿主人宜有亲和力，游客评价高。

6.3.4.2 应提供不同类型的特色客房。

6.3.4.3 宜建立健全有关规章制度，定期开展员工培训，效果良好。

6.3.4.4 宜建立食品留样制度。

6.3.4.5 宜建立设施设备维护保养、烟道清洗、水箱清洗等管理制度，定期维保、有效运行。

6.3.4.6 宜建立健全水电气管理制度，有台账记录。

6.3.4.7 宜提供线上预订、支付服务，利用互联网技术宣传、营销，效果良好。

6.3.4.8 宜购买公众责任险以及相关保险，方便理赔。

6.3.4.9 应有倡导绿色消费、保护生态环境的措施。

6.3.4.10 应为所在乡村（社区）人员提供就业或发展机会，参与地方或社区公益事业活动。

6.3.4.11 宜参与地方优秀文化传承、保护和推广活动，定期为游客组织相关活动，有引导游客体验地方文化活动的措施。

6.3.4.12 宜利用地方资源开发旅游商品和文创产品，与当地居民或村民有良好互动。

7 等级划分方法

7.1 根据旅游民宿等级划分条件，按照必备项目检查表和一般要求评分表的评价得分确定旅游民宿等级。

7.2 必备项目检查表、一般要求评分表及等级划分具体办法由等级评定机构制定。

中共中央　国务院关于落实发展新理念加快农业现代化实现全面小康目标的若干意见

党的十八届五中全会通过的《中共中央关于制定国民经济和社会发展第十三个五年规划的建议》，对做好新时期农业农村工作作出了重要部署。各地区各部门要牢固树立和深入贯彻落实创新、协调、绿色、开放、共享的发展理念，大力推进农业现代化，确保亿万农民与全国人民一道迈入全面小康社会。

“十二五”时期，是农业农村发展的又一个黄金期。粮食连年高位增产，实现了农业综合生产能力质的飞跃；农民收入持续较快增长，扭转了城乡居民收入差距扩大的态势；农村基础设施和公共服务明显改善，提高了农民群众的民生保障水平；农村社会和谐稳定，夯实了党在农村的执政基础。实践证明，党的“三农”政策是完全正确的，亿万农民是衷心拥护的。

当前，我国农业农村发展环境发生重大变化，既面临诸多有利条件，又必须加快破解各种难题。一方面，加快补齐农业农村短板成为全党共识，为开创“三农”工作新局面汇聚强大推动力；新型城镇化加快推进，为以工促农、以城带乡带来持续牵引力；城乡居民消费结构加快升级，为拓展农业农村发展空间增添巨大带动力；新一轮科技革命和产业变革正在孕育兴起，为农业转型升级注入强劲驱动力；农村各项改革全面展开，为农业农村现代化提供不竭原动力。另一方面，在经济发展新常态背景下，如何促进农民收入稳定较快增长，加快缩小城乡差距，确保如期实现全面小康，是必须完成的历史任务；在资源环境约束趋紧背景下，如何加快转变农业发展方式，确保粮食等重要农产品有效供给，实现绿色发展和资源永续利用，是必须破解的现实难题；在受国际农产品市场影响加深背景下，如何统筹利用国际国内两个市场、两种资源，提升我国农业竞争力，赢得参与国际市场竞争的主动权，是必须应对的重大挑战。农业是全面建成小康社会、实现现代化的基础。我们一定要切实增强做好“三农”工作的责任感、使命感、紧迫感，任何时候都不能忽视农业、忘记农民、淡漠农村，在认识的高度、重视的程度、投入的力度上保持好势头，始终把解决好“三农”问题作为全党工作重中之重，坚持强农惠农富农政策不减弱，推进农村全面小康建设不松劲，加快发展现代农业，加快促进农民增收，加快建设社会主义新农村，不断巩固和发展农业农村好形势。

“十三五”时期推进农村改革发展，要高举中国特色社会主义伟大旗帜，全面贯彻党的十八大和十八届三中、四中、五中全会精神，以邓小平理论、“三个代表”重要思想、科学发展观为指导，深入贯彻习近平总书记系列重要讲话精神，坚持全面建成小康社会、全面深化改革、全面依法治国、全面从严治党的战略布局，把坚持农民主体地位、增进农民福祉作为农村一切工作的出发点和落脚点，用发展新理念破解“三农”新难题，厚植农业农村发展优势，加大创新驱动力度，推进农业供给侧结构性改革，加快转变农业发展方式，保持农业稳定发展和农民持续增收，走产出高效、产品安全、资源节约、环境友好的农业现代化道路，推动新型城镇化与新农村建设双轮驱动、互促共进，让广大农民平等参与现代化进程、共同分享现代化成果。

到 2020 年，现代农业建设取得明显进展，粮食产能进一步巩固提升，国家粮食安全和重要农产品供给得到有效保障，农产品供给体系的质量和效率显著提高；农民生活达到全面小康水平，农村居民人均收入比 2010 年翻一番，城乡居民收入差距继续缩小；我国现行标准下农村贫困人口实现脱贫，贫困县全部摘帽，解决区域性整体贫困；农民素质和农村社会文明程度显著提升，社会主义新农村建设水平进一步提高；农村基本经济制度、农业支持保护制度、农村社会治理制度、城乡发展一体化体制机制进一步完善。

一、持续夯实现代农业基础，提高农业质量效益和竞争力

大力推进农业现代化，必须着力强化物质装备和技术支撑，着力构建现代农业产业体系、生产体系、经营体系，实施藏粮于地、藏粮于技战略，推动粮经饲统筹、农林牧渔结合、种养加一体、一二三产业融合发展，让农业成为充满希望的朝阳产业。

1. 大规模推进高标准农田建设。加大投入力度，整合建设资金，创新投融资机制，加快建设步伐，到 2020 年确保建成 8 亿亩、力争建成 10 亿亩集中连片、旱涝保收、稳产高产、生态友好的高标准农田。整合完善建设规划，统一建设标准、统一监管考核、统一上图入库。提高建设标准，充实建设内容，完善配套设施。优化建设布局，优先在粮食主产区建设确保口粮安全的高标准农田。健全管

护监督机制，明确管护责任主体。将高标准农田划为永久基本农田，实行特殊保护。将高标准农田建设情况纳入地方各级政府耕地保护责任目标考核内容。

2. 大规模推进农田水利建设。把农田水利作为农业基础设施建设的重点，到 2020 年农田有效灌溉面积达到 10 亿亩以上，农田灌溉水有效利用系数提高到 0.55 以上。加快重大水利工程建设。积极推进江河湖库水系连通工程建设，优化水资源空间格局，增加水环境容量。加快大中型灌区建设及续建配套与节水改造、大型灌排泵站更新改造。完善小型农田水利设施，加强农村河塘清淤整治、山丘区“五小水利”、田间渠系配套、雨水集蓄利用、牧区节水灌溉饲草料地建设。大力开展区域规模化高效节水灌溉行动，积极推广先进适用节水灌溉技术。继续实施中小河流治理和山洪、地质灾害防治。扩大开发性金融支持水利工程建设的规模和范围。稳步推进农业水价综合改革，实行农业用水总量控制和定额管理，合理确定农业水价，建立节水奖励和精准补贴机制，提高农业用水效率。完善用水权初始分配制度，培育水权交易市场。深化小型农田水利工程产权制度改革，创新运行管护机制。鼓励社会资本参与小型农田水利工程建设与管护。

3. 强化现代农业科技创新推广体系建设。农业科技创新能力总体上达到发展中国家领先水平，力争在农业重大基础理论、前沿核心技术方面取得一批达到世界先进水平的成果。统筹协调各类农业科技资源，建设现代农业产业科技创新中心，实施农业科技创新重点专项和工程，重点突破生物育种、农机装备、智能农业、生态环保等领域关键技术。强化现代农业产业技术体系建设。加强农业转基因技术研发和监管，在确保安全的基础上慎重推广。加快研发高端农机装备及关键核心零部件，提升主要农作物生产全程机械化水平，推进林业装备现代化。大力推进“互联网 +”现代农业，应用物联网、云计算、大数据、移动互联等现代信息技术，推动农业全产业链改造升级。大力发展智慧气象和农业遥感技术应用。深化农业科技体制改革，完善成果转化激励机制，制定促进协同创新的人才流动政策。加强农业知识产权保护，严厉打击侵权行为。深入开展粮食绿色高产高效创建。健全适应现代农业发展要求的农业科技推广体系，对基层农技推广公益性与经营性服务机构提供精准支持，引导高等学校、科研院所开展农技服务。推行科技特派员制度，鼓励支持科技特派员深入一线创新创业。发挥农村专业技术协会的作用。鼓励发展农业高新技术企业。深化国家现代农业示范区、国家农业科技园区建设。

4. 加快推进现代种业发展。大力推进育繁推一体化，提升种业自主创新能力，保障国家种业安全。深入推进种业领域科研成果权益分配改革，探索成果权益分享、转移转化和科研人员分类管理机制。实施现代种业建设工程和种业自主创新重大工程。全面推进良种重大科研联合攻关，培育和推广适应机械化生产、优质高产多抗广适新品种，加快主要粮食作物新一轮品种更新换代。加快推进海南、甘肃、四川国家级育种制种基地和区域性良种繁育基地建设。强化企业育种创新主体地位，加快培育具有国际竞争力的现代种业企业。实施畜禽遗传改良计划，加快培育优异畜禽新品种。开展种质资源普查，加大保护利用力度。贯彻落实种子法，全面推进依法治种。加大种子打假护权力度。

5. 发挥多种形式农业适度规模经营引领作用。坚持以农户家庭经营为基础，支持新型农业经营主体和新型农业服务主体成为建设现代农业的骨干力量，充分发挥多种形式适度规模经营在农业机械和科技成果应用、绿色发展、市场开拓等方面的引领功能。完善财税、信贷保险、用地用电、项目支持等政策，加快形成培育新型农业经营主体的政策体系，进一步发挥财政资金引导作用，撬动规模化经营主体增加生产性投入。适应新型农业经营主体和服务主体发展需要，允许将集中连片整治后新增加的部分耕地，按规定用于完善农田配套设施。探索开展粮食生产规模经营主体营销贷款改革试点。积极培育家庭农场、专业大户、农民合作社、农业产业化龙头企业等新型农业经营主体。支持多种类型的新型农业服务主体开展代耕代种、联耕联种、土地托管等专业化规模化服务。加强气象为农服务体系建设。实施农业社会化服务支撑工程，扩大政府购买农业公益性服务机制创新试点。加快发展农业生产性服务业。完善工商资本租赁农地准入、监管和风险防范机制。健全县乡农村经营管理体系，加强对土地流转和规模经营的管理服务。

6. 加快培育新型职业农民。将职业农民培育纳入国家教育培训发展规划，基本形成职业农民教育培训体系，把职业农民培养成建设现代农业的主导力量。办好农业职业教育，将全日制农业中等职业教育纳入国家资助政策范围。依托高等教育、中等职业教育资源，鼓励农民通过“半农半读”等方式就地就近接受职业教育。开展新型农业经营主体带头人培育行动，通过 5 年努力使他们基本得到培训。加强涉农专业全日制学历教育，支持农业院校办好涉农专业，健全农业广播电视学校体系，定向培养职业农民。引导有志投身现代农业建设的农村青年、返乡农民工、农技推广人员、农村大中专毕业生和退役军人等加入职业农民队伍。优化财政支农资金使用，把一部分资金用于培养职业农民。总结各地经验，建立健全职业农民扶持制度，相关政策向符合条件的职业农民倾斜。鼓励有条件的地方探索职业农民养老保险办法。

7. 优化农业生产结构和区域布局。树立大食物观，面向整个国土资源，全方位、多途径开发食物资源，满足日益多元化的食物消费需求。在确保谷物基本自给、口粮绝对安全的前提下，基本形成与市场需求相适应、与资源禀赋相匹配的现代农业生产结构和区域布局，提高农业综合效益。启动实施种植业结构调整规划，稳定水稻和小麦生产，适当调减非优势区玉米种植。支持粮食主产区建设粮食生产核心区。扩大粮改饲试点，加快建设现代饲草料产业体系。合理调整粮食统计口径。制定划定粮食生产功能区和大豆、棉花、油料、糖料蔗等重要农产品生产保护区的指导意见。积极推进马铃薯主食开发。加快现代畜牧业建设，根据环境容量调整区域养殖布局，优化畜禽养殖结构，发展草食畜牧业，形成规模化生产、集约化经营为主导的产业发展格局。启动实施种养结合循环农业示范工程，推动种养结合、农牧循环发展。加强渔政渔港建设。大力发展旱作农业、热作农业、优质特色杂粮、特色经济林、木本油料、竹藤花卉、林下经济。

8. 统筹用好国际国内两个市场、两种资源。完善农业对外开放战略布局，统筹农产品进出口，加快形成农业对外贸易与国内农业发展相互促进的政策体系，实现补充国内市场需求、促进结构调整、保护国内产业和农民利益的有机统一。加大对农产品出口支持力度，巩固农产品出口传统优势，培育新的竞争优势，扩大特色和高附加值农产品出口。确保口粮绝对安全，利用国际资源和市场，优化国内农业结构，缓解资源环境压力。优化重要农产品进口的全球布局，推进进口来源多元化，加快形成互利共赢的稳定经贸关系。健全贸易救济和产业损害补偿机制。强化边境管理，深入开展综合治理，打击农产品走私。统筹制定和实施农业对外合作规划。加强与“一带一路”沿线国家和地区及周边国家和地区的农业投资、贸易、科技、动植物检疫合作。支持我国企业开展多种形式的跨国经营，加强农产品加工、储运、贸易等环节合作，培育具有国际竞争力的粮商和农业企业集团。

二、加强资源保护和生态修复，推动农业绿色发展

推动农业可持续发展，必须确立发展绿色农业就是保护生态的观念，加快形成资源利用高效、生态系统稳定、产地环境良好、产品质量安全的农业发展新格局。

9. 加强农业资源保护和高效利用。基本建立农业资源有效保护、高效利用的政策和技术支撑体系，从根本上改变开发强度过大、利用方式粗放的状况。坚持最严格的耕地保护制度，坚守耕地红线，全面划定永久基本农田，大力实施农村土地整治，推进耕地数量、质量、生态“三位一体”保护。落实和完善耕地占补平衡制度，坚决防止占多补少、占优补劣、占水田补旱地，严禁毁林开垦。全面推进建设占用耕地耕作层剥离再利用。实行建设用地总量和强度双控行动，严格控制农村集体建设用地规模。完善耕地保护补偿机制。实施耕地质量保护与提升行动，加强耕地质量调查评价与监测，扩大东北黑土地保护利用试点规模。实施渤海粮仓科技示范工程，加大科技支撑力度，加快改造盐碱地。创建农业可持续发展试验示范区。划定农业空间和生态空间保护红线。落实最严格的水资源管理制度，强化水资源管理“三条红线”刚性约束，实行水资源消耗总量和强度双控行动。加强地下水监测，开展超采区综合治理。落实河湖水域岸线用途管制制度。加强自然保护区建设与管理，对重要生态系统和物种资源实行强制性保护。实施濒危野生动植物抢救性保护工程，建设救护繁育中心和基因库。强化野生动植物进出口管理，严厉打击象牙等濒危野生动植物及其制品非法交易。

10. 加快农业环境突出问题治理。基本形成改善农业环境的政策法规制度和技术路径，确保农业生态环境恶化趋势总体得到遏制，治理明显见到成效。实施并完善农业环境突出问题治理总体规划。加大农业面源污染防治力度，实施化肥农药零增长行动，实施种养业废弃物资源化利用、无害化处理区域示范工程。积极推广高效生态循环农业模式。探索实行耕地轮作休耕制度试点，通过轮作、休耕、退耕、替代种植等多种方式，对地下水漏斗区、重金属污染区、生态严重退化地区开展综合治理。实施全国水土保持规划。推进荒漠化、石漠化、水土流失综合治理。

11. 加强农业生态保护和修复。实施山水林田湖生态保护和修复工程，进

行整体保护、系统修复、综合治理。到2020年森林覆盖率提高到23%以上，湿地面积不低于8亿亩。扩大新一轮退耕还林还草规模。扩大退牧还草工程实施范围。实施新一轮草原生态保护补助奖励政策，适当提高补奖标准。实施湿地保护与恢复工程，开展退耕还湿。建立沙化土地封禁保护制度。加强历史遗留工矿废弃和自然灾害损毁土地复垦利用。开展大规模国土绿化行动，增加森林面积和蓄积量。加强三北、长江、珠江、沿海防护林体系等林业重点工程建设。继续推进京津风沙源治理。完善天然林保护制度，全面停止天然林商业性采伐。完善海洋渔业资源总量管理制度，严格实行休渔禁渔制度，开展近海捕捞限额管理试点，按规划实行退养还滩。加快推进水生态修复工程建设。建立健全生态保护补偿机制，开展跨地区跨流域生态保护补偿试点。编制实施耕地、草原、河湖休养生息规划。

12. 实施食品安全战略。加快完善食品安全国家标准，到2020年农兽药残留限量指标基本与国际食品法典标准接轨。加强产地环境保护和源头治理，实行严格的农业投入品使用管理制度。推广高效低毒低残留农药，实施兽用抗菌药治理行动。创建优质农产品和食品品牌。继续推进农业标准化示范区、园艺作物标准园、标准化规模养殖场（小区）、水产健康养殖场建设。实施动植物保护能力提升工程。加快健全从农田到餐桌的农产品质量和食品安全监管体系，建立全程可追溯、互联共享的信息平台，加强标准体系建设，健全风险监测评估和检验检测体系。落实生产经营主体责任，严惩各类食品安全违法犯罪。实施食品安全创新工程。加强基层监管机构能力建设，培育职业化检查员，扩大抽检覆盖面，加强日常检查。加快推进病死畜禽无害化处理与养殖业保险联动机制建设。规范畜禽屠宰管理，加强人畜共患传染病防治。强化动植物疫情疫病监测防控和边境、口岸及主要物流通道检验检疫能力建设，严防外来有害物种入侵。深入开展食品安全城市和农产品质量安全县创建，开展农村食品安全治理行动。强化食品安全责任制，把保障农产品质量和食品安全作为衡量党政领导班子政绩的重要考核指标。

三、推进农村产业融合，促进农民收入持续较快增长

大力推进农民奔小康，必须充分发挥农村的独特优势，深度挖掘农业的多种功能，培育壮大农村新产业新业态，推动产业融合发展成为农民增收的

重要支撑，让农村成为可以大有作为的广阔天地。

13. 推动农产品加工业转型升级。加强农产品加工技术创新，促进农产品初加工、精深加工及综合利用加工协调发展，提高农产品加工转化率和附加值，增强对农民增收的带动能力。加强规划和政策引导，促进主产区农产品加工业加快发展，支持粮食主产区发展粮食深加工，形成一批优势产业集群。开发拥有自主知识产权的技术装备，支持农产品加工设备改造提升，建设农产品加工技术集成基地。培育一批农产品精深加工领军企业和国内外知名品牌。强化环保、能耗、质量、安全等标准作用，促进农产品加工企业优胜劣汰。完善农产品产地初加工补助政策。研究制定促进农产品加工业发展的意见。

14. 加强农产品流通设施和市场建设。健全统一开放、布局合理、竞争有序的现代农产品市场体系，在搞活流通中促进农民增收。加快农产品批发市场升级改造，完善流通骨干网络，加强粮食等重要农产品仓储物流设施建设。完善跨区域农产品冷链物流体系，开展冷链标准化示范，实施特色农产品产区预冷工程。推动公益性农产品市场建设。支持农产品营销公共服务平台建设。开展降低农产品物流成本行动。促进农村电子商务加快发展，形成线上线下融合、农产品进城与农资和消费品下乡双向流通格局。加快实现行政村宽带全覆盖，创新电信普遍服务补偿机制，推进农村互联网提速降费。加强商贸流通、供销、邮政等系统物流服务网络和设施建设与衔接，加快完善县乡村物流体系。实施“快递下乡”工程。鼓励大型电商平台企业开展农村电商服务，支持地方和行业健全农村电商服务体系。建立健全适应农村电商发展的农产品质量分级、采后处理、包装配送等标准体系。深入开展电子商务进农村综合示范。加大信息进村入户试点力度。

15. 大力发展休闲农业和乡村旅游。依托农村绿水青山、田园风光、乡土文化等资源，大力发展休闲度假、旅游观光、养生养老、创意农业、农耕体验、乡村手工艺等，使之成为繁荣农村、富裕农民的新兴支柱产业。强化规划引导，采取以奖代补、先建后补、财政贴息、设立产业投资基金等方式扶持休闲农业与乡村旅游业发展，着力改善休闲旅游重点村进村道路、宽带、停车场、厕所、垃圾污水处理等基础服务设施。积极扶持农民发展休闲旅游业合作社。引导和支持社会资本开发农民参与度高、受益面广的休闲旅游项目。加强乡村生态环境和文化遗存保护，发展具有历史记忆、地域特点、民族风情的特色小镇，建设一村一品、一村一景、一村一韵的魅力村庄和宜游宜养的森林景区。依据各地具体条件，有规划地开发休闲农庄、乡村酒店、特色民宿、自驾露营、户外运动等乡村休闲度假产品。实施休闲农业和乡村旅游提升工程、振兴中国传统手工艺计划。开展农业文化遗产普查与保护。支持有条件的地方通过盘活农村闲置房屋、集体建设用地、“四荒地”、可用林场和水面等资产资源发展休闲农业和乡村旅游。将休闲农业和乡村旅游项目建设用地纳入土地利用总体规划和年度计划合理安排。

16. 完善农业产业链与农民的利益联结机制。促进农业产加销紧密衔接，农村一二三产业深度融合，推进农业产业链整合和价值链提升，让农民共享产业融合发展的增值收益，培育农民增收新模式。支持供销合作社创办领办农民合作社，引领农民参与农村产业融合发展、分享产业链收益。创新发展订单农业，支持农业产业化龙头企业建设稳定的原料生产基地、为农户提供贷款担保和资助订单农户参加农业保险。鼓励发展股份合作，引导农户自愿以土地经营权等入股龙头企业和农民合作社，采取“保底收益 + 按股分红”等方式，让农户分享加工销售环节收益，建立健全风险防范机制。加强农民合作社示范社建设，支持合作社发展农产品加工流通和直供直销。通过政府与社会资本合作、贴息、设立基金等方式，带动社会资本投向农村新产业新业态。实施农村产业融合发展试点示范工程。财政支农资金使用要与建立农民分享产业链利益机制相联系。巩固和完善“合同帮农”机制，为农民和涉农企业提供法律咨询、合同示范文本、纠纷调处等服务。

四、推动城乡协调发展，提高新农村建设水平

加快补齐农业农村短板，必须坚持工业反哺农业、城市支持农村，促进城乡公共资源均衡配置、城乡要素平等交换，稳步提高城乡基本公共服务均等化水平。

17. 加快农村基础设施建设。把国家财政支持的基础设施建设重点放在农村，建好、管好、护好、运营好农村基础设施，实现城乡差距显著缩小。健全农村基础设施投入长效机制，促进城乡基础设施互联互通、共建共享。强

化农村饮用水水源保护。实施农村饮水安全巩固提升工程。推动城镇供水设施向周边农村延伸。加快实施农村电网改造升级工程，开展农村“低电压”综合治理，发展绿色小水电。加快实现所有具备条件的乡镇和建制村通硬化路、通班车，推动一定人口规模的自然村通公路。创造条件推进城乡客运一体化。加快国有林区防火应急道路建设。将农村公路养护资金逐步纳入地方财政预算。发展农村规模化沼气。加大农村危房改造力度，统筹搞好农房抗震改造，通过贷款贴息、集中建设公租房等方式，加快解决农村困难家庭的住房安全问题。加强农村防灾减灾体系建设。研究出台创新农村基础设施投融资体制机制的政策意见。

18. 提高农村公共服务水平。把社会事业发展的重点放在农村和接纳农业转移人口较多的城镇，加快推动城镇公共服务向农村延伸。加快发展农村学前教育，坚持公办民办并举，扩大农村普惠性学前教育资源。建立城乡统一、重在农村的义务教育经费保障机制。全面改善贫困地区义务教育薄弱学校基本办学条件，改善农村学校寄宿条件，办好乡村小规模学校，推进学校标准化建设。加快普及高中阶段教育，逐步分类推进中等职业教育免除学杂费，率先从建档立卡的家庭经济困难学生实施普通高中免除学杂费，实现家庭经济困难学生资助全覆盖。深入实施农村贫困地区定向招生等专项计划，对民族自治县实现全覆盖。加强乡村教师队伍建设，拓展教师补充渠道，推动城镇优秀教师向乡村学校流动。办好农村特殊教育。整合城乡居民基本医疗保险制度，适当提高政府补助标准、个人缴费和受益水平。全面实施城乡居民大病保险制度。健全城乡医疗救助制度。完善城乡居民养老保险参保缴费激励约束机制，引导参保人员选择较高档次缴费。改进农村低保申请家庭经济状况核查机制，实现农村低保制度与扶贫开发政策有效衔接。建立健全农村留守儿童和妇女、老人关爱服务体系。建立健全农村困境儿童福利保障和未成年人社会保护制度。积极发展农村社会工作和志愿服务。切实维护农村妇女在财产分配、婚姻生育、政治参与等方面的合法权益，让女性获得公平的教育机会、就业机会、财产性收入、金融资源。加强农村养老服务体系、残疾人康复和供养托养设施建设。深化农村殡葬改革，依法管理、改进服务。推进农村基层综合公共服务资源优化整合。全面加强农村公共文化服务体系建设，继续实施文化惠民项目。在农村建设基层综合性文化服务中心，整合基层宣传文化、党员教育、科学普及、体育健身等设施，整合文化信息资源共享、农村电影放映、农家书屋等项目，发挥基层文化公共设施整体效应。

19. 开展农村人居环境整治行动和美丽宜居乡村建设。遵循乡村自身发展规律，体现农村特点，注重乡土味道，保留乡村风貌，努力建设农民幸福家园。科学编制县域乡村建设规划和村庄规划，提升民居设计水平，强化乡村建设规划许可管理。继续推进农村环境综合整治，完善以奖促治政策，扩大连片整治范围。实施农村生活垃圾治理 5 年专项行动。采取城镇管网延伸、集中处理和分散处理等多种方式，加快农村生活污水治理和改厕。全面启动村庄绿化工程，开展生态乡村建设，推广绿色建材，建设节能农房。开展农村宜居水环境建设，实施农村清洁河道行动，建设生态清洁型小流域。发挥好村级公益事业一事一议财政奖补资金作用，支持改善村内公共设施和人居环境。普遍建立村庄保洁制度。坚持城乡环境治理并重，逐步把农村环境整治支出纳入地方财政预算，中央财政给予差异化奖补，政策性金融机构提供长期低息贷款，探索政府购买服务、专业公司一体化建设运营机制。加大传统村落、民居和历史文化名村名镇保护力度。开展生态文明示范村镇建设。鼓励各地因地制宜探索各具特色的美丽宜居乡村建设模式。

20. 推进农村劳动力转移就业创业和农民工市民化。健全农村劳动力转移就业服务体系，大力促进就地就近转移就业创业，稳定并扩大外出农民工规模，支持农民工返乡创业。大力发展特色县域经济和农村服务业，加快培育中小城市和特色小城镇，增强吸纳农业转移人口能力。加大对农村灵活就业、新就业形态的支持。鼓励各地设立农村妇女就业创业基金，加大妇女小额担保贷款实施力度，加强妇女技能培训，支持农村妇女发展家庭手工业。实施新生代农民工职业技能提升计划，开展农村贫困家庭子女、未升学初高中毕业生、农民工、退役军人免费接受职业培训行动。依法维护农民工合法劳动权益，完善城乡劳动者平等就业制度，建立健全农民工工资支付保障长效机制。进一步推进户籍制度改革，落实 1 亿左右农民工和其他常住人口在城镇定居落户的目标，保障进城落户农民工与城镇居民有同等权利和义务，加快提高户籍人口城镇化率。全面实施居住证制度，建立健全与居住年限等条件相挂钩的基本公共服务提供机制，努力实现基本公共服务常住人口全覆盖。落实和完善农民工随迁子女在当地参加中考、高考政策。将符合条件的农民工纳入城镇社会保障和城镇住房保障实施范围。健全财政转移支付同农业转移人口市民化挂钩机制，建立城镇建设用地增加规模同吸纳农业转移人口落户数量挂钩机制。维护进城落户农民土地承包权、宅基地使用权、集体收益分配权，支持引导其依法自愿有偿转让上述权益。

21. 实施脱贫攻坚工程。实施精准扶贫、精准脱贫，因人因地施策，分类扶持贫困家庭，坚决打赢脱贫攻坚战。通过产业扶持、转移就业、易地搬迁等措施解决5000万左右贫困人口脱贫；对完全或部分丧失劳动能力的2000多万贫困人口，全部纳入低保覆盖范围，实行社保政策兜底脱贫。实行脱贫工作责任制，进一步完善中央统筹、省（自治区、直辖市）负总责、市（地）县抓落实的工作机制。各级党委和政府要把脱贫攻坚作为重大政治任务扛在肩上，各部门要步调一致、协同作战、履职尽责，切实把民生项目、惠民政策最大限度向贫困地区倾斜。广泛动员社会各方面力量积极参与扶贫开发。实行最严格的脱贫攻坚考核督查问责。

五、深入推进农村改革，增强农村发展内生动力

破解“三农”难题，必须坚持不懈推进体制机制创新，着力破除城乡二元结构的体制障碍，激发亿万农民创新创业活力，释放农业农村发展新动能。

22. 改革完善粮食等重要农产品价格形成机制和收储制度。坚持市场化改革取向与保护农民利益并重，采取“分品种施策、渐进式推进”的办法，完善农产品市场调控制度。继续执行并完善稻谷、小麦最低收购价政策。深入推进新疆棉花、东北地区大豆目标价格改革试点。按照市场定价、价补分离的原则，积极稳妥推进玉米收储制度改革，在使玉米价格反映市场供求关系的同时，综合考虑农民合理收益、财政承受能力、产业链协调发展等因素，建立玉米生产者补贴制度。按照政策性职能和经营性职能分离的原则，改革完善中央储备粮管理体制。深化国有粮食企业改革，发展多元化市场购销主体。科学确定粮食等重要农产品国家储备规模，完善吞吐调节机制。

23. 健全农业农村投入持续增长机制。优先保障财政对农业农村的投入，坚持将农业农村作为国家固定资产投资的重点领域，确保力度不减弱、总量有增加。充分发挥财政政策导向功能和财政资金杠杆作用，鼓励和引导金融资本、工商资本更多投向农业农村。加大专项建设基金对扶贫、水利、农村

产业融合、农产品批发市场等“三农”领域重点项目和工程支持力度。发挥规划引领作用，完善资金使用和项目管理办法，多层级深入推进涉农资金整合统筹，实施省级涉农资金管理改革和市县涉农资金整合试点，改进资金使用绩效考核办法。将种粮农民直接补贴、良种补贴、农资综合补贴合并为农业支持保护补贴，重点支持耕地地力保护和粮食产能提升。完善农机购置补贴政策。用 3 年左右时间建立健全全国农业信贷担保体系，2016 年推动省级农业信贷担保机构正式建立并开始运营。加大对农产品主产区和重点生态功能区的转移支付力度。完善主产区利益补偿机制。逐步将农垦系统纳入国家农业支持和民生改善政策覆盖范围。研究出台完善农民收入增长支持政策体系的指导意见。

24. 推动金融资源更多向农村倾斜。加快构建多层次、广覆盖、可持续的农村金融服务体系，发展农村普惠金融，降低融资成本，全面激活农村金融服务链条。进一步改善存取款、支付等基本金融服务。稳定农村信用社县域法人地位，提高治理水平和服务能力。开展农村信用社省联社改革试点，逐步淡出行政管理，强化服务职能。鼓励国有和股份制金融机构拓展“三农”业务。深化中国农业银行三农金融事业部改革，加大“三农”金融产品创新和重点领域信贷投入力度。发挥国家开发银行优势和作用，加强服务“三农”融资模式创新。强化中国农业发展银行政策性职能，加大中长期“三农”信贷投放力度。支持中国邮政储蓄银行建立三农金融事业部，打造专业化为农服务体系。创新村镇银行设立模式，扩大覆盖面。引导互联网金融、移动金融在农村规范发展。扩大在农民合作社内部开展信用合作试点的范围，健全风险防范化解机制，落实地方政府监管责任。开展农村金融综合改革试验，探索创新农村金融组织和服务。发展农村金融租赁业务。在风险可控前提下，稳妥有序推进农村承包土地的经营权和农民住房财产权抵押贷款试点。积极发展林权抵押贷款。创设农产品期货品种，开展农产品期权试点。支持涉农企业依托多层次资本市场融资，加大债券市场服务“三农”力度。全面推进农村信用体系建设。加快建立“三农”融资担保体系。完善中央与地方双层金融监管机制，切实防范农村金融风险。强化农村金融消费者风险教育和保护。完善“三农”贷款统计，突出农户贷款、新型农业经营主体贷款、扶贫贴息贷款等。

25. 完善农业保险制度。把农业保险作为支持农业的重要手段，扩大农业保险覆盖面、增加保险品种、提高风险保障水平。积极开发适应新型农业经营主体需求的保险品种。探索开展重要农产品目标价格保险，以及收入保险、天气指数保险试点。支持地方发展特色优势农产品保险、渔业保险、设施农业保险。完善森林保险制度。探索建立农业补贴、涉农信贷、农产品期货和农业保险联动机制。积极探索农业保险保单质押贷款和农户信用保证保险。稳步扩大“保险 + 期货”试点。鼓励和支持保险资金开展支农融资业务创新试点。进一步完善农业保险大灾风险分散机制。

26. 深化农村集体产权制度改革。到 2020 年基本完成土地等农村集体资源性资产确权登记颁证、经营性资产折股量化到本集体经济组织成员，健全非经营性资产集体统一运营管理机制。稳定农村土地承包关系，落实集体所有权，稳定农户承包权，放活土地经营权，完善“三权分置”办法，明确农村土地承包关系长久不变的具体规定。继续扩大农村承包地确权登记颁证整省推进试点。依法推进土地经营权有序流转，鼓励和引导农户自愿互换承包地块实现连片耕种。研究制定稳定和完善农村基本经营制度的指导意见。加快推进房地一体的农村集体建设用地和宅基地使用权确权登记颁证，所需工作经费纳入地方财政预算。推进农村土地征收、集体经营性建设用地入市、宅基地制度改革试点。完善宅基地权益保障和取得方式，探索农民住房保障新机制。总结农村集体经营性建设用地入市改革试点经验，适当提高农民集体和个人分享的增值收益，抓紧出台土地增值收益调节金征管办法。完善和拓展城乡建设用地增减挂钩试点，将指标交易收益用于改善农民生产生活条件。探索将通过土地整治增加的耕地作为占补平衡补充耕地的指标，按照谁投入、谁受益的原则返还指标交易收益。研究国家重大工程建设补充耕地由国家统筹的具体办法。加快编制村级土地利用规划。探索将财政资金投入农业农村形成的经营性资产，通过股权量化到户，让集体组织成员长期分享资产收益。制定促进农村集体产权制度改革的税收优惠政策。开展扶持村级集体经济发展试点。深入推进供销合作社综合改革，提升为农服务能力。完善集体林权制度，引导林权规范有序流转，鼓励发展家庭林场、股份合作林场。完善草原承包经营制度。

六、加强和改善党对“三农”工作领导

加快农业现代化和农民奔小康，必须坚持党总揽全局、协调各方的领导

核心作用，改进农村工作体制机制和方式方法，不断强化政治和组织保障。

27. 提高党领导农村工作水平。坚持把解决好“三农”问题作为全党工作重中之重不动摇，以更大的决心、下更大的气力加快补齐农业农村这块全面小康的短板。不断健全党委统一领导、党政齐抓共管、党委农村工作综合部门统筹协调、各部门各负其责的农村工作领导体制和工作机制。注重选派熟悉“三农”工作的干部进省市县党委和政府领导班子。各级党委和政府要把握好“三农”战略地位、农业农村发展新特点，顺应农民新期盼，关心群众诉求，解决突出问题，提高做好“三农”工作本领。巩固和拓展党的群众路线教育实践活动和“三严三实”专题教育成果。进一步减少和下放涉农行政审批事项。加强“三农”前瞻性、全局性、储备性政策研究，健全决策咨询机制。扎实推进农村各项改革，鼓励和允许不同地方实行差别化探索。对批准开展的农村改革试点，要不断总结可复制、可推广的经验，推动相关政策出台和法律法规立改废释。深入推进农村改革试验区工作。全面提升农村经济社会发展调查统计水平，扎实做好第三次全国农业普查。加快建立全球农业数据调查分析系统。加强农村法治建设，完善农村产权保护、农业市场规范运行、农业支持保护、农业资源环境等方面的法律法规。

28. 加强农村基层党组织建设。始终坚持农村基层党组织领导核心地位不动摇，充分发挥农村基层党组织的战斗堡垒作用和党员的先锋模范作用，不断夯实党在农村基层执政的组织基础。严格落实各级党委抓农村基层党建工作责任制，发挥县级党委“一线指挥部”作用，实现整乡推进、整县提升。建立市县乡党委书记抓农村基层党建问题清单、任务清单、责任清单，坚持开展市县乡党委书记抓基层党建述职评议考核。选优配强乡镇领导班子尤其是党委书记，切实加强乡镇党委思想、作风、能力建设。选好用好管好农村基层党组织带头人，从严加强农村党员队伍建设，持续整顿软弱涣散村党组织，认真抓好选派“第一书记”工作。创新完善基层党组织设置，确保党的组织和党的工作全面覆盖、有效覆盖。健全以财政投入为主的经费保障制度，落实村级组织运转经费和村干部报酬待遇。进一步加强和改进大学生村官工作。各级党委特别是县级党委要切实履行农村基层党风廉政建设的主体责任，纪委要履行好监督责任，将全面从严治党的要求落实到农村基层，对责任不落实和不履行监管职责的要严肃问责。着力转变基层干部作风，解决不作为、乱作为问题，加大对农民群众身边腐败问题的监督审查力度，重点查处土地征收、涉农资金、扶贫开发、“三资”管理等领域虚报冒领、截留私分、贪污挪用等侵犯农民群众权益的问题。加强农民负担监管工作。

29. 创新和完善乡村治理机制。加强乡镇服务型政府建设。研究提出深化经济发达镇行政管理体制改革指导意见。依法开展村民自治实践，探索村党组织领导的村民自治有效实现形式。深化农村社区建设试点工作，完善多元共治的农村社区治理结构。在有实际需要的地方开展以村民小组或自然村为基本单元的村民自治试点。建立健全务实管用的村务监督委员会或其他形式的村务监督机构。发挥好村规民约在乡村治理中的积极作用。深入开展涉农信访突出问题专项治理。加强农村法律服务和法律援助。推进县乡村三级综治中心建设，完善农村治安防控体系。开展农村不良风气专项治理，整治农村黄赌毒、非法宗教活动等突出问题。依法打击扰乱农村生产生活秩序、危害农民生命财产安全的犯罪活动。

30. 深化农村精神文明建设。深入开展中国特色社会主义和中国梦宣传教育，加强农村思想道德建设，大力培育和弘扬社会主义核心价值观，增强农民的国家意识、法治意识、社会责任意识，加强诚信教育，倡导契约精神、科学精神，提高农民文明素质和农村社会文明程度。深入开展文明村镇、“星级文明户”“五好文明家庭”创建，培育文明乡风、优良家风、新乡贤文化。广泛宣传优秀基层干部、道德模范、身边好人等先进事迹。弘扬优秀传统文化，抓好移风易俗，树立健康文明新风尚。

让我们更加紧密地团结在以习近平同志为核心的党中央周围，艰苦奋斗，真抓实干，攻坚克难，努力开创农业农村工作新局面，为夺取全面建成小康社会决胜阶段的伟大胜利作出更大贡献！

中共中央　国务院关于实施乡村振兴战略的意见

实施乡村振兴战略，是党的十九大作出的重大决策部署，是决胜全面建成小康社会、全面建设社会主义现代化国家的重大历史任务，是新时代“三农”工作的总抓手。现就实施乡村振兴战略提出如下意见。

一、新时代实施乡村振兴战略的重大意义

党的十八大以来，在以习近平同志为核心的党中央坚强领导下，我们坚持把解决好“三农”问题作为全党工作重中之重，持续加大强农惠农富农政策力度，扎实推进农业现代化和新农村建设，全面深化农村改革，农业农村发展取得了历史性成就，为党和国家事业全面开创新局面提供了重要支撑。5年来，粮食生产能力跨上新台阶，农业供给侧结构性改革迈出新步伐，农民收入持续增长，农村民生全面改善，脱贫攻坚战取得决定性进展，农村生态文明建设显著加强，农民获得感显著提升，农村社会稳定和谐。农业农村发展取得的重大成就和“三农”工作积累的丰富经验，为实施乡村振兴战略奠定了良好基础。

农业农村农民问题是关系国计民生的根本性问题。没有农业农村的现代化，就没有国家的现代化。当前，我国发展不平衡不充分问题在乡村最为突出，主要表现在：农产品阶段性供过于求和供给不足并存，农业供给质量亟待提高；农民适应生产力发展和市场竞争的能力不足，新型职业农民队伍建设亟须加强；农村基础设施和民生领域欠账较多，农村环境和生态问题比较突出，乡村发展整体水平亟待提升；国家支农体系相对薄弱，农村金融改革任务繁重，城乡之间要素合理流动机制亟待健全；农村基层党建存在薄弱环节，乡村治理体系和治理能力亟待强化。实施乡村振兴战略，是解决人民日益增长的美好生活需要和不平衡不充分的发展之间矛盾的必然要求，是实现“两个一百年”奋斗目标的必然要求，是实现全体人民共同富裕的必然要求。

在中国特色社会主义新时代，乡村是一个可以大有作为的广阔天地，迎来了难得的发展机遇。我们有党的领导的政治优势，有社会主义的制度优势，

有亿万农民的创造精神，有强大的经济实力支撑，有历史悠久的农耕文明，有旺盛的市场需求，完全有条件有能力实施乡村振兴战略。必须立足国情农情，顺势而为，切实增强责任感使命感紧迫感，举全党全国全社会之力，以更大的决心、更明确的目标、更有力的举措，推动农业全面升级、农村全面进步、农民全面发展，谱写新时代乡村全面振兴新篇章。

二、实施乡村振兴战略的总体要求

（一）指导思想。全面贯彻党的十九大精神，以习近平新时代中国特色社会主义思想为指导，加强党对“三农”工作的领导，坚持稳中求进工作总基调，牢固树立新发展理念，落实高质量发展的要求，紧紧围绕统筹推进“五位一体”总体布局和协调推进“四个全面”战略布局，坚持把解决好“三农”问题作为全党工作重中之重，坚持农业农村优先发展，按照产业兴旺、生态宜居、乡风文明、治理有效、生活富裕的总要求，建立健全城乡融合发展体制机制和政策体系，统筹推进农村经济建设、政治建设、文化建设、社会建设、生态文明建设和党的建设，加快推进乡村治理体系和治理能力现代化，加快推进农业农村现代化，走中国特色社会主义乡村振兴道路，让农业成为有奔头的产业，让农民成为有吸引力的职业，让农村成为安居乐业的美丽家园。

（二）目标任务。按照党的十九大提出的决胜全面建成小康社会、分两个阶段实现第二个百年奋斗目标的战略安排，实施乡村振兴战略的目标任务是：

到 2020 年，乡村振兴取得重要进展，制度框架和政策体系基本形成。农业综合生产能力稳步提升，农业供给体系质量明显提高，农村一二三产业融合发展水平进一步提升；农民增收渠道进一步拓宽，城乡居民生活水平差距持续缩小；现行标准下农村贫困人口实现脱贫，贫困县全部摘帽，解决区域性整体贫困；农村基础设施建设深入推进，农村人居环境明显改善，美丽宜居乡村建设扎实推进；城乡基本公共服务均等化水平进一步提高，城乡融合发展体制机制初步建立；农村对人才吸引力逐步增强；农村生态环境明显好转，农业生态服务能力进一步提高；以党组织为核心的农村基层组织建设进一步加强，乡村治理体系进一步完善；党的农村工作领导体制机制进一步健全；各地区各部门推进乡村振兴的思路举措得以确立。

到 2035 年，乡村振兴取得决定性进展，农业农村现代化基本实现。农业结构得到根本性改善，农民就业质量显著提高，相对贫困进一步缓解，共同富裕迈出坚实步伐；城乡基本公共服务均等化基本实现，城乡融合发展体制机制更加完善；乡风文明达到新高度，乡村治理体系更加完善；农村生态环境根本好转，美丽宜居乡村基本实现。

到2050年，乡村全面振兴，农业强、农村美、农民富全面实现。

（三）基本原则

——坚持党管农村工作。毫不动摇地坚持和加强党对农村工作的领导，健全党管农村工作领导体制机制和党内法规，确保党在农村工作中始终总览全局、协调各方，为乡村振兴提供坚强有力的政治保障。

——坚持农业农村优先发展。把实现乡村振兴作为全党的共同意志、共同行动，做到认识统一、步调一致，在干部配备上优先考虑，在要素配置上优先满足，在资金投入上优先保障，在公共服务上优先安排，加快补齐农业农村短板。

——坚持农民主体地位。充分尊重农民意愿，切实发挥农民在乡村振兴中的主体作用，调动亿万农民的积极性、主动性、创造性，把维护农民群众根本利益、促进农民共同富裕作为出发点和落脚点，促进农民持续增收，不断提升农民的获得感、幸福感、安全感。

——坚持乡村全面振兴。准确把握乡村振兴的科学内涵，挖掘乡村多种功能和价值，统筹谋划农村经济建设、政治建设、文化建设、社会建设、生态文明建设和党的建设，注重协同性、关联性，整体部署，协调推进。

——坚持城乡融合发展。坚决破除体制机制弊端，使市场在资源配置中起决定性作用，更好发挥政府作用，推动城乡要素自由流动、平等交换，推动新型工业化、信息化、城镇化、农业现代化同步发展，加快形成工农互促、城乡互补、全面融合、共同繁荣的新型工农城乡关系。

——坚持人与自然和谐共生。牢固树立和践行绿水青山就是金山银山的理念，落实节约优先、保护优先、自然恢复为主的方针，统筹山水林田湖草系统治理，严守生态保护红线，以绿色发展引领乡村振兴。

——坚持因地制宜、循序渐进。科学把握乡村的差异性和发展走势分化特征，做好顶层设计，注重规划先行、突出重点、分类施策、典型引路。既尽力而为，又量力而行，不搞层层加码，不搞一刀切，不搞形式主义，久久为功，扎实推进。

三、提升农业发展质量，培育乡村发展新动能

乡村振兴，产业兴旺是重点。必须坚持质量兴农、绿色兴农，以农业供给侧结构性改革为主线，加快构建现代农业产业体系、生产体系、经营体系，提高农业创新力、竞争力和全要素生产率，加快实现由农业大国向农业强国转变。

（一）夯实农业生产能力基础。深入实施藏粮于地、藏粮于技战略，严守耕地红线，确保国家粮食安全，把中国人的饭碗牢牢端在自己手中。全面落实永久基本农田特殊保护制度，加快划定和建设粮食生产功能区、重要农产品生产保护区，完善支持政策。大规模推进农村土地整治和高标准农田建设，稳步提升耕地质量，强化监督考核和地方政府责任。加强农田水利建设，提高抗旱防洪除涝能力。实施国家农业节水行动，加快灌区续建配套与现代化改造，推进小型农田水利设施达标提质，建设一批重大高效节水灌溉工程。加快建设国家农业科技创新体系，加强面向全行业的科技创新基地建设。深化农业科技成果转化和推广应用改革。加快发展现代农作物、畜禽、水产、林木种业，提升自主创新能力。高标准建设国家南繁育种基地。推进我国农机装备产业转型升级，加强科研机构、设备制造企业联合攻关，进一步提高大宗农作物机械国产化水平，加快研发经济作物、养殖业、丘陵山区农林机械，发展高端农机装备制造。优化农业从业者结构，加快建设知识型、技能型、创新型农业经营者队伍。大力发展数字农业，实施智慧农业林业水利工程，推进物联网试验示范和遥感技术应用。

（二）实施质量兴农战略。制定和实施国家质量兴农战略规划，建立健全质量兴农评价体系、政策体系、工作体系和考核体系。深入推进农业绿色化、优质化、特色化、品牌化，调整优化农业生产力布局，推动农业由增产导向转向提质导向。推进特色农产品优势区创建，建设现代农业产业园、农业科技园。实施产业兴村强县行动，推行标准化生产，培育农产品品牌，保护地理标志农产品，打造一村一品、一县一业发展新格局。加快发展现代高效林业，实施兴林富民行动，推进森林生态标志产品建设工程。加强植物病虫害、动物疫病防控体系建设。优化养殖业空间布局，大力发展绿色生态健康养殖，

做大做强民族奶业。统筹海洋渔业资源开发，科学布局近远海养殖和远洋渔业，建设现代化海洋牧场。建立产学研融合的农业科技创新联盟，加强农业绿色生态、提质增效技术研发应用。切实发挥农垦在质量兴农中的带动引领作用。实施食品安全战略，完善农产品质量和食品安全标准体系，加强农业投入品和农产品质量安全追溯体系建设，健全农产品质量和食品安全监管体制，重点提高基层监管能力。

（三）构建农村一二三产业融合发展体系。大力开发农业多种功能，延长产业链、提升价值链、完善利益链，通过保底分红、股份合作、利润返还等多种形式，让农民合理分享全产业链增值收益。实施农产品加工业提升行动，鼓励企业兼并重组，淘汰落后产能，支持主产区农产品就地加工转化增值。重点解决农产品销售中的突出问题，加强农产品产后分级、包装、营销，建设现代化农产品冷链仓储物流体系，打造农产品销售公共服务平台，支持供销、邮政及各类企业把服务网点延伸到乡村，健全农产品产销稳定衔接机制，大力建设具有广泛性的促进农村电子商务发展的基础设施，鼓励支持各类市场主体创新发展基于互联网的新型农业产业模式，深入实施电子商务进农村综合示范，加快推进农村流通现代化。实施休闲农业和乡村旅游精品工程，建设一批设施完备、功能多样的休闲观光园区、森林人家、康养基地、乡村民宿、特色小镇。对利用闲置农房发展民宿、养老等项目，研究出台消防、特种行业经营等领域便利市场准入、加强事中事后监管的管理办法。发展乡村共享经济、创意农业、特色文化产业。

（四）构建农业对外开放新格局。优化资源配置，着力节本增效，提高我国农产品国际竞争力。实施特色优势农产品出口提升行动，扩大高附加值农产品出口。建立健全我国农业贸易政策体系。深化与“一带一路”沿线国家和地区农产品贸易关系。积极支持农业走出去，培育具有国际竞争力的大粮商和农业企业集团。积极参与全球粮食安全治理和农业贸易规则制定，促进形成更加公平合理的农业国际贸易秩序。进一步加大农产品反走私综合治理力度。

（五）促进小农户和现代农业发展有机衔接。统筹兼顾培育新型农业经营主体和扶持小农户，采取有针对性的措施，把小农生产引入现代农业发展轨道。培育各类专业化市场化服务组织，推进农业生产全程社会化服务，帮助小农户节本增效。发展多样化的联合与合作，提升小农户组织化程度。注重发挥新型农业经营主体带动作用，打造区域公用品牌，开展农超对接、农社对接，帮助小农户对接市场。扶持小农户发展生态农业、设施农业、体验农业、定制农业，提高产品档次和附加值，拓展增收空间。改善小农户生产设施条件，提升小农户抗风险能力。研究制定扶持小农生产的政策意见。

四、推进乡村绿色发展，打造人与自然和谐共生发展新格局

乡村振兴，生态宜居是关键。良好生态环境是农村最大优势和宝贵财富。必须尊重自然、顺应自然、保护自然，推动乡村自然资本加快增值，实现百姓富、生态美的统一。

（一）统筹山水林田湖草系统治理。把山水林田湖草作为一个生命共同体，进行统一保护、统一修复。实施重要生态系统保护和修复工程。健全耕地草原森林河流湖泊休养生息制度，分类有序退出超载的边际产能。扩大耕地轮作休耕制度试点。科学划定江河湖海限捕、禁捕区域，健全水生生态保护修复制度。实行水资源消耗总量和强度双控行动。开展河湖水系连通和农村河塘清淤整治，全面推行河长制、湖长制。加大农业水价综合改革工作力度。开展国土绿化行动，推进荒漠化、石漠化、水土流失综合治理。强化湿地保护和恢复，继续开展退耕还湿。完善天然林保护制度，把所有天然林都纳入保护范围。扩大退耕还林还草、退牧还草，建立成果巩固长效机制。继续实施三北防护林体系建设等林业重点工程，实施森林质量精准提升工程。继续实施草原生态保护补助奖励政策。实施生物多样性保护重大工程，有效防范外来生物入侵。

（二）加强农村突出环境问题综合治理。加强农业面源污染防治，开展农业绿色发展行动，实现投入品减量化、生产清洁化、废弃物资源化、产业模式生态化。推进有机肥替代化肥、畜禽粪污处理、农作物秸秆综合利用、废弃农膜回收、病虫害绿色防控。加强农村水环境治理和农村饮用水水源保护，实施农村生态清洁小流域建设。扩大华北地下水超采区综合治理范围。推进重金属污染耕地防控和修复，开展土壤污染治理与修复技术应用试点，加大东北黑土地保护力度。实施流域环境和近岸海域综合治理。严禁工业和城镇污染向农业农村转移。加强农村环境监管能力建设，落实县乡两级农村环境

保护主体责任。

（三）建立市场化多元化生态补偿机制。落实农业功能区制度，加大重点生态功能区转移支付力度，完善生态保护成效与资金分配挂钩的激励约束机制。鼓励地方在重点生态区位推行商品林赎买制度。健全地区间、流域上下游之间横向生态保护补偿机制，探索建立生态产品购买、森林碳汇等市场化补偿制度。建立长江流域重点水域禁捕补偿制度。推行生态建设和保护以工代赈做法，提供更多生态公益岗位。

（四）增加农业生态产品和服务供给。正确处理开发与保护的关系，运用现代科技和管理手段，将乡村生态优势转化为发展生态经济的优势，提供更多更好的绿色生态产品和服务，促进生态和经济良性循环。加快发展森林草原旅游、河湖湿地观光、冰雪海上运动、野生动物驯养观赏等产业，积极开发观光农业、游憩休闲、健康养生、生态教育等服务。创建一批特色生态旅游示范村镇和精品线路，打造绿色生态环保的乡村生态旅游产业链。

五、繁荣兴盛农村文化，焕发乡风文明新气象

乡村振兴，乡风文明是保障。必须坚持物质文明和精神文明一起抓，提升农民精神风貌，培育文明乡风、良好家风、淳朴民风，不断提高乡村社会文明程度。

（一）加强农村思想道德建设。以社会主义核心价值观为引领，坚持教育引导、实践养成、制度保障三管齐下，采取符合农村特点的有效方式，深化中国特色社会主义和中国梦宣传教育，大力弘扬民族精神和时代精神。加强爱国主义、集体主义、社会主义教育，深化民族团结进步教育，加强农村思想文化阵地建设。深入实施公民道德建设工程，挖掘农村传统道德教育资源，推进社会公德、职业道德、家庭美德、个人品德建设。推进诚信建设，强化农民的社会责任意识、规则意识、集体意识、主人翁意识。

（二）传承发展提升农村优秀传统文化。立足乡村文明，吸取城市文明及外来文化优秀成果，在保护传承的基础上，创造性转化、创新性发展，不断赋予时代内涵、丰富表现形式。切实保护好优秀农耕文化遗产，推动优秀农耕文化遗产合理适度利用。深入挖掘农耕文化蕴含的优秀思想观念、人文精神、道德规范，充分发挥其在凝聚人心、教化群众、淳化民风中的重要作用。

划定乡村建设的历史文化保护线，保护好文物古迹、传统村落、民族村寨、传统建筑、农业遗迹、灌溉工程遗产。支持农村地区优秀戏曲曲艺、少数民族文化、民间文化等传承发展。

（三）加强农村公共文化建设。按照有标准、有网络、有内容、有人才的要求，健全乡村公共文化服务体系。发挥县级公共文化机构辐射作用，推进基层综合性文化服务中心建设，实现乡村两级公共文化服务全覆盖，提升服务效能。深入推进文化惠民，公共文化资源要重点向乡村倾斜，提供更多更好的农村公共文化产品和服务。支持“三农”题材文艺创作生产，鼓励文艺工作者不断推出反映农民生产生活尤其是乡村振兴实践的优秀文艺作品，充分展示新时代农村农民的精神面貌。培育挖掘乡土文化本土人才，开展文化结对帮扶，引导社会各界人士投身乡村文化建设。活跃繁荣农村文化市场，丰富农村文化业态，加强农村文化市场监管。

（四）开展移风易俗行动。广泛开展文明村镇、星级文明户、文明家庭等群众性精神文明创建活动。遏制大操大办、厚葬薄养、人情攀比等陈规陋习。加强无神论宣传教育，丰富农民群众精神文化生活，抵制封建迷信活动。深化农村殡葬改革。加强农村科普工作，提高农民科学文化素养。

六、加强农村基层基础工作，构建乡村治理新体系

乡村振兴，治理有效是基础。必须把夯实基层基础作为固本之策，建立健全党委领导、政府负责、社会协同、公众参与、法治保障的现代乡村社会治理体制，坚持自治、法治、德治相结合，确保乡村社会充满活力、和谐有序。

（一）加强农村基层党组织建设。扎实推进抓党建促乡村振兴，突出政治功能，提升组织力，抓乡促村，把农村基层党组织建成坚强战斗堡垒。强化农村基层党组织领导核心地位，创新组织设置和活动方式，持续整顿软弱涣散村党组织，稳妥有序开展不合格党员处置工作，着力引导农村党员发挥先锋模范作用。建立选派第一书记工作长效机制，全面向贫困村、软弱涣散村和集体经济薄弱村党组织派出第一书记。实施农村带头人队伍整体优化提升行动，注重吸引高校毕业生、农民工、机关企事业单位优秀党员干部到村任职，选优配强村党组织书记。健全从优秀村党组织书记中选拔乡镇领导干部、考录乡镇机关公务员、招聘乡镇事业编制人员制度。加大在优秀青年农民中

发展党员力度。建立农村党员定期培训制度。全面落实村级组织运转经费保障政策。推行村级小微权力清单制度，加大基层小微权力腐败惩处力度。严厉整治惠农补贴、集体资产管理、土地征收等领域侵害农民利益的不正之风和腐败问题。

（二）深化村民自治实践。坚持自治为基，加强农村群众性自治组织建设，健全和创新村党组织领导的充满活力的村民自治机制。推动村党组织书记通过选举担任村委会主任。发挥自治章程、村规民约的积极作用。全面建立健全村务监督委员会，推行村级事务阳光工程。依托村民会议、村民代表会议、村民议事会、村民理事会、村民监事会等，形成民事民议、民事民办、民事民管的多层次基层协商格局。积极发挥新乡贤作用。推动乡村治理重心下移，尽可能把资源、服务、管理下放到基层。继续开展以村民小组或自然村为基本单元的村民自治试点工作。加强农村社区治理创新。创新基层管理体制机制，整合优化公共服务和行政审批职责，打造“一门式办理”“一站式服务”的综合服务平台。在村庄普遍建立网上服务站点，逐步形成完善的乡村便民服务体系。大力培育服务性、公益性、互助性农村社会组织，积极发展农村社会工作和志愿服务。集中清理上级对村级组织考核评比多、创建达标多、检查督查多等突出问题。维护村民委员会、农村集体经济组织、农村合作经济组织的特别法人地位和权利。

（三）建设法治乡村。坚持法治为本，树立依法治理理念，强化法律在维护农民权益、规范市场运行、农业支持保护、生态环境治理、化解农村社会矛盾等方面的权威地位。增强基层干部法治观念、法治为民意识，将政府涉农各项工作纳入法治化轨道。深入推进综合行政执法改革向基层延伸，创新监管方式，推动执法队伍整合、执法力量下沉，提高执法能力和水平。建立健全乡村调解、县市仲裁、司法保障的农村土地承包经营纠纷调处机制。加大农村普法力度，提高农民法治素养，引导广大农民增强尊法学法守法用法意识。健全农村公共法律服务体系，加强对农民的法律援助和司法救助。

（四）提升乡村德治水平。深入挖掘乡村熟人社会蕴含的道德规范，结合时代要求进行创新，强化道德教化作用，引导农民向上向善、孝老爱亲、重义守信、勤俭持家。建立道德激励约束机制，引导农民自我管理、自我教育、自我服务、自我提高，实现家庭和睦、邻里和谐、干群融洽。广泛开展好媳妇、好儿女、好公婆等评选表彰活动，开展寻找最美乡村教师、医生、村官、家庭等活动。深入宣传道德模范、身边好人的典型事迹，弘扬真善美，传播正能量。

（五）建设平安乡村。健全落实社会治安综合治理领导责任制，大力推进农村社会治安防控体系建设，推动社会治安防控力量下沉。深入开展扫黑除恶专项斗争，严厉打击农村黑恶势力、宗族恶势力，严厉打击黄赌毒盗拐骗等违法犯罪。依法加大对农村非法宗教活动和境外渗透活动打击力度，依法制止利用宗教干预农村公共事务，继续整治农村乱建庙宇、滥塑宗教造像。完善县乡村三级综治中心功能和运行机制。健全农村公共安全体系，持续开展农村安全隐患治理。加强农村警务、消防、安全生产工作，坚决遏制重特大安全事故。探索以网格化管理为抓手、以现代信息技术为支撑，实现基层服务和管理精细化精准化。推进农村“雪亮工程”建设。

七、提高农村民生保障水平，塑造美丽乡村新风貌

乡村振兴，生活富裕是根本。要坚持人人尽责、人人享有，按照抓重点、补短板、强弱项的要求，围绕农民群众最关心最直接最现实的利益问题，一件事情接着一件事情办，一年接着一年干，把乡村建设成为幸福美丽新家园。

（一）优先发展农村教育事业。高度重视发展农村义务教育，推动建立以城带乡、整体推进、城乡一体、均衡发展的义务教育发展机制。全面改善薄弱学校基本办学条件，加强寄宿制学校建设。实施农村义务教育学生营养改善计划。发展农村学前教育。推进农村普及高中阶段教育，支持教育基础薄弱县普通高中建设，加强职业教育，逐步分类推进中等职业教育免除学杂费。健全学生资助制度，使绝大多数农村新增劳动力接受高中阶段教育、更多接受高等教育。把农村需要的人群纳入特殊教育体系。以市县为单位，推动优质学校辐射农村薄弱学校常态化。统筹配置城乡师资，并向乡村倾斜，建好建强乡村教师队伍。

（二）促进农村劳动力转移就业和农民增收。健全覆盖城乡的公共就业服务体系，大规模开展职业技能培训，促进农民工多渠道转移就业，提高就业质量。深化户籍制度改革，促进有条件、有意愿、在城镇有稳定就业和住所的农业转移人口在城镇有序落户，依法平等享受城镇公共服务。加强扶持

引导服务，实施乡村就业创业促进行动，大力发展文化、科技、旅游、生态等乡村特色产业，振兴传统工艺。培育一批家庭工场、手工作坊、乡村车间，鼓励在乡村地区兴办环境友好型企业，实现乡村经济多元化，提供更多就业岗位。拓宽农民增收渠道，鼓励农民勤劳守法致富，增加农村低收入者收入，扩大农村中等收入群体，保持农村居民收入增速快于城镇居民。

（三）推动农村基础设施提档升级。继续把基础设施建设重点放在农村，加快农村公路、供水、供气、环保、电网、物流、信息、广播电视等基础设施建设，推动城乡基础设施互联互通。以示范县为载体全面推进“四好农村路”建设，加快实施通村组硬化路建设。加大成品油消费税转移支付资金用于农村公路养护力度。推进节水供水重大水利工程，实施农村饮水安全巩固提升工程。加快新一轮农村电网改造升级，制定农村通动力电规划，推进农村可再生能源开发利用。实施数字乡村战略，做好整体规划设计，加快农村地区宽带网络和第四代移动通信网络覆盖步伐，开发适应“三农”特点的信息技术、产品、应用和服务，推动远程医疗、远程教育等应用普及，弥合城乡数字鸿沟。提升气象为农服务能力。加强农村防灾减灾救灾能力建设。抓紧研究提出深化农村公共基础设施管护体制改革指导意见。

（四）加强农村社会保障体系建设。完善统一的城乡居民基本医疗保险制度和大病保险制度，做好农民重特大疾病救助工作。巩固城乡居民医保全国异地就医联网直接结算。完善城乡居民基本养老保险制度，建立城乡居民基本养老保险待遇确定和基础养老金标准正常调整机制。统筹城乡社会救助体系，完善最低生活保障制度，做好农村社会救助兜底工作。将进城落户农业转移人口全部纳入城镇住房保障体系。构建多层次农村养老保障体系，创新多元化照料服务模式。健全农村留守儿童和妇女、老年人以及困境儿童关爱服务体系。加强和改善农村残疾人服务。

（五）推进健康乡村建设。强化农村公共卫生服务，加强慢性病综合防控，大力推进农村地区精神卫生、职业病和重大传染病防治。完善基本公共卫生服务项目补助政策，加强基层医疗卫生服务体系建设，支持乡镇卫生院和村卫生室改善条件。加强乡村中医药服务。开展和规范家庭医生签约服务，加强妇幼、老人、残疾人等重点人群健康服务。倡导优生优育。深入开展乡村爱国卫生运动。

（六）持续改善农村人居环境。实施农村人居环境整治三年行动计划，以农村垃圾、污水治理和村容村貌提升为主攻方向，整合各种资源，强化各种举措，稳步有序推进农村人居环境突出问题治理。坚持不懈推进农村“厕所革命”，大力开展农村户用卫生厕所建设和改造，同步实施粪污治理，加快实现农村无害化卫生厕所全覆盖，努力补齐影响农民群众生活品质的短板。总结推广适用不同地区的农村污水治理模式，加强技术支撑和指导。深入推进农村环境综合整治。推进北方地区农村散煤替代，有条件的地方有序推进煤改气、煤改电和新能源利用。逐步建立农村低收入群体安全住房保障机制。强化新建农房规划管控，加强“空心村”服务管理和改造。保护保留乡村风貌，开展田园建筑示范，培养乡村传统建筑名匠。实施乡村绿化行动，全面保护古树名木。持续推进宜居宜业的美丽乡村建设。

八、打好精准脱贫攻坚战，增强贫困群众获得感

乡村振兴，摆脱贫困是前提。必须坚持精准扶贫、精准脱贫，把提高脱贫质量放在首位，既不降低扶贫标准，也不吊高胃口，采取更加有力的举措、更加集中的支持、更加精细的工作，坚决打好精准脱贫这场对全面建成小康社会具有决定性意义的攻坚战。

（一）瞄准贫困人口精准帮扶。对有劳动能力的贫困人口，强化产业和就业扶持，着力做好产销衔接、劳务对接，实现稳定脱贫。有序推进易地扶贫搬迁，让搬迁群众搬得出、稳得住、能致富。对完全或部分丧失劳动能力的特殊贫困人口，综合实施保障性扶贫政策，确保病有所医、残有所助、生活有兜底。做好农村最低生活保障工作的动态化精细化管理，把符合条件的贫困人口全部纳入保障范围。

（二）聚焦深度贫困地区集中发力。全面改善贫困地区生产生活条件，确保实现贫困地区基本公共服务主要指标接近全国平均水平。以解决突出制约问题为重点，以重大扶贫工程和到村到户帮扶为抓手，加大政策倾斜和扶贫资金整合力度，着力改善深度贫困地区发展条件，增强贫困农户发展能力，重点攻克深度贫困地区脱贫任务。新增脱贫攻坚资金项目主要投向深度贫困地区，增加金融投入对深度贫困地区的支持，新增建设用地指标优先保障深度贫困地区发展用地需要。

（三）激发贫困人口内生动力。把扶贫同扶志、扶智结合起来，把救急纾困和内生脱贫结合起来，提升贫困群众发展生产和务工经商的基本技能，实现可持续稳固脱贫。引导贫困群众克服等靠要思想，逐步消除精神贫困。要打破贫困均衡，促进形成自强自立、争先脱贫的精神风貌。改进帮扶方式方法，更多采用生产奖补、劳务补助、以工代赈等机制，推动贫困群众通过自己的辛勤劳动脱贫致富。

（四）强化脱贫攻坚责任和监督。坚持中央统筹省负总责市县抓落实的工作机制，强化党政一把手负总责的责任制。强化县级党委作为全县脱贫攻坚总指挥部的关键作用，脱贫攻坚期内贫困县县级党政正职要保持稳定。开展扶贫领域腐败和作风问题专项治理，切实加强扶贫资金管理，对挪用和贪污扶贫款项的行为严惩不贷。将 2018 年作为脱贫攻坚作风建设年，集中力量解决突出作风问题。科学确定脱贫摘帽时间，对弄虚作假、搞数字脱贫的严肃查处。完善扶贫督查巡查、考核评估办法，除党中央、国务院统一部署外，各部门一律不准再组织其他检查考评。严格控制各地开展增加一线扶贫干部负担的各类检查考评，切实给基层减轻工作负担。关心爱护战斗在扶贫第一线的基层干部，制定激励政策，为他们工作生活排忧解难，保护和调动他们的工作积极性。做好实施乡村振兴战略与打好精准脱贫攻坚战的有机衔接。制定坚决打好精准脱贫攻坚战三年行动指导意见。研究提出持续减贫的意见。

九、推进体制机制创新，强化乡村振兴制度性供给

实施乡村振兴战略，必须把制度建设贯穿其中。要以完善产权制度和要素市场化配置为重点，激活主体、激活要素、激活市场，着力增强改革的系统性、整体性、协同性。

（一）巩固和完善农村基本经营制度。落实农村土地承包关系稳定并长久不变政策，衔接落实好第二轮土地承包到期后再延长 30 年的政策，让农民吃上长效“定心丸”。全面完成土地承包经营权确权登记颁证工作，实现承包土地信息联通共享。完善农村承包地“三权分置”制度，在依法保护集体土地所有权和农户承包权前提下，平等保护土地经营权。农村承包土地经营权可以依法向金融机构融资担保、入股从事农业产业化经营。实施新型农业经营主体培育工程，培育发展家庭农场、合作社、龙头企业、社会化服务组织和

农业产业化联合体，发展多种形式适度规模经营。

（二）深化农村土地制度改革。系统总结农村土地征收、集体经营性建设用地入市、宅基地制度改革试点经验，逐步扩大试点，加快土地管理法修改，完善农村土地利用管理政策体系。扎实推进房地一体的农村集体建设用地和宅基地使用权确权登记颁证。完善农民闲置宅基地和闲置农房政策，探索宅基地所有权、资格权、使用权“三权分置”，落实宅基地集体所有权，保障宅基地农户资格权和农民房屋财产权，适度放活宅基地和农民房屋使用权，不得违规违法买卖宅基地，严格实行土地用途管制，严格禁止下乡利用农村宅基地建设别墅大院和私人会馆。在符合土地利用总体规划前提下，允许县级政府通过村土地利用规划，调整优化村庄用地布局，有效利用农村零星分散的存量建设用地；预留部分规划建设用地指标用于单独选址的农业设施和休闲旅游设施等建设。对利用收储农村闲置建设用地发展农村新产业新业态的，给予新增建设用地指标奖励。进一步完善设施农用地政策。

（三）深入推进农村集体产权制度改革。全面开展农村集体资产清产核资、集体成员身份确认，加快推进集体经营性资产股份合作制改革。推动资源变资产、资金变股金、农民变股东，探索农村集体经济新的实现形式和运行机制。坚持农村集体产权制度改革正确方向，发挥村党组织对集体经济组织的领导核心作用，防止内部少数人控制和外部资本侵占集体资产。维护进城落户农民土地承包权、宅基地使用权、集体收益分配权，引导进城落户农民依法自愿有偿转让上述权益。研究制定农村集体经济组织法，充实农村集体产权权能。全面深化供销合作社综合改革，深入推进集体林权、水利设施产权等领域改革，做好农村综合改革、农村改革试验区等工作。

（四）完善农业支持保护制度。以提升农业质量效益和竞争力为目标，强化绿色生态导向，创新完善政策工具和手段，扩大“绿箱”政策的实施范围和规模，加快建立新型农业支持保护政策体系。深化农产品收储制度和价格形成机制改革，加快培育多元市场购销主体，改革完善中央储备粮管理体制。通过完善拍卖机制、定向销售、包干销售等，加快消化政策性粮食库存。落实和完善对农民直接补贴制度，提高补贴效能。健全粮食主产区利益补偿机制。探索开展稻谷、小麦、玉米三大粮食作物完全成本保险和收入保险试点，加快建立多层次农业保险体系。

十、汇聚全社会力量，强化乡村振兴人才支撑

实施乡村振兴战略，必须破解人才瓶颈制约。要把人力资本开发放在首要位置，畅通智力、技术、管理下乡通道，造就更多乡土人才，聚天下人才而用之。

（一）大力培育新型职业农民。全面建立职业农民制度，完善配套政策体系。实施新型职业农民培育工程。支持新型职业农民通过弹性学制参加中高等农业职业教育。创新培训机制，支持农民专业合作社、专业技术协会、龙头企业等主体承担培训。引导符合条件的新型职业农民参加城镇职工养老、医疗等社会保障制度。鼓励各地开展职业农民职称评定试点。

（二）加强农村专业人才队伍建设。建立县域专业人才统筹使用制度，提高农村专业人才服务保障能力。推动人才管理职能部门简政放权，保障和落实基层用人主体自主权。推行乡村教师“县管校聘”。实施好边远贫困地区、边疆民族地区和革命老区人才支持计划，继续实施“三支一扶”、特岗教师计划等，组织实施高校毕业生基层成长计划。支持地方高等学校、职业院校综合利用教育培训资源，灵活设置专业（方向），创新人才培养模式，为乡村振兴培养专业化人才。扶持培养一批农业职业经理人、经纪人、乡村工匠、文化能人、非遗传承人等。

（三）发挥科技人才支撑作用。全面建立高等院校、科研院所等事业单位专业技术人员到乡村和企业挂职、兼职和离岗创新创业制度，保障其在职称评定、工资福利、社会保障等方面的权益。深入实施农业科研杰出人才计划和杰出青年农业科学家项目。健全种业等领域科研人员以知识产权明晰为基础、以知识价值为导向的分配政策。探索公益性和经营性农技推广融合发展机制，允许农技人员通过提供增值服务合理取酬。全面实施农技推广服务特聘计划。

（四）鼓励社会各界投身乡村建设。建立有效激励机制，以乡情乡愁为纽带，吸引支持企业家、党政干部、专家学者、医生教师、规划师、建筑师、律师、技能人才等，通过下乡担任志愿者、投资兴业、包村包项目、行医办学、捐资捐物、法律服务等方式服务乡村振兴事业。研究制定管理办法，允许符合要求的公职人员回乡任职。吸引更多人才投身现代农业，培养造就新

农民。加快制定鼓励引导工商资本参与乡村振兴的指导意见，落实和完善融资贷款、配套设施建设补助、税费减免、用地等扶持政策，明确政策边界，保护好农民利益。发挥工会、共青团、妇联、科协、残联等群团组织的优势和力量，发挥各民主党派、工商联、无党派人士等积极作用，支持农村产业发展、生态环境保护、乡风文明建设、农村弱势群体关爱等。实施乡村振兴“巾帼行动”。加强对下乡组织和人员的管理服务，使之成为乡村振兴的建设性力量。

（五）创新乡村人才培育引进使用机制。建立自主培养与人才引进相结合，学历教育、技能培训、实践锻炼等多种方式并举的人力资源开发机制。建立城乡、区域、校地之间人才培养合作与交流机制。全面建立城市医生教师、科技文化人员等定期服务乡村机制。研究制定鼓励城市专业人才参与乡村振兴的政策。

十一、开拓投融资渠道，强化乡村振兴投入保障

实施乡村振兴战略，必须解决钱从哪里来的问题。要健全投入保障制度，创新投融资机制，加快形成财政优先保障、金融重点倾斜、社会积极参与的多元投入格局，确保投入力度不断增强、总量持续增加。

（一）确保财政投入持续增长。建立健全实施乡村振兴战略财政投入保障制度，公共财政更大力度向“三农”倾斜，确保财政投入与乡村振兴目标任务相适应。优化财政供给结构，推进行业内资金整合与行业间资金统筹相互衔接配合，增加地方自主统筹空间，加快建立涉农资金统筹整合长效机制。充分发挥财政资金的引导作用，撬动金融和社会资本更多投向乡村振兴。切实发挥全国农业信贷担保体系作用，通过财政担保费率补助和以奖代补等，加大对新型农业经营主体支持力度。加快设立国家融资担保基金，强化担保融资增信功能，引导更多金融资源支持乡村振兴。支持地方政府发行一般债券用于支持乡村振兴、脱贫攻坚领域的公益性项目。稳步推进地方政府专项债券管理改革，鼓励地方政府试点发行项目融资和收益自平衡的专项债券，支持符合条件、有一定收益的乡村公益性项目建设。规范地方政府举债融资行为，不得借乡村振兴之名违法违规变相举债。

（二）拓宽资金筹集渠道。调整完善土地出让收入使用范围，进一步提高

农业农村投入比例。严格控制未利用地开垦，集中力量推进高标准农田建设。改进耕地占补平衡管理办法，建立高标准农田建设等新增耕地指标和城乡建设用地增减挂钩节余指标跨省域调剂机制，将所得收益通过支出预算全部用于巩固脱贫攻坚成果和支持实施乡村振兴战略。推广一事一议、以奖代补等方式，鼓励农民对直接受益的乡村基础设施建设投工投劳，让农民更多参与建设管护。

（三）提高金融服务水平。坚持农村金融改革发展的正确方向，健全适合农业农村特点的农村金融体系，推动农村金融机构回归本源，把更多金融资源配置到农村经济社会发展的重点领域和薄弱环节，更好满足乡村振兴多样化金融需求。要强化金融服务方式创新，防止脱实向虚倾向，严格管控风险，提高金融服务乡村振兴能力和水平。抓紧出台金融服务乡村振兴的指导意见。加大中国农业银行、中国邮政储蓄银行“三农”金融事业部对乡村振兴支持力度。明确国家开发银行、中国农业发展银行在乡村振兴中的职责定位，强化金融服务方式创新，加大对乡村振兴中长期信贷支持。推动农村信用社省联社改革，保持农村信用社县域法人地位和数量总体稳定，完善村镇银行准入条件，地方法人金融机构要服务好乡村振兴。普惠金融重点要放在乡村。推动出台非存款类放贷组织条例。制定金融机构服务乡村振兴考核评估办法。支持符合条件的涉农企业发行上市、新三板挂牌和融资、并购重组，深入推进农产品期货期权市场建设，稳步扩大“保险＋期货”试点，探索“订单农业＋保险＋期货（权）”试点。改进农村金融差异化监管体系，强化地方政府金融风险防范处置责任。

十二、坚持和完善党对“三农”工作的领导

实施乡村振兴战略是党和国家的重大决策部署，各级党委和政府要提高对实施乡村振兴战略重大意义的认识，真正把实施乡村振兴战略摆在优先位置，把党管农村工作的要求落到实处。

（一）完善党的农村工作领导体制机制。各级党委和政府要坚持工业农业一起抓、城市农村一起抓，把农业农村优先发展原则体现到各个方面。健全党委统一领导、政府负责、党委农村工作部门统筹协调的农村工作领导体制。建立实施乡村振兴战略领导责任制，实行中央统筹省负总责市县抓落实的工

作机制。党政一把手是第一责任人，五级书记抓乡村振兴。县委书记要下大气力抓好“三农”工作，当好乡村振兴“一线总指挥”。各部门要按照职责，加强工作指导，强化资源要素支持和制度供给，做好协同配合，形成乡村振兴工作合力。切实加强各级党委农村工作部门建设，按照《中国共产党工作机关条例（试行）》有关规定，做好党的农村工作机构设置和人员配置工作，充分发挥决策参谋、统筹协调、政策指导、推动落实、督导检查等职能。各省（自治区、直辖市）党委和政府每年要向党中央、国务院报告推进实施乡村振兴战略进展情况。建立市县党政领导班子和领导干部推进乡村振兴战略的实绩考核制度，将考核结果作为选拔任用领导干部的重要依据。

（二）研究制定中国共产党农村工作条例。根据坚持党对一切工作的领导的要求和新时代“三农”工作新形势新任务新要求，研究制定中国共产党农村工作条例，把党领导农村工作的传统、要求、政策等以党内法规形式确定下来，明确加强对农村工作领导的指导思想、原则要求、工作范围和对象、主要任务、机构职责、队伍建设等，完善领导体制和工作机制，确保乡村振兴战略有效实施。

（三）加强“三农”工作队伍建设。把懂农业、爱农村、爱农民作为基本要求，加强“三农”工作干部队伍培养、配备、管理、使用。各级党委和政府主要领导干部要懂“三农”工作、会抓“三农”工作，分管领导要真正成为“三农”工作行家里手。制定并实施培训计划，全面提升“三农”干部队伍能力和水平。拓宽县级“三农”工作部门和乡镇干部来源渠道。把到农村一线工作锻炼作为培养干部的重要途径，注重提拔使用实绩优秀的干部，形成人才向农村基层一线流动的用人导向。

（四）强化乡村振兴规划引领。制定国家乡村振兴战略规划（2018—2022年），分别明确至2020年全面建成小康社会和2022年召开党的二十大时的目标任务，细化实化工作重点和政策措施，部署若干重大工程、重大计划、重大行动。各地区各部门要编制乡村振兴地方规划和专项规划或方案。加强各类规划的统筹管理和系统衔接，形成城乡融合、区域一体、多规合一的规划体系。根据发展现状和需要分类有序推进乡村振兴，对具备条件的村庄，要加快推进城镇基础设施和公共服务向农村延伸；对自然历史文化资源丰富的村庄，要统筹兼顾保护与发展；对生存条件恶劣、生态环境脆弱的村庄，要加大力度实施生态移民搬迁。

（五）强化乡村振兴法治保障。抓紧研究制定乡村振兴法的有关工作，把行之有效的乡村振兴政策法定化，充分发挥立法在乡村振兴中的保障和推动作用。及时修改和废止不适应的法律法规。推进粮食安全保障立法。各地可以从本地乡村发展实际需要出发，制定促进乡村振兴的地方性法规、地方政府规章。加强乡村统计工作和数据开发应用。

（六）营造乡村振兴良好氛围。凝聚全党全国全社会振兴乡村强大合力，宣传党的乡村振兴方针政策和各地丰富实践，振奋基层干部群众精神。建立乡村振兴专家决策咨询制度，组织智库加强理论研究。促进乡村振兴国际交流合作，讲好乡村振兴中国故事，为世界贡献中国智慧和中国方案。

让我们更加紧密地团结在以习近平同志为核心的党中央周围，高举中国特色社会主义伟大旗帜，以习近平新时代中国特色社会主义思想为指导，迎难而上、埋头苦干、开拓进取，为决胜全面建成小康社会、夺取新时代中国特色社会主义伟大胜利作出新的贡献！

乡村振兴战略规划（2018—2022 年）

前　言

党的十九大提出实施乡村振兴战略，是以习近平同志为核心的党中央着眼党和国家事业全局，深刻把握现代化建设规律和城乡关系变化特征，顺应亿万农民对美好生活的向往，对“三农”工作作出的重大决策部署，是决胜全面建成小康社会、全面建设社会主义现代化国家的重大历史任务，是新时代做好“三农”工作的总抓手。从党的十九大到二十大，是“两个一百年”奋斗目标的历史交汇期，既要全面建成小康社会、实现第一个百年奋斗目标，又要乘势而上开启全面建设社会主义现代化国家新征程，向第二个百年奋斗目标进军。为贯彻落实党的十九大、中央经济工作会议、中央农村工作会议精神和政府工作报告要求，描绘好战略蓝图，强化规划引领，科学有序推动乡村产业、人才、文化、生态和组织振兴，根据《中共中央、国务院关于实施乡村振兴战略的意见》，特编制《乡村振兴战略规划（2018—2022 年）》。

本规划以习近平总书记关于“三农”工作的重要论述为指导，按照产业兴旺、生态宜居、乡风文明、治理有效、生活富裕的总要求，对实施乡村振兴战略作出阶段性谋划，分别明确至 2020 年全面建成小康社会和 2022 年召开党的二十大时的目标任务，细化实化工作重点和政策措施，部署重大工程、重大计划、重大行动，确保乡村振兴战略落实落地，是指导各地区各部门分类有序推进乡村振兴的重要依据。

第一篇　规划背景

党的十九大作出中国特色社会主义进入新时代的科学论断，提出实施乡村振兴战略的重大历史任务，在我国“三农”发展进程中具有划时代的里程碑意义，必须深入贯彻习近平新时代中国特色社会主义思想和党的十九大精神，在认真总结农业农村发展历史性成就和历史性变革的基础上，准确研判经济社会发展趋势和乡村演变发展态势，切实抓住历史机遇，增强责任感、使命感、紧迫感，把乡村振兴战略实施好。

第一章　重大意义

乡村是具有自然、社会、经济特征的地域综合体，兼具生产、生活、生态、文化等多重功能，与城镇互促互进、共生共存，共同构成人类活动的主要空间。乡村兴则国家兴，乡村衰则国家衰。我国人民日益增长的美好生活需要和不平衡不充分的发展之间的矛盾在乡村最为突出，我国仍处于并将长期处于社会主义初级阶段的特征很大程度上表现在乡村。全面建成小康社会和全面建设社会主义现代化强国，最艰巨最繁重的任务在农村，最广泛最深厚的基础在农村，最大的潜力和后劲也在农村。实施乡村振兴战略，是解决新时代我国社会主要矛盾、实现“两个一百年”奋斗目标和中华民族伟大复兴中国梦的必然要求，具有重大现实意义和深远历史意义。

实施乡村振兴战略是建设现代化经济体系的重要基础。农业是国民经济的基础，农村经济是现代化经济体系的重要组成部分。乡村振兴，产业兴旺是重点。实施乡村振兴战略，深化农业供给侧结构性改革，构建现代农业产业体系、生产体系、经营体系，实现农村一二三产业深度融合发展，有利于推动农业从增产导向转向提质导向，增强我国农业创新力和竞争力，为建设现代化经济体系奠定坚实基础。

实施乡村振兴战略是建设美丽中国的关键举措。农业是生态产品的重要供给者，乡村是生态涵养的主体区，生态是乡村最大的发展优势。乡村振兴，生态宜居是关键。实施乡村振兴战略，统筹山水林田湖草系统治理，加快推行乡村绿色发展方式，加强农村人居环境整治，有利于构建人与自然和谐共生的乡村发展新格局，实现百姓富、生态美的统一。

实施乡村振兴战略是传承中华优秀传统文化的有效途径。中华文明根植于农耕文化，乡村是中华文明的基本载体。乡村振兴，乡风文明是保障。实施乡村振兴战略，深入挖掘农耕文化蕴含的优秀思想观念、人文精神、道德规范，结合时代要求在保护传承的基础上创造性转化、创新性发展，有利于在新时代焕发出乡风文明的新气象，进一步丰富和传承中华优秀传统文化。

实施乡村振兴战略是健全现代社会治理格局的固本之策。社会治理的基础在基层，薄弱环节在乡村。乡村振兴，治理有效是基础。实施乡村振兴战略，加强农村基层基础工作，健全乡村治理体系，确保广大农民安居乐业、农村社会安定有序，有利于打造共建共治共享的现代社会治理格局，推进国家治理体系和治理能力现代化。

实施乡村振兴战略是实现全体人民共同富裕的必然选择。农业强不强、农村美不美、农民富不富，关乎亿万农民的获得感、幸福感、安全感，关乎全面建成小康社会全局。乡村振兴，生活富裕是根本。实施乡村振兴战略，不断拓宽农民增收渠道，全面改善农村生产生活条件，促进社会公平正义，有利于增进农民福祉，让亿万农民走上共同富裕的道路，汇聚起建设社会主义现代化强国的磅礴力量。

第二章　振兴基础

党的十八大以来，面对我国经济发展进入新常态带来的深刻变化，以习近平同志为核心的党中央推动“三农”工作理论创新、实践创新、制度创新，坚持把解决好“三农”问题作为全党工作重中之重，切实把农业农村优先发展落到实处；坚持立足国内保证自给的方针，牢牢把握国家粮食安全主动权；坚持不断深化农村改革，激发农村发展新活力；坚持把推进农业供给侧结构性改革作为主线，加快提高农业供给质量；坚持绿色生态导向，推动农业农村可持续发展；坚持在发展中保障和改善民生，让广大农民有更多获得感；坚持遵循乡村发展规律，扎实推进生态宜居的美丽乡村建设；坚持加强和改善党对农村工作的领导，为“三农”发展提供坚强政治保障。这些重大举措和开创性工作，推动农业农村发展取得历史性成就、发生历史性变革，为党和国家事业全面开创新局面提供了有力支撑。

农业供给侧结构性改革取得新进展，农业综合生产能力明显增强，全国粮食总产量连续 5 年保持在 1.2 万亿斤以上，农业结构不断优化，农村新产业新业态新模式蓬勃发展，农业生态环境恶化问题得到初步遏制，农业生产经营方式发生重大变化。农村改革取得新突破，农村土地制度、农村集体产权制度改革稳步推进，重要农产品收储制度改革取得实质性成效，农村创新创业和投资兴业蔚然成风，农村发展新动能加快成长。城乡发展一体化迈出新步伐，5 年间 8000 多万农业转移人口成为城镇居民，城乡居民收入相对差距缩小，农村消费持续增长，农民收入和生活水平明显提高。脱贫攻坚开创新局面，贫困地区农民收入增速持续快于全国平均水平，集中连片特困地区内生发展动力明显增强，过去5年累计6800多万贫困人口脱贫。农村公共服务和社会事业达到新水平，农村基础设施建设不断加强，人居环境整治加快推进，教育、医疗卫生、文化等社会事业快速发展，农村社会焕发新气象。

同时，应当清醒地看到，当前我国农业农村基础差、底子薄、发展滞后的状况尚未根本改变，经济社会发展中最明显的短板仍然在“三农”，现代化建设中最薄弱的环节仍然是农业农村。主要表现在：农产品阶段性供过于求和供给不足并存，农村一二三产业融合发展深度不够，农业供给质量和效益亟待提高；农民适应生产力发展和市场竞争的能力不足，农村人才匮乏；农村基础设施建设仍然滞后，农村环境和生态问题比较突出，乡村发展整体水平亟待提升；农村民生领域欠账较多，城乡基本公共服务和收入水平差距仍然较大，脱贫攻坚任务依然艰巨；国家支农体系相对薄弱，农村金融改革任务繁重，城乡之间要素合理流动机制亟待健全；农村基层基础工作存在薄弱环节，乡村治理体系和治理能力亟待强化。

第三章　发展态势

从2018年到2022年，是实施乡村振兴战略的第一个5年，既有难得机遇，又面临严峻挑战。从国际环境看，全球经济复苏态势有望延续，我国统筹利用国内国际两个市场两种资源的空间将进一步拓展，同时国际农产品贸易不稳定性不确定性仍然突出，提高我国农业竞争力、妥善应对国际市场风险任务紧迫。特别是我国作为人口大国，粮食及重要农产品需求仍将刚性增长，保障国家粮食安全始终是头等大事。从国内形势看，随着我国经济由高速增长阶段转向高质量发展阶段，以及工业化、城镇化、信息化深入推进，乡村发展将处于大变革、大转型的关键时期。居民消费结构加快升级，中高端、多元化、个性化消费需求将快速增长，加快推进农业由增产导向转向提质导向是必然要求。我国城镇化进入快速发展与质量提升的新阶段，城市辐射带动农村的能力进一步增强，但大量农民仍然生活在农村的国情不会改变，迫切需要重塑城乡关系。我国乡村差异显著，多样性分化的趋势仍将延续，乡村的独特价值和多元功能将进一步得到发掘和拓展，同时应对好村庄空心化和农村老龄化、延续乡村文化血脉、完善乡村治理体系的任务艰巨。

实施乡村振兴战略具备较好条件。有习近平总书记把舵定向，有党中央、国务院的高度重视、坚强领导、科学决策，实施乡村振兴战略写入党章，成为全党的共同意志，乡村振兴具有根本政治保障。社会主义制度能够集中力量办大事，强农惠农富农政策力度不断加大，农村土地集体所有制和双层经营体制不断完善，乡村振兴具有坚强制度保障。优秀农耕文明源远流长，寻根溯源的人文情怀和国人的乡村情结历久弥深，现代城市文明导入融汇，乡村振兴具有深厚文化土壤。国家经济实力和综合国力日益增强，对农业农村支持力度不断加大，农村生产生活条件加快改善，农民收入持续增长，乡村振兴具有雄厚物质基础。农业现代化和社会主义新农村建设取得历史性成就，各地积累了丰富的成功经验和做法，乡村振兴具有扎实工作基础。

实施乡村振兴战略，是党对"三农"工作一系列方针政策的继承和发展，是亿万农民的殷切期盼。必须抓住机遇，迎接挑战，发挥优势，顺势而为，努力开创农业农村发展新局面，推动农业全面升级、农村全面进步、农民全面发展，谱写新时代乡村全面振兴新篇章。

第二篇　总体要求

按照到2020年实现全面建成小康社会和分两个阶段实现第二个百年奋斗目标的战略部署，2018年至2022年这5年间，既要在农村实现全面小康，又要为基本实现农业农村现代化开好局、起好步、打好基础。

第四章　指导思想和基本原则

第一节　指导思想

深入贯彻习近平新时代中国特色社会主义思想，深入贯彻党的十九大和十九届二中、三中全会精神，加强党对"三农"工作的全面领导，坚持稳中求进工作总基调，牢固树立新发展理念，落实高质量发展要求，紧紧围绕统筹推进"五位一体"总体布局和协调推进"四个全面"战略布局，坚持把解决好"三农"问题作为全党工作重中之重，坚持农业农村优先发展，按照产业兴旺、生态宜居、乡风文明、治理有效、生活富裕的总要求，建立健全城乡融合发展体制机制和政策体系，统筹推进农村经济建设、政治建设、文化建设、社会建设、生态文明建设和党的建设，加快推进乡村治理体系和治理能力现代化，加快推进农业农村现代化，走中国特色社会主义乡村振兴道路，让农业成为有奔头的产业，让农民成为有吸引力的职业，让农村成为安居乐业的美丽家园。

第二节　基本原则

——坚持党管农村工作。毫不动摇地坚持和加强党对农村工作的领导，健全党管农村工作方面的领导体制机制和党内法规，确保党在农村工作中始终总揽全局、协调各方，为乡村振兴提供坚强有力的政治保障。

——坚持农业农村优先发展。把实现乡村振兴作为全党的共同意志、共同行动，做到认识统一、步调一致，在干部配备上优先考虑，在要素配置上优先满足，在资金投入上优先保障，在公共服务上优先安排，加快补齐农业农村短板。

——坚持农民主体地位。充分尊重农民意愿，切实发挥农民在乡村振兴中的主体作用，调动亿万农民的积极性、主动性、创造性，把维护农民群众根本利益、促进农民共同富裕作为出发点和落脚点，促进农民持续增收，不断提升农民的获得感、幸福感、安全感。

——坚持乡村全面振兴。准确把握乡村振兴的科学内涵，挖掘乡村多种功能和价值，统筹谋划农村经济建设、政治建设、文化建设、社会建设、生态文明建设和党的建设，注重协同性、关联性，整体部署，协调推进。

——坚持城乡融合发展。坚决破除体制机制弊端，使市场在资源配置中起决定性作用，更好发挥政府作用，推动城乡要素自由流动、平等交换，推动新型工业化、信息化、城镇化、农业现代化同步发展，加快形成工农互促、城乡互补、全面融合、共同繁荣的新型工农城乡关系。

——坚持人与自然和谐共生。牢固树立和践行绿水青山就是金山银山的理念，落实节约优先、保护优先、自然恢复为主的方针，统筹山水林田湖草系统治理，严守生态保护红线，以绿色发展引领乡村振兴。

——坚持改革创新、激发活力。不断深化农村改革，扩大农业对外开放，激活主体、激活要素、激活市场，调动各方力量投身乡村振兴。以科技创新引领和支撑乡村振兴，以人才汇聚推动和保障乡村振兴，增强农业农村自我发展动力。

——坚持因地制宜、循序渐进。科学把握乡村的差异性和发展走势分化特征，做好顶层设计，注重规划先行、因势利导，分类施策、突出重点，体现特色、丰富多彩。既尽力而为，又量力而行，不搞层层加码，不搞一刀切，不搞形式主义和形象工程，久久为功，扎实推进。

第五章　发展目标

到2020年，乡村振兴的制度框架和政策体系基本形成，各地区各部门乡村振兴的思路举措得以确立，全面建成小康社会的目标如期实现。到2022年，乡村振兴的制度框架和政策体系初步健全。国家粮食安全保障水平进一步提高，现代农业体系初步构建，农业绿色发展全面推进；农村一二三产业融合发展格局初步形成，乡村产业加快发展，农民收入水平进一步提高，脱贫攻坚成果得到进一步巩固；农村基础设施条件持续改善，城乡统一的社会保障制度体系基本建立；农村人居环境显著改善，生态宜居的美丽乡村建设扎实推进；城乡融合发展体制机制初步建立，农村基本公共服务水平进一步提升；乡村优秀传统文化得以传承和发展，农民精神文化生活需求基本得到满足；以党组织为核心的农村基层组织建设明显加强，乡村治理能力进一步提升，现代乡村治理体系初步构建。探索形成一批各具特色的乡村振兴模式和经验，乡村振兴取得阶段性成果。

第六章　远景谋划

到2035年，乡村振兴取得决定性进展，农业农村现代化基本实现。农业结构得到根本性改善，农民就业质量显著提高，相对贫困进一步缓解，共同富裕迈出坚实步伐；城乡基本公共服务均等化基本实现，城乡融合发展体制机制更加完善；乡风文明达到新高度，乡村治理体系更加完善；农村生态环境根本好转，生态宜居的美丽乡村基本实现。

到2050年，乡村全面振兴，农业强、农村美、农民富全面实现。

第三篇　构建乡村振兴新格局

坚持乡村振兴和新型城镇化双轮驱动，统筹城乡国土空间开发格局，优化乡村生产生活生态空间，分类推进乡村振兴，打造各具特色的现代版“富春山居图”。

第七章　统筹城乡发展空间

按照主体功能定位，对国土空间的开发、保护和整治进行全面安排和总体布局，推进“多规合一”，加快形成城乡融合发展的空间格局。

第一节　强化空间用途管制

强化国土空间规划对各专项规划的指导约束作用，统筹自然资源开发利用、保护和修复，按照不同主体功能定位和陆海统筹原则，开展资源环境承载能力和国土空间开发适宜性评价，科学划定生态、农业、城镇等空间和生态保护红线、永久基本农田、城镇开发边界及海洋生物资源保护线、围填海控制线等主要控制线，推动主体功能区战略格局在市县层面精准落地，健全不同主体功能区差异化协同发展长效机制，实现山水林田湖草整体保护、系统修复、综合治理。

第二节　完善城乡布局结构

以城市群为主体构建大中小城市和小城镇协调发展的城镇格局，增强城镇地区对乡村的带动能力。加快发展中小城市，完善县城综合服务功能，推动农业转移人口就地就近城镇化。因地制宜发展特色鲜明、产城融合、充满魅力的特色小镇和小城镇，加强以乡镇政府驻地为中心的农民生活圈建设，以镇带村、以村促镇，推动镇村联动发展。建设生态宜居的美丽乡村，发挥多重功能，提供优质产品，传承乡村文化，留住乡愁记忆，满足人民日益增长的美好生活需要。

第三节　推进城乡统一规划

通盘考虑城镇和乡村发展，统筹谋划产业发展、基础设施、公共服务、资源能源、生态环境保护等主要布局，形成田园乡村与现代城镇各具特色、交相辉映的城乡发展形态。强化县域空间规划和各类专项规划引导约束作用，科学安排县域乡村布局、资源利用、设施配置和村庄整治，推动村庄规划管理全覆盖。综合考虑村庄演变规律、集聚特点和现状分布，结合农民生产生活半径，合理确定县域村庄布局和规模，避免随意撤并村庄搞大社区、违背农民意愿大拆大建。加强乡村风貌整体管控，注重农房单体个性设计，建设立足乡土社会、富有地域特色、承载田园乡愁、体现现代文明的升级版乡村，避免千村一面，防止乡村景观城市化。

第八章　优化乡村发展布局

坚持人口资源环境相均衡、经济社会生态效益相统一，打造集约高效生产空间，营造宜居适度生活空间，保护山清水秀生态空间，延续人和自然有机融合的乡村空间关系。

第一节　统筹利用生产空间

乡村生产空间是以提供农产品为主体功能的国土空间，兼具生态功能。

围绕保障国家粮食安全和重要农产品供给，充分发挥各地比较优势，重点建设以“七区二十三带”为主体的农产品主产区。落实农业功能区制度，科学合理划定粮食生产功能区、重要农产品生产保护区和特色农产品优势区，合理划定养殖业适养、限养、禁养区域，严格保护农业生产空间。适应农村现代产业发展需要，科学划分乡村经济发展片区，统筹推进农业产业园、科技园、创业园等各类园区建设。

第二节　合理布局生活空间

乡村生活空间是以农村居民点为主体、为农民提供生产生活服务的国土空间。坚持节约集约用地，遵循乡村传统肌理和格局，划定空间管控边界，明确用地规模和管控要求，确定基础设施用地位置、规模和建设标准，合理配置公共服务设施，引导生活空间尺度适宜、布局协调、功能齐全。充分维护原生态村居风貌，保留乡村景观特色，保护自然和人文环境，注重融入时代感、现代性，强化空间利用的人性化、多样化，着力构建便捷的生活圈、完善的服务圈、繁荣的商业圈，让乡村居民过上更舒适的生活。

第三节　严格保护生态空间

乡村生态空间是具有自然属性、以提供生态产品或生态服务为主体功能的国土空间。加快构建以“两屏三带”为骨架的国家生态安全屏障，全面加强国家重点生态功能区保护，建立以国家公园为主体的自然保护地体系。树立山水林田湖草是一个生命共同体的理念，加强对自然生态空间的整体保护，修复和改善乡村生态环境，提升生态功能和服务价值。全面实施产业准入负面清单制度，推动各地因地制宜制定禁止和限制发展产业目录，明确产业发展方向和开发强度，强化准入管理和底线约束。

第九章　分类推进乡村发展

顺应村庄发展规律和演变趋势，根据不同村庄的发展现状、区位条件、资源禀赋等，按照集聚提升、融入城镇、特色保护、搬迁撤并的思路，分类推进乡村振兴，不搞一刀切。

第一节　集聚提升类村庄

现有规模较大的中心村和其他仍将存续的一般村庄，占乡村类型的大多数，是乡村振兴的重点。科学确定村庄发展方向，在原有规模基础上有序推进改造提升，激活产业、优化环境、提振人气、增添活力，保护保留乡村风貌，建设宜居宜业的美丽村庄。鼓励发挥自身比较优势，强化主导产业支撑，支持农业、工贸、休闲服务等专业化村庄发展。加强海岛村庄、国有农场及林场规划建设，改善生产生活条件。

第二节　城郊融合类村庄

城市近郊区以及县城城关镇所在地的村庄，具备成为城市后花园的优势，也具有向城市转型的条件。综合考虑工业化、城镇化和村庄自身发展需要，加快城乡产业融合发展、基础设施互联互通、公共服务共建共享，在形态上保留乡村风貌，在治理上体现城市水平，逐步强化服务城市发展、承接城市功能外溢、满足城市消费需求能力，为城乡融合发展提供实践经验。

第三节　特色保护类村庄

历史文化名村、传统村落、少数民族特色村寨、特色景观旅游名村等自然历史文化特色资源丰富的村庄，是彰显和传承中华优秀传统文化的重要载体。统筹保护、利用与发展的关系，努力保持村庄的完整性、真实性和延续性。切实保护村庄的传统选址、格局、风貌以及自然和田园景观等整体空间形态与环境，全面保护文物古迹、历史建筑、传统民居等传统建筑。尊重原住居民生活形态和传统习惯，加快改善村庄基础设施和公共环境，合理利用村庄特色资源，发展乡村旅游和特色产业，形成特色资源保护与村庄发展的良性互促机制。

第四节　搬迁撤并类村庄

对位于生存条件恶劣、生态环境脆弱、自然灾害频发等地区的村庄，因重大项目建设需要搬迁的村庄，以及人口流失特别严重的村庄，可通过易地扶贫搬迁、生态宜居搬迁、农村集聚发展搬迁等方式，实施村庄搬迁撤并，统筹解决村民生计、生态保护等问题。拟搬迁撤并的村庄，严格限制新建、扩建活动，统筹考虑拟迁入或新建村庄的基础设施和公共服务设施建设。坚持村庄搬迁撤并与新型城镇化、农业现代化相结合，依托适宜区域进行安置，避免新建孤立的村落式移民社区。搬迁撤并后的村庄原址，因地制宜复垦或还绿，增加乡村生产生态空间。农村居民点迁建和村庄撤并，必须尊重农民意愿并经村民会议同意，不得强制农民搬迁和集中上楼。

第十章　坚决打好精准脱贫攻坚战

把打好精准脱贫攻坚战作为实施乡村振兴战略的优先任务，推动脱贫攻坚与乡村振兴有机结合相互促进，确保到2020年我国现行标准下农村贫困人口实现脱贫，贫困县全部摘帽，解决区域性整体贫困。

第一节 深入实施精准扶贫精准脱贫

健全精准扶贫精准脱贫工作机制，夯实精准扶贫精准脱贫基础性工作。因地制宜、因户施策，探索多渠道、多样化的精准扶贫精准脱贫路径，提高扶贫措施针对性和有效性。做好东西部扶贫协作和对口支援工作，着力推动县与县精准对接，推进东部产业向西部梯度转移，加大产业扶贫工作力度。加强和改进定点扶贫工作，健全驻村帮扶机制，落实扶贫责任。加大金融扶贫力度。健全社会力量参与机制，引导激励社会各界更加关注、支持和参与脱贫攻坚。

第二节 重点攻克深度贫困

实施深度贫困地区脱贫攻坚行动方案。以解决突出制约问题为重点，以重大扶贫工程和到村到户到人帮扶为抓手，加大政策倾斜和扶贫资金整合力度，着力改善深度贫困地区发展条件，增强贫困农户发展能力。推动新增脱贫攻坚资金、新增脱贫攻坚项目、新增脱贫攻坚举措主要用于“三区三州”等深度贫困地区。推进贫困村基础设施和公共服务设施建设，培育壮大集体经济，确保深度贫困地区和贫困群众同全国人民一道进入全面小康社会。

第三节 巩固脱贫攻坚成果

加快建立健全缓解相对贫困的政策体系和工作机制，持续改善欠发达地区和其他地区相对贫困人口的发展条件，完善公共服务体系，增强脱贫地区“造血”功能。结合实施乡村振兴战略，压茬推进实施生态宜居搬迁等工程，巩固易地扶贫搬迁成果。注重扶志扶智，引导贫困群众克服“等靠要”思想，逐步消除精神贫困。建立正向激励机制，将帮扶政策措施与贫困群众参与挂钩，培育提升贫困群众发展生产和务工经商的基本能力。加强宣传引导，讲好中国减贫故事。认真总结脱贫攻坚经验，研究建立促进群众稳定脱贫和防范返贫的长效机制，探索统筹解决城乡贫困的政策措施，确保贫困群众稳定脱贫。

第四篇 加快农业现代化步伐

坚持质量兴农、品牌强农，深化农业供给侧结构性改革，构建现代农业产业体系、生产体系、经营体系，推动农业发展质量变革、效率变革、动力变革，持续提高农业创新力、竞争力和全要素生产率。

第十一章　夯实农业生产能力基础

深入实施藏粮于地、藏粮于技战略，提高农业综合生产能力，保障国家粮食安全和重要农产品有效供给，把中国人的饭碗牢牢端在自己手中。

第一节　健全粮食安全保障机制

坚持以我为主、立足国内、确保产能、适度进口、科技支撑的国家粮食安全战略，建立全方位的粮食安全保障机制。按照“确保谷物基本自给、口粮绝对安全”的要求，持续巩固和提升粮食生产能力。深化中央储备粮管理体制改革，科学确定储备规模，强化中央储备粮监督管理，推进中央、地方两级储备协同运作。鼓励加工流通企业、新型经营主体开展自主储粮和经营。全面落实粮食安全省长责任制，完善监督考核机制。强化粮食质量安全保障。加快完善粮食现代物流体系，构建安全高效、一体化运作的粮食物流网络。

第二节　加强耕地保护和建设

严守耕地红线，全面落实永久基本农田特殊保护制度，完成永久基本农田控制线划定工作，确保到 2020 年永久基本农田保护面积不低于 15.46 亿亩。大规模推进高标准农田建设，确保到 2022 年建成 10 亿亩高标准农田，所有高标准农田实现统一上图入库，形成完善的管护监督和考核机制。加快将粮食生产功能区和重要农产品生产保护区细化落实到具体地块，实现精准化管理。加强农田水利基础设施建设，实施耕地质量保护和提升行动，到 2022 年农田有效灌溉面积达到 10.4 亿亩，耕地质量平均提升 0.5 个等级（别）以上。

第三节　提升农业装备和信息化水平

推进我国农机装备和农业机械化转型升级，加快高端农机装备和丘陵山区、果菜茶生产、畜禽水产养殖等农机装备的生产研发、推广应用，提升渔业船舶装备水平。促进农机农艺融合，积极推进作物品种、栽培技术和机械装备集成配套，加快主要作物生产全程机械化，提高农机装备智能化水平。加强农业信息化建设，积极推进信息进村入户，鼓励互联网企业建立产销衔接的农业服务平台，加强农业信息监测预警和发布，提高农业综合信息服务水平。大力发展数字农业，实施智慧农业工程和“互联网 +”现代农业行动，鼓励对农业生产进行数字化改造，加强农业遥感、物联网应用，提高农业精准化水平。发展智慧气象，提升气象为农服务能力。

第十二章　加快农业转型升级

按照建设现代化经济体系的要求，加快农业结构调整步伐，着力推动农业由增产导向转向提质导向，提高农业供给体系的整体质量和效率，加快实现由农业大国向农业强国转变。

第一节　优化农业生产力布局

以全国主体功能区划确定的农产品主产区为主体，立足各地农业资源禀赋和比较优势，构建优势区域布局和专业化生产格局，打造农业优化发展区和农业现代化先行区。东北地区重点提升粮食生产能力，依托“大粮仓”打造粮肉奶综合供应基地。华北地区着力稳定粮油和蔬菜、畜产品生产保障能力，发展节水型农业。长江中下游地区切实稳定粮油生产能力，优化水网地带生猪养殖布局，大力发展名优水产品生产。华南地区加快发展现代畜禽水产和特色园艺产品，发展具有出口优势的水产品养殖。西北、西南地区和北方农牧交错区加快调整产品结构，限制资源消耗大的产业规模，壮大区域特色产业。青海、西藏等生态脆弱区域坚持保护优先、限制开发，发展高原特色农牧业。

第二节　推进农业结构调整

加快发展粮经饲统筹、种养加一体、农牧渔结合的现代农业，促进农业结构不断优化升级。统筹调整种植业生产结构，稳定水稻、小麦生产，有序调减非优势区籽粒玉米，进一步扩大大豆生产规模，巩固主产区棉油糖胶生产，确保一定的自给水平。大力发展优质饲料牧草，合理利用退耕地、南方草山草坡和冬闲田拓展饲草发展空间。推进畜牧业区域布局调整，合理布局规模化养殖场，大力发展种养结合循环农业，促进养殖废弃物就近资源化利用。优化畜牧业生产结构，大力发展草食畜牧业，做大做强民族奶业。加强渔港经济区建设，推进渔港渔区振兴。合理确定内陆水域养殖规模，发展集约化、工厂化水产养殖和深远海养殖，降低江河湖泊和近海渔业捕捞强度，规范有序发展远洋渔业。

第三节　壮大特色优势产业

以各地资源禀赋和独特的历史文化为基础，有序开发优势特色资源，做大做强优势特色产业。创建特色鲜明、优势集聚、市场竞争力强的特色农产品优势区，支持特色农产品优势区建设标准化生产基地、加工基地、仓储物流基地，完善科技支撑体系、品牌与市场营销体系、质量控制体系，建立利益联结紧密的建设运行机制，形成特色农业产业集群。按照与国际标准接轨的目标，支持建立生产精细化管理与产品品质控制体系，采用国际通行的良好农业规范，塑造现代顶级农产品品牌。实施产业兴村强县行动，培育农业产业强镇，打造一乡一业、一村一品的发展格局。

第四节　保障农产品质量安全

实施食品安全战略，加快完善农产品质量和食品安全标准、监管体系，加快建立农产品质量分级及产地准出、市场准入制度。完善农兽药残留限量标准体系，推进农产品生产投入品使用规范化。建立健全农产品质量安全风险评估、监测预警和应急处置机制。实施动植物保护能力提升工程，实现全国动植物检疫防疫联防联控。完善农产品认证体系和农产品质量安全监管追溯系统，着力提高基层监管能力。落实生产经营者主体责任，强化农产品生产经营者的质量安全意识。建立农资和农产品生产企业信用信息系统，对失信市场主体开展联合惩戒。

第五节　培育提升农业品牌

实施农业品牌提升行动，加快形成以区域公用品牌、企业品牌、大宗农产品品牌、特色农产品品牌为核心的农业品牌格局。推进区域农产品公共品牌建设，擦亮老品牌，塑强新品牌，引入现代要素改造提升传统名优品牌，努力打造一批国际知名的农业品牌和国际品牌展会。做好品牌宣传推介，借助农产品博览会、展销会等渠道，充分利用电商、“互联网 +”等新兴手段，加强品牌市场营销。加强农产品商标及地理标志商标的注册和保护，构建我国农产品品牌保护体系，打击各种冒用、滥用公用品牌行为，建立区域公用品牌的授权使用机制以及品牌危机预警、风险规避和紧急事件应对机制。

第六节　构建农业对外开放新格局

建立健全农产品贸易政策体系。实施特色优势农产品出口提升行动，扩大高附加值农产品出口。积极参与全球粮农治理。加强与“一带一路”沿线国家合作，积极支持有条件的农业企业走出去。建立农业对外合作公共信息服务平台和信用评价体系。放宽农业外资准入，促进引资引技引智相结合。

第十三章　建立现代农业经营体系

坚持家庭经营在农业中的基础性地位，构建家庭经营、集体经营、合作经营、企业经营等共同发展的新型农业经营体系，发展多种形式适度规模经营，发展壮大农村集体经济，提高农业的集约化、专业化、组织化、社会化水平，有效带动小农户发展。

第一节　巩固和完善农村基本经营制度

落实农村土地承包关系稳定并长久不变政策，衔接落实好第二轮土地承包到期后再延长 30 年的政策，让农民吃上长效“定心丸”。全面完成土地承包经营权确权登记颁证工作，完善农村承包地“三权分置”制度，在依法保护集体所有权和农户承包权前提下，平等保护土地经营权。建立农村产权交易平台，加强土地经营权流转和规模经营的管理服务。加强农用地用途管制。完善集体林权制度，引导规范有序流转，鼓励发展家庭林场、股份合作林场。发展壮大农垦国有农业经济，培育一批具有国际竞争力的农垦企业集团。

第二节　壮大新型农业经营主体

实施新型农业经营主体培育工程，鼓励通过多种形式开展适度规模经营。培育发展家庭农场，提升农民专业合作社规范化水平，鼓励发展农民专业合作社联合社。不断壮大农林产业化龙头企业，鼓励建立现代企业制度。鼓励工商资本到农村投资适合产业化、规模化经营的农业项目，提供区域性、系统性解决方案，与当地农户形成互惠共赢的产业共同体。加快建立新型经营主体支持政策体系和信用评价体系，落实财政、税收、土地、信贷、保险等支持政策，扩大新型经营主体承担涉农项目规模。

第三节　发展新型农村集体经济

深入推进农村集体产权制度改革，推动资源变资产、资金变股金、农民变股东，发展多种形式的股份合作。完善农民对集体资产股份的占有、收益、有偿退出及抵押、担保、继承等权能和管理办法。研究制定农村集体经济组织法，充实农村集体产权权能。鼓励经济实力强的农村集体组织辐射带动周边村庄共同发展。发挥村党组织对集体经济组织的领导核心作用，防止内部少数人控制和外部资本侵占集体资产。

第四节　促进小农户生产和现代农业发展有机衔接

改善小农户生产设施条件，提高个体农户抵御自然风险能力。发展多样化的联合与合作，提升小农户组织化程度。鼓励新型经营主体与小农户建立契约型、股权型利益联结机制，带动小农户专业化生产，提高小农户自我发展能力。健全农业社会化服务体系，大力培育新型服务主体，加快发展“一站式”农业生产性服务业。加强工商企业租赁农户承包地的用途监管和风险防范，健全资格审查、项目审核、风险保障金制度，维护小农户权益。

第十四章　强化农业科技支撑

深入实施创新驱动发展战略，加快农业科技进步，提高农业科技自主创新水平、成果转化水平，为农业发展拓展新空间、增添新动能，引领支撑农业转型升级和提质增效。

第一节　提升农业科技创新水平

培育符合现代农业发展要求的创新主体，建立健全各类创新主体协调互动和创新要素高效配置的国家农业科技创新体系。强化农业基础研究，实现前瞻性基础研究和原创性重大成果突破。加强种业创新、现代食品、农机装备、农业污染防治、农村环境整治等方面的科研工作。深化农业科技体制改革，改进科研项目评审、人才评价和机构评估工作，建立差别化评价制度。深入实施现代种业提升工程，开展良种重大科研联合攻关，培育具有国际竞争力的种业龙头企业，推动建设种业科技强国。

第二节　打造农业科技创新平台基地

建设国家农业高新技术产业示范区、国家农业科技园区、省级农业科技园区，吸引更多的农业高新技术企业到科技园区落户，培育国际领先的农业高新技术企业，形成具有国际竞争力的农业高新技术产业。新建一批科技创新联盟，支持农业高新技术企业建立高水平研发机构。利用现有资源建设农业领域国家技术创新中心，加强重大共性关键技术和产品研发与应用示范。建设农业科技资源开放共享与服务平台，充分发挥重要公共科技资源优势，推动面向科技界开放共享，整合和完善科技资源共享服务平台。

第三节　加快农业科技成果转化应用

鼓励高校、科研院所建立一批专业化的技术转移机构和面向企业的技术服务网络，通过研发合作、技术转让、技术许可、作价投资等多种形式，实现科技成果市场价值。健全省市县三级科技成果转化工作网络，支持地方大力发展技术交易市场。面向绿色兴农重大需求，加大绿色技术供给，加强集成应用和示范推广。健全基层农业技术推广体系，创新公益性农技推广服务方式，支持各类社会力量参与农技推广，全面实施农技推广服务特聘计划，加强农业重大技术协同推广。健全农业科技领域分配政策，落实科研成果转化及农业科技创新激励相关政策。

第十五章　完善农业支持保护制度

以提升农业质量效益和竞争力为目标，强化绿色生态导向，创新完善政策工具和手段，加快建立新型农业支持保护政策体系。

第一节　加大支农投入力度

建立健全国家农业投入增长机制，政府固定资产投资继续向农业倾斜，优化投入结构，实施一批打基础、管长远、影响全局的重大工程，加快改变农业基础设施薄弱状况。建立以绿色生态为导向的农业补贴制度，提高农业补贴政策的指向性和精准性。落实和完善对农民直接补贴制度。完善粮食主产区利益补偿机制。继续支持粮改饲、粮豆轮作和畜禽水产标准化健康养殖，改革完善渔业油价补贴政策。完善农机购置补贴政策，鼓励对绿色农业发展机具、高性能机具以及保证粮食等主要农产品生产机具实行敞开补贴。

第二节　深化重要农产品收储制度改革

深化玉米收储制度改革，完善市场化收购加补贴机制。合理制定大豆补贴政策。完善稻谷、小麦最低收购价政策，增强政策灵活性和弹性，合理调整最低收购价水平，加快建立健全支持保护政策。深化国有粮食企业改革，培育壮大骨干粮食企业，引导多元市场主体入市收购，防止出现卖粮难。深化棉花目标价格改革，研究完善食糖（糖料）、油料支持政策，促进价格合理形成，激发企业活力，提高国内产业竞争力。

第三节　提高农业风险保障能力

完善农业保险政策体系，设计多层次、可选择、不同保障水平的保险产品。积极开发适应新型农业经营主体需求的保险品种，探索开展水稻、小麦、玉米三大主粮作物完全成本保险和收入保险试点，鼓励开展天气指数保险、价格指数保险、贷款保证保险等试点。健全农业保险大灾风险分散机制。发展农产品期权期货市场，扩大“保险＋期货”试点，探索“订单农业＋保险＋期货（权）”试点。健全国门生物安全查验机制，推进口岸动植物检疫规范化建设。强化边境管理，打击农产品走私。完善农业风险管理和预警体系。

第五篇　发展壮大乡村产业

以完善利益联结机制为核心，以制度、技术和商业模式创新为动力，推进农村一二三产业交叉融合，加快发展根植于农业农村、由当地农民主办、彰显地域特色和乡村价值的产业体系，推动乡村产业全面振兴。

第十六章　推动农村产业深度融合

把握城乡发展格局发生重要变化的机遇，培育农业农村新产业新业态，打造农村产业融合发展新载体新模式，推动要素跨界配置和产业有机融合，让农村一二三产业在融合发展中同步升级、同步增值、同步受益。

第一节　发掘新功能新价值

顺应城乡居民消费拓展升级趋势，结合各地资源禀赋，深入发掘农业农村的生态涵养、休闲观光、文化体验、健康养老等多种功能和多重价值。遵循市场规律，推动乡村资源全域化整合、多元化增值，增强地方特色产品时代感和竞争力，形成新的消费热点，增加乡村生态产品和服务供给。实施农产品加工业提升行动，支持开展农产品生产加工、综合利用关键技术研究与示范，推动初加工、精深加工、综合利用加工和主食加工协调发展，实现农产品多层次、多环节转化增值。

第二节　培育新产业新业态

深入实施电子商务进农村综合示范，建设具有广泛性的农村电子商务发展基础设施，加快建立健全适应农产品电商发展的标准体系。研发绿色智能农产品供应链核心技术，加快培育农业现代供应链主体。加强农商互联，密切产销衔接，发展农超、农社、农企、农校等产销对接的新型流通业态。实施休闲农业和乡村旅游精品工程，发展乡村共享经济等新业态，推动科技、人文等元素融入农业。强化农业生产性服务业对现代农业产业链的引领支撑作用，构建全程覆盖、区域集成、配套完备的新型农业社会化服务体系。清理规范制约农业农村新产业新业态发展的行政审批事项。着力优化农村消费环境，不断优化农村消费结构，提升农村消费层次。

第三节　打造新载体新模式

依托现代农业产业园、农业科技园区、农产品加工园、农村产业融合发展示范园等，打造农村产业融合发展的平台载体，促进农业内部融合、延伸农业产业链、拓展农业多种功能、发展农业新型业态等多模式融合发展。加快培育农商产业联盟、农业产业化联合体等新型产业链主体，打造一批产加销一体的全产业链企业集群。推进农业循环经济试点示范和田园综合体试点建设。加快培育一批“农字号”特色小镇，在有条件的地区建设培育特色商贸小镇，推动农村产业发展与新型城镇化相结合。

第十七章 完善紧密型利益联结机制

始终坚持把农民更多分享增值收益作为基本出发点，着力增强农民参与融合能力，创新收益分享模式，健全联农带农有效激励机制，让农民更多分享产业融合发展的增值收益。

第一节 提高农民参与程度

鼓励农民以土地、林权、资金、劳动、技术、产品为纽带，开展多种形式的合作与联合，依法组建农民专业合作社联合社，强化农民作为市场主体的平等地位。引导农村集体经济组织挖掘集体土地、房屋、设施等资源和资产潜力，依法通过股份制、合作制、股份合作制、租赁等形式，积极参与产业融合发展。积极培育社会化服务组织，加强农技指导、信用评价、保险推广、市场预测、产品营销等服务，为农民参与产业融合创造良好条件。

第二节 创新收益分享模式

加快推广“订单收购＋分红”“土地流转＋优先雇用＋社会保障”“农民入股＋保底收益＋按股分红”等多种利益联结方式，让农户分享加工、销售环节收益。鼓励行业协会或龙头企业与合作社、家庭农场、普通农户等组织共同营销，开展农产品销售推介和品牌运作，让农户更多分享产业链增值收益。鼓励农业产业化龙头企业通过设立风险资金、为农户提供信贷担保、领办或参办农民合作组织等多种形式，与农民建立稳定的订单和契约关系。完善涉农股份合作制企业利润分配机制，明确资本参与利润分配比例上限。

第三节 强化政策扶持引导

更好发挥政府扶持资金作用，强化龙头企业、合作组织联农带农激励机制，探索将新型农业经营主体带动农户数量和成效作为安排财政支持资金的重要参考依据。以土地、林权为基础的各种形式合作，凡是享受财政投入或政策支持的承包经营者均应成为股东方。鼓励将符合条件的财政资金特别是扶贫资金量化到农村集体经济组织和农户后，以自愿入股方式投入新型农业经营主体，对农户土地经营权入股部分采取特殊保护，探索实行农民负盈不负亏的分配机制。

第十八章　激发农村创新创业活力

坚持市场化方向，优化农村创新创业环境，放开搞活农村经济，合理引导工商资本下乡，推动乡村大众创业万众创新，培育新动能。

第一节　培育壮大创新创业群体

推进产学研合作，加强科研机构、高校、企业、返乡下乡人员等主体协同，推动农村创新创业群体更加多元。培育以企业为主导的农业产业技术创新战略联盟，加速资金、技术和服务扩散，带动和支持返乡创业人员依托相关产业链创业发展。整合政府、企业、社会等多方资源，推动政策、技术、资本等各类要素向农村创新创业集聚。鼓励农民就地创业、返乡创业，加大各方资源支持本地农民兴业创业力度。深入推行科技特派员制度，引导科技、信息、资金、管理等现代生产要素向乡村集聚。

第二节　完善创新创业服务体系

发展多种形式的创新创业支撑服务平台，健全服务功能，开展政策、资金、法律、知识产权、财务、商标等专业化服务。建立农村创新创业园区（基地），鼓励农业企业建立创新创业实训基地。鼓励有条件的县级政府设立“绿色通道”，为返乡下乡人员创新创业提供便利服务。建设一批众创空间、“星创天地”，降低创业门槛。依托基层就业和社会保障服务平台，做好返乡人员创业服务、社保关系转移接续等工作。

第三节　建立创新创业激励机制

加快将现有支持“双创”相关财政政策措施向返乡下乡人员创新创业拓展，把返乡下乡人员开展农业适度规模经营所需贷款按规定纳入全国农业信贷担保体系支持范围。适当放宽返乡创业园用电用水用地标准，吸引更多返乡人员入园创业。各地年度新增建设用地计划指标，要确定一定比例用于支持农村新产业新业态发展。落实好减税降费政策，支持农村创新创业。

第六篇　建设生态宜居的美丽乡村

牢固树立和践行绿水青山就是金山银山的理念，坚持尊重自然、顺应自然、保护自然，统筹山水林田湖草系统治理，加快转变生产生活方式，推动乡村生态振兴，建设生活环境整洁优美、生态系统稳定健康、人与自然和谐共生的生态宜居美丽乡村。

第十九章　推进农业绿色发展

以生态环境友好和资源永续利用为导向，推动形成农业绿色生产方式，实现投入品减量化、生产清洁化、废弃物资源化、产业模式生态化，提高农业可持续发展能力。

第一节　强化资源保护与节约利用

实施国家农业节水行动，建设节水型乡村。深入推进农业灌溉用水总量控制和定额管理，建立健全农业节水长效机制和政策体系。逐步明晰农业水权，推进农业水价综合改革，建立精准补贴和节水奖励机制。严格控制未利用地开垦，落实和完善耕地占补平衡制度。实施农用地分类管理，切实加大优先保护类耕地保护力度。降低耕地开发利用强度，扩大轮作休耕制度试点，制定轮作休耕规划。全面普查动植物种质资源，推进种质资源收集保存、鉴定和利用。强化渔业资源管控与养护，实施海洋渔业资源总量管理、海洋渔船“双控”和休禁渔制度，科学划定江河湖海限捕、禁捕区域，建设水生生物保护区、海洋牧场。

第二节　推进农业清洁生产

加强农业投入品规范化管理，健全投入品追溯系统，推进化肥农药减量施用，完善农药风险评估技术标准体系，严格饲料质量安全管理。加快推进种养循环一体化，建立农村有机废弃物收集、转化、利用网络体系，推进农林产品加工剩余物资源化利用，深入实施秸秆禁烧制度和综合利用，开展整县推进畜禽粪污资源化利用试点。推进废旧地膜和包装废弃物等回收处理。推行水产健康养殖，加大近海滩涂养殖环境治理力度，严格控制河流湖库、近岸海域投饵网箱养殖。探索农林牧渔融合循环发展模式，修复和完善生态廊道，恢复田间生物群落和生态链，建设健康稳定田园生态系统。

第三节　集中治理农业环境突出问题

深入实施土壤污染防治行动计划，开展土壤污染状况详查，积极推进重金属污染耕地等受污染耕地分类管理和安全利用，有序推进治理与修复。加强重有色金属矿区污染综合整治。加强农业面源污染综合防治。加大地下水超采治理，控制地下水漏斗区、地表水过度利用区用水总量。严格工业和城镇污染处理、达标排放，建立监测体系，强化经常性执法监管制度建设，推动环境监测、执法向农村延伸，严禁未经达标处理的城镇污水和其他污染物进入农业农村。

第二十章　持续改善农村人居环境

以建设美丽宜居村庄为导向，以农村垃圾、污水治理和村容村貌提升为主攻方向，开展农村人居环境整治行动，全面提升农村人居环境质量。

第一节　加快补齐突出短板

推进农村生活垃圾治理，建立健全符合农村实际、方式多样的生活垃圾收运处置体系，有条件的地区推行垃圾就地分类和资源化利用。开展非正规垃圾堆放点排查整治。实施“厕所革命”，结合各地实际普及不同类型的卫生厕所，推进厕所粪污无害化处理和资源化利用。梯次推进农村生活污水治理，有条件的地区推动城镇污水管网向周边村庄延伸覆盖。逐步消除农村黑臭水体，加强农村饮用水水源地保护。

第二节　着力提升村容村貌

科学规划村庄建筑布局，大力提升农房设计水平，突出乡土特色和地域民族特点。加快推进通村组道路、入户道路建设，基本解决村内道路泥泞、村民出行不便等问题。全面推进乡村绿化，建设具有乡村特色的绿化景观。完善村庄公共照明设施。整治公共空间和庭院环境，消除私搭乱建、乱堆乱放。继续推进城乡环境卫生整洁行动，加大卫生乡镇创建工作力度。鼓励具备条件的地区集中连片建设生态宜居的美丽乡村，综合提升田水路林村风貌，促进村庄形态与自然环境相得益彰。

第三节　建立健全整治长效机制

全面完成县域乡村建设规划编制或修编，推进实用性村庄规划编制实施，加强乡村建设规划许可管理。建立农村人居环境建设和管护长效机制，发挥村民主体作用，鼓励专业化、市场化建设和运行管护。推行环境治理依效付费制度，健全服务绩效评价考核机制。探索建立垃圾污水处理农户付费制度，完善财政补贴和农户付费合理分担机制。依法简化农村人居环境整治建设项目审批程序和招投标程序。完善农村人居环境标准体系。

第二十一章　加强乡村生态保护与修复

大力实施乡村生态保护与修复重大工程，完善重要生态系统保护制度，促进乡村生产生活环境稳步改善，自然生态系统功能和稳定性全面提升，生态产品供给能力进一步增强。

第一节　实施重要生态系统保护和修复重大工程

统筹山水林田湖草系统治理，优化生态安全屏障体系。大力实施大规模国土绿化行动，全面建设三北、长江等重点防护林体系，扩大退耕还林还草，巩固退耕还林还草成果，推动森林质量精准提升，加强有害生物防治。稳定扩大退牧还草实施范围，继续推进草原防灾减灾、鼠虫草害防治、严重退化沙化草原治理等工程。保护和恢复乡村河湖、湿地生态系统，积极开展农村水生态修复，连通河湖水系，恢复河塘行蓄能力，推进退田还湖还湿、退圩退垸还湖。大力推进荒漠化、石漠化、水土流失综合治理，实施生态清洁小流域建设，推进绿色小水电改造。加快国土综合整治，实施农村土地综合整治重大行动，推进农用地和低效建设用地整理以及历史遗留损毁土地复垦。加强矿产资源开发集中地区特别是重有色金属矿区地质环境和生态修复，以及损毁山体、矿山废弃地修复。加快近岸海域综合治理，实施蓝色海湾整治行动和自然岸线修复。实施生物多样性保护重大工程，提升各类重要保护地保护管理能力。加强野生动植物保护，强化外来入侵物种风险评估、监测预警与综合防控。开展重大生态修复工程气象保障服务，探索实施生态修复型人工增雨工程。

第二节　健全重要生态系统保护制度

完善天然林和公益林保护制度，进一步细化各类森林和林地的管控措施或经营制度。完善草原生态监管和定期调查制度，严格实施草原禁牧和草畜平衡制度，全面落实草原经营者生态保护主体责任。完善荒漠生态保护制度，加强沙区天然植被和绿洲保护。全面推行河长制湖长制，鼓励将河长湖长体系延伸至村一级。推进河湖饮用水水源保护区划定和立界工作，加强对水源涵养区、蓄洪滞涝区、滨河滨湖带的保护。严格落实自然保护区、风景名胜区、地质遗迹等各类保护地保护制度，支持有条件的地方结合国家公园体制试点，探索对居住在核心区域的农牧民实施生态搬迁试点。

第三节　健全生态保护补偿机制

加大重点生态功能区转移支付力度，建立省以下生态保护补偿资金投入机制。完善重点领域生态保护补偿机制，鼓励地方因地制宜探索通过赎买、租赁、置换、协议、混合所有制等方式加强重点区位森林保护，落实草原生态保护补助奖励政策，建立长江流域重点水域禁捕补偿制度，鼓励各地建立流域上下游等横向补偿机制。推动市场化多元化生态补偿，建立健全用水权、排污权、碳排放权交易制度，形成森林、草原、湿地等生态修复工程参与碳汇交易的有效途径，探索实物补偿、服务补偿、设施补偿、对口支援、干部支持、共建园区、飞地经济等方式，提高补偿的针对性。

第四节　发挥自然资源多重效益

大力发展生态旅游、生态种养等产业，打造乡村生态产业链。进一步盘活森林、草原、湿地等自然资源，允许集体经济组织灵活利用现有生产服务设施用地开展相关经营活动。鼓励各类社会主体参与生态保护修复，对集中连片开展生态修复达到一定规模的经营主体，允许在符合土地管理法律法规和土地利用总体规划、依法办理建设用地审批手续、坚持节约集约用地的前提下，利用1%~3%治理面积从事旅游、康养、体育、设施农业等产业开发。深化集体林权制度改革，全面开展森林经营方案编制工作，扩大商品林经营自主权，鼓励多种形式的适度规模经营，支持开展林权收储担保服务。完善生态资源管护机制，设立生态管护员工作岗位，鼓励当地群众参与生态管护和管理服务。进一步健全自然资源有偿使用制度，研究探索生态资源价值评估方法并开展试点。

第七篇　繁荣发展乡村文化

坚持以社会主义核心价值观为引领，以传承发展中华优秀传统文化为核心，以乡村公共文化服务体系建设为载体，培育文明乡风、良好家风、淳朴民风，推动乡村文化振兴，建设邻里守望、诚信重礼、勤俭节约的文明乡村。

第二十二章　加强农村思想道德建设

持续推进农村精神文明建设，提升农民精神风貌，倡导科学文明生活，不断提高乡村社会文明程度。

第一节　践行社会主义核心价值观

坚持教育引导、实践养成、制度保障三管齐下，采取符合农村特点的方式方法和载体，深化中国特色社会主义和中国梦宣传教育，大力弘扬民族精神和时代精神。加强爱国主义、集体主义、社会主义教育，深化民族团结进步教育。注重典型示范，深入实施时代新人培育工程，推出一批新时代农民的先进模范人物。把社会主义核心价值观融入法治建设，推动公正文明执法司法，彰显社会主流价值。强化公共政策价值导向，探索建立重大公共政策道德风险评估和纠偏机制。

第二节　巩固农村思想文化阵地

推动基层党组织、基层单位、农村社区有针对性地加强农村群众性思想政治工作。加强对农村社会热点难点问题的应对解读，合理引导社会预期。健全人文关怀和心理疏导机制，培育自尊自信、理性平和、积极向上的农村社会心态。深化文明村镇创建活动，进一步提高县级及以上文明村和文明乡镇的占比。广泛开展星级文明户、文明家庭等群众性精神文明创建活动。深入开展“扫黄打非”进基层。重视发挥社区教育作用，做好家庭教育，传承良好家风家训。完善文化科技卫生“三下乡”长效机制。

第三节　倡导诚信道德规范

深入实施公民道德建设工程，推进社会公德、职业道德、家庭美德、个人品德建设。推进诚信建设，强化农民的社会责任意识、规则意识、集体意识和主人翁意识。建立健全农村信用体系，完善守信激励和失信惩戒机制。弘扬劳动最光荣、劳动者最伟大的观念。弘扬中华孝道，强化孝敬父母、尊敬长辈的社会风尚。广泛开展好媳妇、好儿女、好公婆等评选表彰活动，开展寻找最美乡村教师、医生、村官、人民调解员等活动。深入宣传道德模范、身边好人的典型事迹，建立健全先进模范发挥作用的长效机制。

第二十三章　弘扬中华优秀传统文化

立足乡村文明，吸取城市文明及外来文化优秀成果，在保护传承的基础上，创造性转化、创新性发展，不断赋予时代内涵、丰富表现形式，为增强文化自信提供优质载体。

第一节　保护利用乡村传统文化

实施农耕文化传承保护工程，深入挖掘农耕文化中蕴含的优秀思想观念、人文精神、道德规范，充分发挥其在凝聚人心、教化群众、淳化民风中的重要作用。划定乡村建设的历史文化保护线，保护好文物古迹、传统村落、民族村寨、传统建筑、农业遗迹、灌溉工程遗产。传承传统建筑文化，使历史记忆、地域特色、民族特点融入乡村建设与维护。支持农村地区优秀戏曲曲艺、少数民族文化、民间文化等传承发展。完善非物质文化遗产保护制度，实施非物质文化遗产传承发展工程。实施乡村经济社会变迁物证征藏工程，鼓励乡村史志修编。

第二节　重塑乡村文化生态

紧密结合特色小镇、美丽乡村建设，深入挖掘乡村特色文化符号，盘活地方和民族特色文化资源，走特色化、差异化发展之路。以形神兼备为导向，保护乡村原有建筑风貌和村落格局，把民族民间文化元素融入乡村建设，深挖历史古韵，弘扬人文之美，重塑诗意闲适的人文环境和田绿草青的居住环境，重现原生田园风光和原本乡情乡愁。引导企业家、文化工作者、退休人员、文化志愿者等投身乡村文化建设，丰富农村文化业态。

第三节　发展乡村特色文化产业

加强规划引导、典型示范，挖掘培养乡土文化本土人才，建设一批特色鲜明、优势突出的农耕文化产业展示区，打造一批特色文化产业乡镇、文化产业特色村和文化产业群。大力推动农村地区实施传统工艺振兴计划，培育形成具有民族和地域特色的传统工艺产品，促进传统工艺提高品质、形成品牌、带动就业。积极开发传统节日文化用品和武术、戏曲、舞龙、舞狮、锣鼓等民间艺术、民俗表演项目，促进文化资源与现代消费需求有效对接。推动文化、旅游与其他产业深度融合、创新发展。

第二十四章　丰富乡村文化生活

推动城乡公共文化服务体系融合发展，增加优秀乡村文化产品和服务供给，活跃繁荣农村文化市场，为广大农民提供高质量的精神营养。

第一节　健全公共文化服务体系

按照有标准、有网络、有内容、有人才的要求，健全乡村公共文化服务体系。推动县级图书馆、文化馆总分馆制，发挥县级公共文化机构辐射作用，加强基层综合性文化服务中心建设，实现乡村两级公共文化服务全覆盖，提升服务效能。完善农村新闻出版广播电视公共服务覆盖体系，推进数字广播电视户户通，探索农村电影放映的新方法新模式，推进农家书屋延伸服务和提质增效。继续实施公共数字文化工程，积极发挥新媒体作用，使农民群众能便捷获取优质数字文化资源。完善乡村公共体育服务体系，推动村健身设施全覆盖。

第二节　增加公共文化产品和服务供给

深入推进文化惠民，为农村地区提供更多更好的公共文化产品和服务。建立农民群众文化需求反馈机制，推动政府向社会购买公共文化服务，开展“菜单式”“订单式”服务。加强公共文化服务品牌建设，推动形成具有鲜明特色和社会影响力的农村公共文化服务项目。开展文化结对帮扶。支持“三农”题材文艺创作生产，鼓励文艺工作者推出反映农民生产生活尤其是乡村振兴实践的优秀文艺作品。鼓励各级文艺组织深入农村地区开展惠民演出活动。加强农村科普工作，推动全民阅读进家庭、进农村，提高农民科学文化素养。

第三节　广泛开展群众文化活动

完善群众文艺扶持机制，鼓励农村地区自办文化。培育挖掘乡土文化本土人才，支持乡村文化能人。加强基层文化队伍培训，培养一支懂文艺爱农村爱农民、专兼职相结合的农村文化工作队伍。传承和发展民族民间传统体育，广泛开展形式多样的农民群众性体育活动。鼓励开展群众性节日民俗活动，支持文化志愿者深入农村开展丰富多彩的文化志愿服务活动。活跃繁荣农村文化市场，推动农村文化市场转型升级，加强农村文化市场监管。

第八篇　健全现代乡村治理体系

把夯实基层基础作为固本之策，建立健全党委领导、政府负责、社会协同、公众参与、法治保障的现代乡村社会治理体制，推动乡村组织振兴，打造充满活力、和谐有序的善治乡村。

第二十五章　加强农村基层党组织对乡村振兴的全面领导

以农村基层党组织建设为主线，突出政治功能，提升组织力，把农村基层党组织建成宣传党的主张、贯彻党的决定、领导基层治理、团结动员群众、推动改革发展的坚强战斗堡垒。

第一节　健全以党组织为核心的组织体系

坚持农村基层党组织领导核心地位，大力推进村党组织书记通过法定程序担任村民委员会主任和集体经济组织、农民合作组织负责人，推行村“两委”班子成员交叉任职；提倡由非村民委员会成员的村党组织班子成员或党员担任村务监督委员会主任；村民委员会成员、村民代表中党员应当占一定比例。在以建制村为基本单元设置党组织的基础上，创新党组织设置。推动农村基层党组织和党员在脱贫攻坚和乡村振兴中提高威信、提升影响。加强农村新型经济组织和社会组织的党建工作，引导其始终坚持为农民服务的正确方向。

第二节　加强农村基层党组织带头人队伍建设

实施村党组织带头人整体优化提升行动。加大从本村致富能手、外出务工经商人员、本乡本土大学毕业生、复员退伍军人中培养选拔力度。以县为单位，逐村摸排分析，对村党组织书记集中调整优化，全面实行县级备案管理。健全从优秀村党组织书记中选拔乡镇领导干部、考录乡镇公务员、招聘乡镇事业编制人员机制。通过本土人才回引、院校定向培养、县乡统筹招聘等渠道，每个村储备一定数量的村级后备干部。全面向贫困村、软弱涣散村和集体经济薄弱村党组织派出第一书记，建立长效机制。

第三节　加强农村党员队伍建设

加强农村党员教育、管理、监督，推进“两学一做”学习教育常态化制度化，教育引导广大党员自觉用习近平新时代中国特色社会主义思想武装头脑。严格党的组织生活，全面落实“三会一课”、主题党日、谈心谈话、民主评议党员、党员联系农户等制度。加强农村流动党员管理。注重发挥无职党员作用。扩大党内基层民主，推进党务公开。加强党内激励关怀帮扶，定期走访慰问农村老党员、生活困难党员，帮助解决实际困难。稳妥有序开展不合格党员组织处置工作。加大在青年农民、外出务工人员、妇女中发展党员力度。

第四节　强化农村基层党组织建设责任与保障

推动全面从严治党向纵深发展、向基层延伸，严格落实各级党委尤其是县级党委主体责任，进一步压实县乡纪委监督责任，将抓党建促脱贫攻坚、促乡村振兴情况作为每年市县乡党委书记抓基层党建述职评议考核的重要内容，纳入巡视、巡察工作内容，作为领导班子综合评价和选拔任用领导干部的重要依据。坚持抓乡促村，整乡推进、整县提升，加强基本组织、基本队伍、基本制度、基本活动、基本保障建设，持续整顿软弱涣散村党组织。加强农村基层党风廉政建设，强化农村基层干部和党员的日常教育管理监督，加强对《农村基层干部廉洁履行职责若干规定（试行）》执行情况的监督检查，弘扬新风正气，抵制歪风邪气。充分发挥纪检监察机关在督促相关职能部门抓好中央政策落实方面的作用，加强对落实情况特别是涉农资金拨付、物资调配等工作的监督，开展扶贫领域腐败和作风问题专项治理，严厉打击农村基层黑恶势力和涉黑涉恶腐败及“保护伞”，严肃查处发生在惠农资金、征地拆迁、生态环保和农村“三资”管理领域的违纪违法问题，坚决纠正损害农民利益的行为，严厉整治群众身边腐败问题。全面执行以财政投入为主的稳定的村级组织运转经费保障政策。满怀热情关心关爱农村基层干部，政治上激励、工作上支持、待遇上保障、心理上关怀。重视发现和树立优秀农村基层干部典型，彰显榜样力量。

第二十六章　促进自治法治德治有机结合

坚持自治为基、法治为本、德治为先，健全和创新村党组织领导的充满活力的村民自治机制，强化法律权威地位，以德治滋养法治、涵养自治，让德治贯穿乡村治理全过程。

第一节　深化村民自治实践

加强农村群众性自治组织建设。完善农村民主选举、民主协商、民主决策、民主管理、民主监督制度。规范村民委员会等自治组织选举办法，健全民主决策程序。依托村民会议、村民代表会议、村民议事会、村民理事会等，形成民事民议、民事民办、民事民管的多层次基层协商格局。创新村民议事形式，完善议事决策主体和程序，落实群众知情权和决策权。全面建立健全村务监督委员会，健全务实管用的村务监督机制，推行村级事务阳光工程。充分发挥自治章程、村规民约在农村基层治理中的独特功能，弘扬公序良俗。继续开展以村民小组或自然村为基本单元的村民自治试点工作。加强基层纪委监委对村民委员会的联系和指导。

第二节　推进乡村法治建设

深入开展“法律进乡村”宣传教育活动，提高农民法治素养，引导干部群众尊法学法守法用法。增强基层干部法治观念、法治为民意识，把政府各项涉农工作纳入法治化轨道。维护村民委员会、农村集体经济组织、农村合作经济组织的特别法人地位和权利。深入推进综合行政执法改革向基层延伸，创新监管方式，推动执法队伍整合、执法力量下沉，提高执法能力和水平。加强乡村人民调解组织建设，建立健全乡村调解、县市仲裁、司法保障的农村土地承包经营纠纷调处机制。健全农村公共法律服务体系，加强对农民的法律援助、司法救助和公益法律服务。深入开展法治县（市、区）、民主法治示范村等法治创建活动，深化农村基层组织依法治理。

第三节　提升乡村德治水平

深入挖掘乡村熟人社会蕴含的道德规范，结合时代要求进行创新，强化道德教化作用，引导农民向上向善、孝老爱亲、重义守信、勤俭持家。建立道德激励约束机制，引导农民自我管理、自我教育、自我服务、自我提高，实现家庭和睦、邻里和谐、干群融洽。积极发挥新乡贤作用。深入推进移风易俗，开展专项文明行动，遏制大操大办、相互攀比、“天价彩礼”、厚葬薄养等陈规陋习。加强无神论宣传教育，抵制封建迷信活动。深化农村殡葬改革。

第四节　建设平安乡村

健全落实社会治安综合治理领导责任制，健全农村社会治安防控体系，推动社会治安防控力量下沉，加强农村群防群治队伍建设。深入开展扫黑除恶专项斗争。依法加大对农村非法宗教、邪教活动打击力度，严防境外渗透，继续整治农村乱建宗教活动场所、滥塑宗教造像。完善县乡村三级综治中心功能和运行机制。健全农村公共安全体系，持续开展农村安全隐患治理。加强农村警务、消防、安全生产工作，坚决遏制重特大安全事故。健全矛盾纠纷多元化解机制，深入排查化解各类矛盾纠纷，全面推广“枫桥经验”，做到小事不出村、大事不出乡（镇）。落实乡镇政府农村道路交通安全监督管理责任，探索实施“路长制”。探索以网格化管理为抓手，推动基层服务和管理精细化精准化。推进农村“雪亮工程”建设。

第二十七章　夯实基层政权

科学设置乡镇机构，构建简约高效的基层管理体制，健全农村基层服务体系，夯实乡村治理基础。

第一节 加强基层政权建设

面向服务人民群众合理设置基层政权机构、调配人力资源，不简单照搬上级机关设置模式。根据工作需要，整合基层审批、服务、执法等方面力量，统筹机构编制资源，整合相关职能设立综合性机构，实行扁平化和网格化管理。推动乡村治理重心下移，尽可能把资源、服务、管理下放到基层。加强乡镇领导班子建设，有计划地选派省市县机关部门有发展潜力的年轻干部到乡镇任职。加大从优秀选调生、乡镇事业编制人员、优秀村干部、大学生村官中选拔乡镇领导班子成员力度。加强边境地区、民族地区农村基层政权建设相关工作。

第二节 创新基层管理体制机制

明确县乡财政事权和支出责任划分，改进乡镇财政预算管理制度。推进乡镇协商制度化、规范化建设，创新联系服务群众工作方法。推进直接服务民生的公共事业部门改革，改进服务方式，最大限度方便群众。推动乡镇政务服务事项一窗式办理、部门信息系统一平台整合、社会服务管理大数据一口径汇集，不断提高乡村治理智能化水平。健全监督体系，规范乡镇管理行为。改革创新考评体系，强化以群众满意度为重点的考核导向。严格控制对乡镇设立不切实际的“一票否决”事项。

第三节 健全农村基层服务体系

制定基层政府在村（农村社区）治理方面的权责清单，推进农村基层服务规范化标准化。整合优化公共服务和行政审批职责，打造“一门式办理”“一站式服务”的综合服务平台。在村庄普遍建立网上服务站点，逐步形成完善的乡村便民服务体系。大力培育服务性、公益性、互助性农村社会组织，积极发展农村社会工作和志愿服务。开展农村基层减负工作，集中清理对村级组织考核评比多、创建达标多、检查督查多等突出问题。

第九篇 保障和改善农村民生

坚持人人尽责、人人享有，围绕农民群众最关心最直接最现实的利益问题，加快补齐农村民生短板，提高农村美好生活保障水平，让农民群众有更多实实在在的获得感、幸福感、安全感。

第二十八章 加强农村基础设施建设

继续把基础设施建设重点放在农村，持续加大投入力度，加快补齐农村基础设施短板，促进城乡基础设施互联互通，推动农村基础设施提档升级。

第一节　改善农村交通物流设施条件

以示范县为载体全面推进“四好农村路”建设，深化农村公路管理养护体制改革，健全管理养护长效机制，完善安全防护设施，保障农村地区基本出行条件。推动城市公共交通线路向城市周边延伸，鼓励发展镇村公交，实现具备条件的建制村全部通客车。加大对革命老区、民族地区、边疆地区、贫困地区铁路公益性运输的支持力度，继续开好“慢火车”。加快构建农村物流基础设施骨干网络，鼓励商贸、邮政、快递、供销、运输等企业加大在农村地区的设施网络布局。加快完善农村物流基础设施末端网络，鼓励有条件的地区建设面向农村地区的共同配送中心。

第二节　加强农村水利基础设施网络建设

构建大中小微结合、骨干和田间衔接、长期发挥效益的农村水利基础设施网络，着力提高节水供水和防洪减灾能力。科学有序推进重大水利工程建设，加强灾后水利薄弱环节建设，统筹推进中小型水源工程和抗旱应急能力建设。巩固提升农村饮水安全保障水平，开展大中型灌区续建配套节水改造与现代化建设，有序新建一批节水型、生态型灌区，实施大中型灌排泵站更新改造。推进小型农田水利设施达标提质，实施水系连通和河塘清淤整治等工程建设。推进智慧水利建设。深化农村水利工程产权制度与管理体制改革，健全基层水利服务体系，促进工程长期良性运行。

第三节　构建农村现代能源体系

优化农村能源供给结构，大力发展太阳能、浅层地热能、生物质能等，因地制宜开发利用水能和风能。完善农村能源基础设施网络，加快新一轮农村电网升级改造，推动供气设施向农村延伸。加快推进生物质热电联产、生物质供热、规模化生物质天然气和规模化大型沼气等燃料清洁化工程。推进农村能源消费升级，大幅提高电能在农村能源消费中的比重，加快实施北方农村地区冬季清洁取暖，积极稳妥推进散煤替代。推广农村绿色节能建筑和农用节能技术、产品。大力发展“互联网 +”智慧能源，探索建设农村能源革命示范区。

第四节　夯实乡村信息化基础

深化电信普遍服务，加快农村地区宽带网络和第四代移动通信网络覆盖步伐。实施新一代信息基础设施建设工程。实施数字乡村战略，加快物联网、地理信息、智能设备等现代信息技术与农村生产生活的全面深度融合，深化农业农村大数据创新应用，推广远程教育、远程医疗、金融服务进村等信息服务，建立空间化、智能化的新型农村统计信息系统。在乡村信息化基础设施建设过程中，同步规划、同步建设、同步实施网络安全工作。

第二十九章　提升农村劳动力就业质量

坚持就业优先战略和积极就业政策，健全城乡均等的公共就业服务体系，不断提升农村劳动者素质，拓展农民外出就业和就地就近就业空间，实现更高质量和更充分就业。

第一节　拓宽转移就业渠道

增强经济发展创造就业岗位能力，拓宽农村劳动力转移就业渠道，引导农村劳动力外出就业，更加积极地支持就地就近就业。发展壮大县域经济，加快培育区域特色产业，拓宽农民就业空间。大力发展吸纳就业能力强的产业和企业，结合新型城镇化建设合理引导产业梯度转移，创造更多适合农村劳动力转移就业的机会，推进农村劳动力转移就业示范基地建设。加强劳务协作，积极开展有组织的劳务输出。实施乡村就业促进行动，大力发展乡村特色产业，推进乡村经济多元化，提供更多就业岗位。结合农村基础设施等工程建设，鼓励采取以工代赈方式就近吸纳农村劳动力务工。

第二节　强化乡村就业服务

健全覆盖城乡的公共就业服务体系，提供全方位公共就业服务。加强乡镇、行政村基层平台建设，扩大就业服务覆盖面，提升服务水平。开展农村劳动力资源调查统计，建立农村劳动力资源信息库并实行动态管理。加快公共就业服务信息化建设，打造线上线下一体的服务模式。推动建立覆盖城乡全体劳动者、贯穿劳动者学习工作终身、适应就业和人才成长需要的职业技能培训制度，增强职业培训的针对性和有效性。在整合资源基础上，合理布局建设一批公共实训基地。

第三节　完善制度保障体系

推动形成平等竞争、规范有序、城乡统一的人力资源市场，建立健全城乡劳动者平等就业、同工同酬制度，提高就业稳定性和收入水平。健全人力资源市场法律法规体系，依法保障农村劳动者和用人单位合法权益。完善政府、工会、企业共同参与的协调协商机制，构建和谐劳动关系。落实就业服务、人才激励、教育培训、资金奖补、金融支持、社会保险等就业扶持相关政策。加强就业援助，对就业困难农民实行分类帮扶。

第三十章　增加农村公共服务供给

继续把国家社会事业发展的重点放在农村，促进公共教育、医疗卫生、社会保障等资源向农村倾斜，逐步建立健全全民覆盖、普惠共享、城乡一体的基本公共服务体系，推进城乡基本公共服务均等化。

第一节　优先发展农村教育事业

统筹规划布局农村基础教育学校，保障学生就近享有有质量的教育。科学推进义务教育公办学校标准化建设，全面改善贫困地区义务教育薄弱学校基本办学条件，加强寄宿制学校建设，提升乡村教育质量，实现县域校际资源均衡配置。发展农村学前教育，每个乡镇至少办好 1 所公办中心幼儿园，完善县乡村学前教育公共服务网络。继续实施特殊教育提升计划。科学稳妥推行民族地区乡村中小学双语教育，坚定不移推行国家通用语言文字教育。实施高中阶段教育普及攻坚计划，提高高中阶段教育普及水平。大力发展面向农村的职业教育，加快推进职业院校布局结构调整，加强县级职业教育中心建设，有针对性地设置专业和课程，满足乡村产业发展和振兴需要。推动优质学校辐射农村薄弱学校常态化，加强城乡教师交流轮岗。积极发展“互联网 + 教育”，推进乡村学校信息化基础设施建设，优化数字教育资源公共服务体系。落实好乡村教师支持计划，继续实施农村义务教育学校教师特设岗位计划，加强乡村学校紧缺学科教师和民族地区双语教师培训，落实乡村教师生活补助政策，建好建强乡村教师队伍。

第二节　推进健康乡村建设

深入实施国家基本公共卫生服务项目，完善基本公共卫生服务项目补助政策，提供基础性全方位全周期的健康管理服务。加强慢性病、地方病综合防控，大力推进农村地区精神卫生、职业病和重大传染病防治。深化农村计划生育管理服务改革，落实全面两孩政策。增强妇幼健康服务能力，倡导优生优育。加强基层医疗卫生服务体系建设，基本实现每个乡镇都有 1 所政府举办的乡镇卫生院，每个行政村都有 1 所卫生室，每个乡镇卫生院都有全科医生，支持中西部地区基层医疗卫生机构标准化建设和设备提档升级。切实加强乡村医生队伍建设，支持并推动乡村医生申请执业（助理）医师资格。全面建立分级诊疗制度，实行差别化的医保支付和价格政策。深入推进基层卫生综合改革，完善基层医疗卫生机构绩效工资制度。开展和规范家庭医生签约服务。树立大卫生大健康理念，广泛开展健康教育活动，倡导科学文明健康的生活方式，养成良好卫生习惯，提升居民文明卫生素质。

第三节 加强农村社会保障体系建设

按照兜底线、织密网、建机制的要求，全面建成覆盖全民、城乡统筹、权责清晰、保障适度、可持续的多层次社会保障体系。进一步完善城乡居民基本养老保险制度，加快建立城乡居民基本养老保险待遇确定和基础养老金标准正常调整机制。完善统一的城乡居民基本医疗保险制度和大病保险制度，做好农民重特大疾病救助工作，健全医疗救助与基本医疗保险、城乡居民大病保险及相关保障制度的衔接机制，巩固城乡居民医保全国异地就医联网直接结算。推进低保制度城乡统筹发展，健全低保标准动态调整机制。全面实施特困人员救助供养制度，提升托底保障能力和服务质量。推动各地通过政府购买服务、设置基层公共管理和社会服务岗位、引入社会工作专业人才和志愿者等方式，为农村留守儿童和妇女、老年人以及困境儿童提供关爱服务。加强和改善农村残疾人服务，将残疾人普遍纳入社会保障体系予以保障和扶持。

第四节 提升农村养老服务能力

适应农村人口老龄化加剧形势，加快建立以居家为基础、社区为依托、机构为补充的多层次农村养老服务体系。以乡镇为中心，建立具有综合服务功能、医养相结合的养老机构，与农村基本公共服务、农村特困供养服务、农村互助养老服务相互配合，形成农村基本养老服务网络。提高乡村卫生服务机构为老年人提供医疗保健服务的能力。支持主要面向失能、半失能老年人的农村养老服务设施建设，推进农村幸福院等互助型养老服务发展，建立健全农村留守老年人关爱服务体系。开发农村康养产业项目。鼓励村集体建设用地优先用于发展养老服务。

第五节 加强农村防灾减灾救灾能力建设

坚持以防为主、防抗救相结合，坚持常态减灾与非常态救灾相统一，全面提高抵御各类灾害综合防范能力。加强农村自然灾害监测预报预警，解决农村预警信息发布“最后一公里”问题。加强防灾减灾工程建设，推进实施自然灾害高风险区农村困难群众危房改造。全面深化森林、草原火灾防控治理。大力推进农村公共消防设施、消防力量和消防安全管理组织建设，改善农村消防安全条件。推进自然灾害救助物资储备体系建设。开展灾害救助应急预案编制和演练，完善应对灾害的政策支持体系和灾后重建工作机制。在农村广泛开展防灾减灾宣传教育。

第十篇　完善城乡融合发展政策体系

顺应城乡融合发展趋势，重塑城乡关系，更好激发农村内部发展活力、优化农村外部发展环境，推动人才、土地、资本等要素双向流动，为乡村振兴注入新动能。

第三十一章　加快农业转移人口市民化

加快推进户籍制度改革，全面实行居住证制度，促进有能力在城镇稳定就业和生活的农业转移人口有序实现市民化。

第一节　健全落户制度

鼓励各地进一步放宽落户条件，除极少数超大城市外，允许农业转移人口在就业地落户，优先解决农村学生升学和参军进入城镇的人口、在城镇就业居住 5 年以上和举家迁徙的农业转移人口以及新生代农民工落户问题。区分超大城市和特大城市主城区、郊区、新区等区域，分类制定落户政策，重点解决符合条件的普通劳动者落户问题。全面实行居住证制度，确保各地居住证申领门槛不高于国家标准、享受的各项基本公共服务和办事便利不低于国家标准，推进居住证制度覆盖全部未落户城镇常住人口。

第二节　保障享有权益

不断扩大城镇基本公共服务覆盖面，保障符合条件的未落户农民工在流入地平等享受城镇基本公共服务。通过多种方式增加学位供给，保障农民工随迁子女以流入地公办学校为主接受义务教育，以普惠性幼儿园为主接受学前教育。完善就业失业登记管理制度，面向农业转移人口全面提供政府补贴职业技能培训服务。将农业转移人口纳入社区卫生和计划生育服务体系，提供基本医疗卫生服务。把进城落户农民完全纳入城镇社会保障体系，在农村参加的养老保险和医疗保险规范接入城镇社会保障体系，做好基本医疗保险关系转移接续和异地就医结算工作。把进城落户农民完全纳入城镇住房保障体系，对符合条件的采取多种方式满足基本住房需求。

第三节　完善激励机制

维护进城落户农民土地承包权、宅基地使用权、集体收益分配权，引导进城落户农民依法自愿有偿转让上述权益。加快户籍变动与农村“三权”脱钩，不得以退出“三权”作为农民进城落户的条件，促使有条件的农业转移人口放心落户城镇。落实支持农业转移人口市民化财政政策，以及城镇建设用地增加规模与吸纳农业转移人口落户数量挂钩政策，健全由政府、企业、个人共同参与的市民化成本分担机制。

第三十二章　强化乡村振兴人才支撑

实行更加积极、更加开放、更加有效的人才政策，推动乡村人才振兴，让各类人才在乡村大施所能、大展才华、大显身手。

第一节　培育新型职业农民

全面建立职业农民制度，培养新一代爱农业、懂技术、善经营的新型职业农民，优化农业从业者结构。实施新型职业农民培育工程，支持新型职业农民通过弹性学制参加中高等农业职业教育。创新培训组织形式，探索田间课堂、网络教室等培训方式，支持农民专业合作社、专业技术协会、龙头企业等主体承担培训。鼓励各地开展职业农民职称评定试点。引导符合条件的新型职业农民参加城镇职工养老、医疗等社会保障制度。

第二节　加强农村专业人才队伍建设

加大“三农”领域实用专业人才培育力度，提高农村专业人才服务保障能力。加强农技推广人才队伍建设，探索公益性和经营性农技推广融合发展机制，允许农技人员通过提供增值服务合理取酬，全面实施农技推广服务特聘计划。加强涉农院校和学科专业建设，大力培育农业科技、科普人才，深入实施农业科研杰出人才计划和杰出青年农业科学家项目，深化农业系列职称制度改革。

第三节　鼓励社会人才投身乡村建设

建立健全激励机制，研究制定完善相关政策措施和管理办法，鼓励社会人才投身乡村建设。以乡情乡愁为纽带，引导和支持企业家、党政干部、专家学者、医生教师、规划师、建筑师、律师、技能人才等，通过下乡担任志愿者、投资兴业、行医办学、捐资捐物、法律服务等方式服务乡村振兴事业，允许符合要求的公职人员回乡任职。落实和完善融资贷款、配套设施建设补助、税费减免等扶持政策，引导工商资本积极投入乡村振兴事业。继续实施“三区”（边远贫困地区、边疆民族地区和革命老区）人才支持计划，深入推进大学生村官工作，因地制宜实施“三支一扶”、高校毕业生基层成长等计划，开展乡村振兴“巾帼行动”、青春建功行动。建立城乡、区域、校地之间人才培养合作与交流机制。全面建立城市医生教师、科技文化人员等定期服务乡村机制。

第三十三章　加强乡村振兴用地保障

完善农村土地利用管理政策体系，盘活存量，用好流量，辅以增量，激活农村土地资源资产，保障乡村振兴用地需求。

第一节　健全农村土地管理制度

总结农村土地征收、集体经营性建设用地入市、宅基地制度改革试点经验，逐步扩大试点，加快土地管理法修改。探索具体用地项目公共利益认定机制，完善征地补偿标准，建立被征地农民长远生计的多元保障机制。建立健全依法公平取得、节约集约使用、自愿有偿退出的宅基地管理制度。在符合规划和用途管制前提下，赋予农村集体经营性建设用地出让、租赁、入股权能，明确入市范围和途径。建立集体经营性建设用地增值收益分配机制。

第二节　完善农村新增用地保障机制

统筹农业农村各项土地利用活动，乡镇土地利用总体规划可以预留一定比例的规划建设用地指标，用于农业农村发展。根据规划确定的用地结构和布局，年度土地利用计划分配中可安排一定比例新增建设用地指标专项支持农业农村发展。对于农业生产过程中所需各类生产设施和附属设施用地，以及由于农业规模经营必须兴建的配套设施，在不占用永久基本农田的前提下，纳入设施农用地管理，实行县级备案。鼓励农业生产与村庄建设用地复合利用，发展农村新产业新业态，拓展土地使用功能。

第三节　盘活农村存量建设用地

完善农民闲置宅基地和闲置农房政策，探索宅基地所有权、资格权、使用权“三权分置”，落实宅基地集体所有权，保障宅基地农户资格权和农民房屋财产权，适度放活宅基地和农民房屋使用权，不得违规违法买卖宅基地，严格实行土地用途管制，严格禁止下乡利用农村宅基地建设别墅大院和私人会馆。在符合土地利用总体规划前提下，允许县级政府通过村土地利用规划调整优化村庄用地布局，有效利用农村零星分散的存量建设用地。对利用收储农村闲置建设用地发展农村新产业新业态的，给予新增建设用地指标奖励。

第三十四章　健全多元投入保障机制

健全投入保障制度，完善政府投资体制，充分激发社会投资的动力和活力，加快形成财政优先保障、社会积极参与的多元投入格局。

第一节　继续坚持财政优先保障

建立健全实施乡村振兴战略财政投入保障制度，明确和强化各级政府“三农”投入责任，公共财政更大力度向“三农”倾斜，确保财政投入与乡村振兴目标任务相适应。规范地方政府举债融资行为，支持地方政府发行一般债券用于支持乡村振兴领域公益性项目，鼓励地方政府试点发行项目融资和收益自平衡的专项债券，支持符合条件、有一定收益的乡村公益性建设项目。加大政府投资对农业绿色生产、可持续发展、农村人居环境、基本公共服务等重点领域和薄弱环节支持力度，充分发挥投资对优化供给结构的关键性作用。充分发挥规划的引领作用，推进行业内资金整合与行业间资金统筹相互衔接配合，加快建立涉农资金统筹整合长效机制。强化支农资金监督管理，提高财政支农资金使用效益。

第二节　提高土地出让收益用于农业农村比例

开拓投融资渠道，健全乡村振兴投入保障制度，为实施乡村振兴战略提供稳定可靠资金来源。坚持取之于地，主要用之于农的原则，制定调整完善土地出让收入使用范围、提高农业农村投入比例的政策性意见，所筹集资金用于支持实施乡村振兴战略。改进耕地占补平衡管理办法，建立高标准农田建设等新增耕地指标和城乡建设用地增减挂钩节余指标跨省域调剂机制，将所得收益通过支出预算全部用于巩固脱贫攻坚成果和支持实施乡村振兴战略。

第三节　引导和撬动社会资本投向农村

优化乡村营商环境，加大农村基础设施和公用事业领域开放力度，吸引社会资本参与乡村振兴。规范有序盘活农业农村基础设施存量资产，回收资金主要用于补短板项目建设。继续深化“放管服”改革，鼓励工商资本投入农业农村，为乡村振兴提供综合性解决方案。鼓励利用外资开展现代农业、产业融合、生态修复、人居环境整治和农村基础设施等建设。推广一事一议、以奖代补等方式，鼓励农民对直接受益的乡村基础设施建设投工投劳，让农民更多参与建设管护。

第三十五章　加大金融支农力度

健全适合农业农村特点的农村金融体系，把更多金融资源配置到农村经济社会发展的重点领域和薄弱环节，更好满足乡村振兴多样化金融需求。

第一节　健全金融支农组织体系

发展乡村普惠金融。深入推进银行业金融机构专业化体制机制建设，形成多样化农村金融服务主体。指导大型商业银行立足普惠金融事业部等专营机制建设，完善专业化的“三农”金融服务供给机制。完善中国农业银行、中国邮政储蓄银行“三农”金融事业部运营体系，明确国家开发银行、中国农业发展银行在乡村振兴中的职责定位，加大对乡村振兴信贷支持。支持中小型银行优化网点渠道建设，下沉服务重心。推动农村信用社省联社改革，保持农村信用社县域法人地位和数量总体稳定，完善村镇银行准入条件。引导农民合作金融健康有序发展。鼓励证券、保险、担保、基金、期货、租赁、信托等金融资源聚焦服务乡村振兴。

第二节　创新金融支农产品和服务

加快农村金融产品和服务方式创新，持续深入推进农村支付环境建设，全面激活农村金融服务链条。稳妥有序推进农村承包土地经营权、农民住房财产权、集体经营性建设用地使用权抵押贷款试点。探索县级土地储备公司参与农村承包土地经营权和农民住房财产权“两权”抵押试点工作。充分发挥全国信用信息共享平台和金融信用信息基础数据库的作用，探索开发新型信用类金融支农产品和服务。结合农村集体产权制度改革，探索利用量化的农村集体资产股权的融资方式。提高直接融资比重，支持农业企业依托多层次资本市场发展壮大。创新服务模式，引导持牌金融机构通过互联网和移动终端提供普惠金融服务，促进金融科技与农村金融规范发展。

第三节　完善金融支农激励政策

继续通过奖励、补贴、税收优惠等政策工具支持“三农”金融服务。抓紧出台金融服务乡村振兴的指导意见。发挥再贷款、再贴现等货币政策工具的引导作用，将乡村振兴作为信贷政策结构性调整的重要方向。落实县域金融机构涉农贷款增量奖励政策，完善涉农贴息贷款政策，降低农户和新型农业经营主体的融资成本。健全农村金融风险缓释机制，加快完善“三农”融资担保体系。充分发挥好国家融资担保基金的作用，强化担保融资增信功能，引导更多金融资源支持乡村振兴。制定金融机构服务乡村振兴考核评估办法。改进农村金融差异化监管体系，合理确定金融机构发起设立和业务拓展的准入门槛。守住不发生系统性金融风险底线，强化地方政府金融风险防范处置责任。

第十一篇　规划实施

实行中央统筹、省负总责、市县抓落实的乡村振兴工作机制，坚持党的领导，更好履行各级政府职责，凝聚全社会力量，扎实有序推进乡村振兴。

第三十六章　加强组织领导

坚持党总揽全局、协调各方，强化党组织的领导核心作用，提高领导能力和水平，为实现乡村振兴提供坚强保证。

第一节　落实各方责任

强化地方各级党委和政府在实施乡村振兴战略中的主体责任，推动各级干部主动担当作为。坚持工业农业一起抓、城市农村一起抓，把农业农村优先发展原则体现到各个方面。坚持乡村振兴重大事项、重要问题、重要工作由党组织讨论决定的机制，落实党政一把手是第一责任人、五级书记抓乡村振兴的工作要求。县委书记要当好乡村振兴“一线总指挥”，下大力气抓好“三农”工作。各地区要依照国家规划科学编制乡村振兴地方规划或方案，科学制定配套政策和配置公共资源，明确目标任务，细化实化政策措施，增强可操作性。各部门要各司其职、密切配合，抓紧制定专项规划或指导意见，细化落实并指导地方完成国家规划提出的主要目标任务。建立健全规划实施和工作推进机制，加强政策衔接和工作协调。培养造就一支懂农业、爱农村、爱农民的“三农”工作队伍，带领群众投身乡村振兴伟大事业。

第二节　强化法治保障

各级党委和政府要善于运用法治思维和法治方式推进乡村振兴工作，严格执行现行涉农法律法规，在规划编制、项目安排、资金使用、监督管理等方面，提高规范化、制度化、法治化水平。完善乡村振兴法律法规和标准体系，充分发挥立法在乡村振兴中的保障和推动作用。推动各类组织和个人依法依规实施和参与乡村振兴。加强基层执法队伍建设，强化市场监管，规范乡村市场秩序，有效促进社会公平正义，维护人民群众合法权益。

第三节　动员社会参与

搭建社会参与平台，加强组织动员，构建政府、市场、社会协同推进的乡村振兴参与机制。创新宣传形式，广泛宣传乡村振兴相关政策和生动实践，营造良好社会氛围。发挥工会、共青团、妇联、科协、残联等群团组织的优势和力量，发挥各民主党派、工商联、无党派人士等积极作用，凝聚乡村振兴强大合力。建立乡村振兴专家决策咨询制度，组织智库加强理论研究。促进乡村振兴国际交流合作，讲好乡村振兴的中国故事，为世界贡献中国智慧和中国方案。

第四节　开展评估考核

加强乡村振兴战略规划实施考核监督和激励约束。将规划实施成效纳入地方各级党委和政府及有关部门的年度绩效考评内容，考核结果作为有关领导干部年度考核、选拔任用的重要依据，确保完成各项目标任务。本规划确定的约束性指标以及重大工程、重大项目、重大政策和重要改革任务，要明确责任主体和进度要求，确保质量和效果。加强乡村统计工作，因地制宜建立客观反映乡村振兴进展的指标和统计体系。建立规划实施督促检查机制，适时开展规划中期评估和总结评估。

第三十七章　有序实现乡村振兴

充分认识乡村振兴任务的长期性、艰巨性，保持历史耐心，避免超越发展阶段，统筹谋划，典型带动，有序推进，不搞齐步走。

第一节　准确聚焦阶段任务

在全面建成小康社会决胜期，重点抓好防范化解重大风险、精准脱贫、污染防治三大攻坚战，加快补齐农业现代化短腿和乡村建设短板。在开启全面建设社会主义现代化国家新征程时期，重点加快城乡融合发展制度设计和政策创新，推动城乡公共资源均衡配置和基本公共服务均等化，推进乡村治理体系和治理能力现代化，全面提升农民精神风貌，为乡村振兴这盘大棋布好局。

第二节　科学把握节奏力度

合理设定阶段性目标任务和工作重点，分步实施，形成统筹推进的工作机制。加强主体、资源、政策和城乡协同发力，避免代替农民选择，引导农民摒弃“等靠要”思想，激发农村各类主体活力，激活乡村振兴内生动力，形成系统高效的运行机制。立足当前发展阶段，科学评估财政承受能力、集体经济实力和社会资本动力，依法合规谋划乡村振兴筹资渠道，避免负债搞建设，防止刮风搞运动，合理确定乡村基础设施、公共产品、制度保障等供给水平，形成可持续发展的长效机制。

第三节　梯次推进乡村振兴

科学把握我国乡村区域差异，尊重并发挥基层首创精神，发掘和总结典型经验，推动不同地区、不同发展阶段的乡村有序实现农业农村现代化。发挥引领区示范作用，东部沿海发达地区、人口净流入城市的郊区、集体经济实力强以及其他具备条件的乡村，到2022年率先基本实现农业农村现代化。推动重点区加速发展，中小城市和小城镇周边以及广大平原、丘陵地区的乡村，涵盖我国大部分村庄，是乡村振兴的主战场，到2035年基本实现农业农村现代化。聚焦攻坚区精准发力，革命老区、民族地区、边疆地区、集中连片特困地区的乡村，到2050年如期实现农业农村现代化。

国务院办公厅关于加快发展生活性服务业促进消费结构升级的指导意见
（国办发〔2015〕85号）

各省、自治区、直辖市人民政府，国务院各部委、各直属机构：

国务院高度重视发展服务业。近年来，我国服务业发展取得显著成效，成为国民经济和吸纳就业的第一大产业，稳增长、促改革、调结构、惠民生作用持续增强。当前我国进入全面建成小康社会的决胜阶段，经济社会发展呈现出更多依靠消费引领、服务驱动的新特征。但总体看，我国生活性服务业发展仍然相对滞后，有效供给不足、质量水平不高、消费环境有待改善等问题突出，迫切需要加快发展。与此同时，国民收入水平提升扩大了生活性服务消费新需求，信息网络技术不断突破拓展了生活性服务消费新渠道，新型城镇化等国家重大战略实施扩展了生活性服务消费新空间，人民群众对生活性服务的需要日益增长、对服务品质的要求不断提高，生活性服务消费蕴含巨大潜力。

生活性服务业领域宽、范围广，涉及人民群众生活的方方面面，与经济社会发展密切相关。加快发展生活性服务业，是推动经济增长动力转换的重要途径，实现经济提质增效升级的重要举措，保障和改善民生的重要手段。为加快发展生活性服务业、促进消费结构升级，经国务院同意，现提出以下意见。

一、总体要求

（一）指导思想。全面贯彻党的十八大和十八届二中、三中、四中、五中全会精神，认真落实国务院部署要求，以增进人民福祉、满足人民群众日益增长的生活性服务需要为主线，大力倡导崇尚绿色环保、讲求质量品质、注重文化内涵的生活消费理念，创新政策支持，积极培育生活性服务新业态新模式，全面提升生活性服务业质量和效益，为经济发展新常态下扩大消费需求、拉动经济增长、转变发展方式、促进社会和谐提供有力支撑和持续动力。

（二）基本原则。

坚持消费引领，强化市场主导。努力适应居民消费升级的新形势新要求，充分发挥市场配置资源的决定性作用，更好发挥政府规划、政策引导和市场监管的作用，挖掘消费潜力，增添市场活力。

坚持突出重点，带动全面发展。加强生活性服务业分类指导，聚焦重点领域和薄弱环节，综合施策，形成合力，实现重点突破，增强示范带动效应。

坚持创新供给，推动新型消费。抢抓产业跨界融合发展新机遇，运用互联网、大数据、云计算等推动业态创新、管理创新和服务创新，开发适合高中低不同收入群体的多样化、个性化潜在服务需求。

坚持质量为本，提升品质水平。进一步健全生活性服务业质量管理体系、质量监督体系和质量标准体系，推动职业化发展，丰富文化内涵，打造服务品牌。

坚持绿色发展，转变消费方式。加强生态文明建设，促进服务过程和消费方式绿色化，推动生活性服务业高水平发展，加快生活方式转变和消费结构升级。

（三）发展导向。围绕人民群众对生活性服务的普遍关注和迫切期待，着力解决供给、需求、质量方面存在的突出矛盾和问题，推动生活性服务业便利化、精细化、品质化发展。

1. 增加服务有效供给。鼓励各类市场主体根据居民收入水平、人口结构和消费升级等发展趋势，创新服务业态和商业模式，优化服务供给，增加短缺服务，开发新型服务。城市生活性服务业要遵循产城融合、产业融合和宜居宜业的发展要求，科学规划产业空间定位，合理布局网点，完善服务体系。农村生活性服务业要以改善基础条件、满足农民需求为重点，鼓励城镇生活性服务业网络向农村延伸，加快农村宽带、无线网络等信息基础设施建设步伐，推动电子商务和快递服务下乡进村入户，以城带乡，尽快改变农村生活性服务业落后面貌。

2. 扩大服务消费需求。深度开发人民群众从衣食住行到身心健康、从出生到终老各个阶段各个环节的生活性服务，满足大众新需求，适应消费结构升级新需要，积极开发新的服务消费市场，进一步拓展网络消费领域，加快线上线下融合，培育新型服务消费，促进新兴产业成长。加强生活性服务基础设施建设，创新设计理念，体现人文精神。提升服务管理水平，拓展服务维度，精细服务环节，延伸服务链条，发展智慧服务。积极运用互联网等现代信息技术，改进服务流程，扩大消费选择。培育信息消费需求，丰富信息消费内容。改善生活性服务消费环境，加强服务规范和监督管理，健全消费者权益保护体系。深度挖掘我国传统文化、民俗风情和区域特色的发展潜力，促进生活性服务"走出去"，开拓国际市场。

3. 提升服务质量水平。营造全社会重视服务质量的良好氛围，打造"中国服务"品牌。鼓励服务企业将服务质量作为立业之本，坚持质量第一、诚信经营，强化质量责任意识，制定服务标准和规范。推进生活性服务业职业化发展，鼓励企业加强员工培训，增强爱岗敬业的职业精神和专业技能，提高职业素质。积极运用新理念和新技术，改进提高服务质量。优化质量发展环境，完善服务质量治理体系和顾客满意度测评体系。

经过一个时期的努力，力争实现生活性服务业总体规模持续扩大，新业态、新模式不断培育成长；生活性服务基础设施进一步完善，公共服务平台功能逐步增强；以城带乡和城乡互动发展机制日益完善，区域结构更加均衡，消费升级取得重大进展；消费环境明显改善，质量治理体系进一步健全，职业化进程显著加快，服务质量和服务品牌双提升，国内顾客和国外顾客双满意。

二、主要任务

今后一个时期，重点发展贴近服务人民群众生活、需求潜力大、带动作用强的生活性服务领域，推动生活消费方式由生存型、传统型、物质型向发展型、现代型、服务型转变，促进和带动其他生活性服务业领域发展。

（一）居民和家庭服务。健全城乡居民家庭服务体系，推动家庭服务市场多层次、多形式发展，在供给规模和服务质量方面基本满足居民生活性服务需求。引导家庭服务企业多渠道、多业态提供专业化的生活性服务，推进规模经营和网络化发展，创建一批知名家庭服务品牌。整合、充实、升级家庭服务业公共平台，健全服务网络，实现一网多能、跨区域服务，发挥平台对城乡生活性服务业的引导和支撑作用。完善社区服务网点，多方式提供婴幼儿看护、护理、美容美发、洗染、家用电器及其他日用品修理等生活性服务，推动房地产中介、房屋租赁经营、物业管理、搬家保洁、家用车辆保养维修等生活性服务规范化、标准化发展。鼓励在乡村建立综合性服务网点，提高农村居民生活便利化水平。

（二）健康服务。围绕提升全民健康素质和水平，逐步建立覆盖全生命周期、业态丰富、结构合理的健康服务体系。鼓励发展健康体检、健康咨询、健康文化、健康旅游、体育健身等多样化健康服务。积极提升医疗服务品质，优化医疗资源配置，取消对社会办医的不合理限制，加快形成多元化办医格局。推动发展专业、规范的护理服务。全面发展中医药健康服务，推广科学规范的中医养生保健知识及产品，提升中医药健康服务能力，创新中医药健康服务技术手段，丰富中医药健康服务产品种类。推进医疗机构与养老机构加强合作，发展社区健康养老。支持医疗服务评价、健康管理服务评价、健康市场调查等第三方健康服务调查评价机构发展，培育健康服务产业集群。积极发展健康保险，丰富商业健康保险产品，发展多样化健康保险服务。

（三）养老服务。以满足日益增长的养老服务需求为重点，完善服务设施，加强服务规范，提升养老服务体系建设水平。鼓励养老服务与相关产业融合创新发展，推动基本生活照料、康复护理、精神慰藉、文化服务、紧急救援、临终关怀等领域养老服务的发展。积极运用网络信息技术，发展紧急呼叫、健康咨询、物品代购等适合老年人的服务项目，创新居家养老服务模式，完善居家养老服务体系。加快推进养老护理员队伍建设，加强职业教育和从业人员培训。大力发展老年教育，支持各类老年大学等教育机构发展，扩大老年教育资源供给，促进养教结合。鼓励专业养老机构发挥自身优势，培训和指导社区养老服务组织和人员。引导社会力量举办养老机构，通过公建民营等方式鼓励社会资本进入养老服务业，鼓励境外资本投资养老服务业。鼓励探索创新，积极开发切合农村实际需求的养老服务方式。

（四）旅游服务。以游客需求为导向，丰富旅游产品，改善市场环境，推动旅游服务向观光、休闲、度假并重转变，提升旅游文化内涵和附加值。大力发展红色旅游，加强革命传统教育，弘扬民族精神。突出乡村特色，充分发挥农业的多功能性，开发一批形式多样、特色鲜明的乡村旅游产品。进一步推动集观光、度假、休闲、娱乐、海上运动于一体的滨海旅游和海岛旅游。丰富老年旅游服务供给，积极开发多层次、多样化的老年人休闲养生度假产品。引导健康的旅游消费方式，积极发展休闲度假旅游、研学旅行、工业旅游，推动体育运动、竞赛表演、健身休闲与旅游活动融合发展。适应房车、自驾车、邮轮、游艇等新兴旅游业态发展需要，合理规划配套设施建设和基地布局。开发线上线下有机结合的旅游服务产品，推动旅游定制服务，满足个性化需求，深化旅游体验。开发特色旅游路线，加强国际市场营销，积极发展入境旅游。加强旅游纪念品在体现民俗、历史、区位等文化内涵方面的创意设计，推动中国旅游商品品牌建设。

（五）体育服务。大力推动群众体育与竞技体育协同发展，促进体育市场繁荣有序，加速形成门类齐全、结构合理的体育服务体系。重点培育健身休闲、竞赛表演、场馆服务、中介培训等体育服务业，促进康体结合，推动体育旅游、体育传媒、体育会展等相关业态融合发展。以足球、篮球、排球三大球为切入点，加快发展普及性广、关注度高、市场空间大的运动项目。以举办 2022 年冬奥会为契机，全面提升冰雪运动普及度和产业发展水平。大力普及健身跑、自行车、登山等运动项目，带动大众化体育运动发展。完善健身教练、体育经纪人等职业标准和管理规范，加强行业自律。推动专业赛事发展，丰富业余赛事，探索完善赛事市场开发和运作模式，实施品牌战略，打造一批国际性、区域性品牌赛事。有条件的地方可利用自然人文特色资源，举办汽车拉力赛、越野赛等体育竞赛活动。推动体育产业联系点工作，培育一批符合市场规律、具有竞争力的体育产业基地。鼓励体育优势企业、优势品牌和优势项目“走出去”。

（六）文化服务。着力提升文化服务内涵和品质，推进文化创意和设计服务等新型服务业发展，大力推进与相关产业融合发展，不断满足人民群众日益增长的文化服务需求。积极发展具有民族特色和地方特色的传统文化艺术，鼓励创造兼具思想性艺术性观赏性、人民群众喜闻乐见的优秀文化服务产品。加快数字内容产业发展，推动文化服务产品制作、传播、消费的数字化、网络化进程，推进动漫游戏等产业优化升级。深入推进新闻出版精品工程，鼓励民族原创网络出版产品、优秀原创网络文学作品等创作生产，优化新闻出版产业基地布局。积极发展移动多媒体广播电视、网络广播电视等新媒体、新业态。推动传统媒体与新兴媒体融合发展，提升先进文化的互联网传播吸引力。完善文化产业国际交流交易平台，提升文化产业国际化水平和市场竞争力。

（七）法律服务。加强民生领域法律服务，推进覆盖城乡居民的公共法律服务体系建设。大力发展律师、公证、司法鉴定等法律服务业，推进法律服务的专业化和职业化。提升面向基层和普通百姓的法律服务能力，加强对弱势群体的法律服务，加大对老年人、妇女和儿童等法律援助和服务的支持力度。支持中小型法律服务机构发展和法律服务方式创新。统筹城乡、区域法律服务资源，建立激励法律服务人才跨区域流动机制。加快发展公职律师、公司律师队伍，构建社会律师、公职律师、公司律师等优势互补、结构合理的律师队伍。规范法律服务秩序和服务行为，完善职业评价体系、诚信执业制度以及违法违规执业惩戒制度。强化涉外法律服务，着力培养一批通晓国际法律规则、善于处理涉外法律事务的律师人才，建设一批具有国际竞争力和影响力的律师事务所。完善法律服务执业权利保障机制，优化法律服务发展环境。

（八）批发零售服务。优化城市流通网络，畅通农村商贸渠道，加强现代批发零售服务体系建设。合理规划城乡流通基础设施布局，鼓励发展商贸综合服务中心、农产品批发市场、集贸市场以及重要商品储备设施、大型物流（仓储）配送中心、农村邮政物流设施、快件集散中心、农产品冷链物流设施。推动各类批发市场等传统商贸流通企业转变经营模式，利用互联网等先进信息技术进行升级改造。发挥实体店的服务、体验优势，与线上企业开展深度合作。鼓励发展绿色商场，提高绿色商品供给水平。大力发展社区商业，引导便利店等业态进社区，规范和拓展代收费、代收货等便民服务。积极发展冷链物流、仓储配送一体化等物流服务新模式，推广使用智能包裹柜、智能快件箱。依照相关法律、行政法规规定，加强对关系国计民生、人民群众生命安全等商品的流通准入管理，健全覆盖准入、监管、退出的全程管理机制。

（九）住宿餐饮服务。强化服务民生的基本功能，形成以大众化市场为主体、适应多层次多样化消费需求的住宿餐饮业发展新格局。积极发展绿色饭店、主题饭店、客栈民宿、短租公寓、长租公寓、有机餐饮、快餐团餐、特色餐饮、农家乐等满足广大人民群众消费需求的细分业态。大力推进住宿餐饮业连锁化、品牌化发展，提高住宿餐饮服务的文化品味和绿色安全保障水平。推动住宿餐饮企业开展电子商务，实现线上线下互动发展，促进营销模式和服务方式创新。鼓励发展预订平台、中央厨房、餐饮配送、食品安全等支持传统产业升级的配套设施和服务体系。

（十）教育培训服务。以提升生活性服务质量为核心，发展形式多样的教育培训服务，推动职业培训集约发展、内涵发展、融合发展、特色发展。广泛开展城乡社区教育，整合社区各类教育培训资源，引入行业组织等参与开展社区教育项目，为社区居民提供人文艺术、科学技术、幼儿教育、养老保健、生活休闲、职业技能等方面的教育服务，规范发展秩序。大力加强各类人才培养，创新人才培养模式，坚持产教融合、校企合作、工学结合，强化专业人才培养。加快推进教育培训信息化建设，发展远程教育和培训，促进数字资源共建共享。鼓励发展股份制、混合所有制职业院校，允许以资本、知识、技术、管理等要素参与办学。建立家庭、养老、健康、社区教育、老年教育等生活性服务示范性培训基地或体验基地，带动提升行业整体服务水平。逐步形成政府引导、以职业院校和各类培训机构为主体、企业全面参与的现代职业教育体系和终身职业培训体系。

在推动上述重点领域加快发展的同时，还要加强对生活性服务业其他领域的引导和支持，鼓励探索创新，营造包容氛围，推动生活性服务业在融合中发展、在发展中规范，增加服务供给，丰富服务种类，提高发展水平。

三、政策措施

围绕激发生活性服务业企业活力和保障居民放心消费，加快完善体制机制，注重加强政策引导扶持，营造良好市场环境，推动生活性服务业加快发展。

（一）深化改革开放。

优化发展环境。建立全国统一、开放、竞争、有序的服务业市场，采取有效措施，切实破除行政垄断、行业垄断和地方保护，清理并废除生活性服务业中妨碍形成全国统一市场和公平竞争的各种规定和做法。进一步深化投融资体制改革，鼓励和引导各类社会资本投向生活性服务业。进一步推进行政审批制度改革，简化审批流程，取消不合理前置审批事项，加强事中事后监管。取消商业性和群众性体育赛事审批。健全并落实各类所有制主体统一适用的制度政策，切实解决产业发展过程中存在的不平等问题，促进公平发展。支持各地结合实际放宽新注册生活性服务业企业场所登记条件限制，为创业提供便利的工商登记服务。积极探索适合生活性服务业特点的未开业企业、无债权债务企业简易注销制度，建立有序的市场退出机制。

扩大市场化服务供给。积极稳妥推进教育、文化、卫生、体育等事业单位分类改革，将从事生产经营活动的事业单位逐步转为企业，规范转制程序，完善过渡政策，鼓励其提供更多切合市场需求的生活性服务。加快生活性服务业行业协会商会与行政机关脱钩，推动服务重心转向企业、行业和市场，提升专业化服务水平。创建全国服务业创新成果交易中心，加快创新成果转化和产业化进程。总结推广国家服务业综合改革试点经验，适应新形势新要求，开展新一轮试点示范工作，力争在一些重点难点问题上取得突破。稳步推进电子商务进农村综合示范。开展拉动城乡居民文化消费试点工作，推动文化消费数字化、网络化发展。

提升国际化发展水平。统一内外资法律法规，推进文化、健康、养老等生活性服务领域有序开放，提高外商投资便利化程度，探索实行准入前国民待遇加负面清单管理模式。支持具备条件的生活性服务业企业“走出去”，完善支持生活性服务业企业“走出去”的服务平台，提升知名度和美誉度，创建具有国际影响力的服务品牌。鼓励中华老字号服务企业利用品牌效应，带动中医药、中餐等产业开拓国际市场。增强境外投资环境、投资项目评估等方面的服务功能，为境外投资企业提供法律、会计、税务、信息、金融、管理等专业化服务。

（二）改善消费环境。

营造全社会齐抓共管改善消费环境的有利氛围，形成企业规范、行业自律、政府监管、社会监督的多元共治格局。鼓励弹性作息和错峰休假，强化带薪休假制度落实责任，把落实情况作为劳动监察和职工权益保障的重要内容。推动生活性服务业企业信用信息共享，将有关信用信息纳入国家企业信用信息公示系统，建立完善全国统一的信用信息共享交换平台，实施失信联合惩戒，逐步形成以诚信为核心的生活性服务业监管制度。深入开展价格诚信、质量诚信、计量诚信、文明经商等活动，强化环保、质检、工商、安全监管等部门的行政执法，完善食品药品、日用消费品等产品质量监督检查制度。严厉打击居民消费领域乱涨价、乱收费、价格欺诈、制售假冒伪劣商品、计量作弊等违法犯罪行为，依法查处垄断和不正当竞争行为，规范服务市场秩序。完善网络商品和服务的质量担保、损害赔偿、风险监控、网上抽查、源头追溯、属地查处、信用管理等制度，引入第三方检测认证等机制，有效保护消费者合法权益。

（三）加强基础设施建设。

适应消费结构升级需求，加大对社会投资的引导，改造提升城市老旧生活性服务基础设施，补齐农村生活性服务基础设施短板，提升生活性服务基础设施自动化、智能化和互联互通水平，提高服务城乡的基础设施网络覆盖面，以健全高效的基础设施体系支撑生活性服务业加快发展和结构升级。围绕旅游休闲、教育文化体育和养老健康家政等领域，尽快组织实施一批重大工程。改善城市生活性服务业发展基础设施条件，鼓励社会资本参与大中城市停车场、立体停车库建设。在符合城市规划的前提下，充分利用地下空间资源，在已规划建设地铁的城市同步扩展地下空间，发展购物、餐饮、休闲等便民生活性服务。统筹体育设施建设规划和合理利用，推进企事业单位和学校的体育场馆向社会开放。

（四）完善质量标准体系。

提升质量保障水平。健全以质量管理制度、诚信制度、监管制度和监测制度为核心的服务质量治理体系。规范服务质量分级管理，加强质量诚信制度建设，完善服务质量社会监督平台。加强认证认可体系建设，创新评价技术，完善生活性服务业重点领域认证认可制度。健全顾客满意度、万人投诉量等质量发展指标。加快实施服务质量提升工程和监测基础建设工程，规范集贸市场、餐饮行业、商品超市等领域计量行为，完善涉及人身健康与财产安全的商品检验制度和产品质量监管制度。实施服务标杆引领计划，发挥中国质量奖对服务企业的引导作用。

健全标准体系。制定实施好国家服务业标准规划和年度计划。实施服务标准体系建设工程，加快家政、养老、健康、体育、文化、旅游等领域的关键标准研制。完善居住（小）区配套公共设施规划标准，为生活性服务业相关设施建设、管理和服务提供依据。积极培育生活性服务业标准化工作技术队伍。继续开展国家级服务业标准化试点，总结推广经验。

（五）加大财税、金融、价格、土地政策引导支持。

创新财税政策。适时推进“营改增”改革，研究将尚未试点的生活性服务行业纳入改革范围。科学设计生活性服务业“营改增”改革方案，合理设置生活性服务业增值税税率。发挥财政资金引导作用，创新财政资金使用方式，大力推广政府和社会资本合作（PPP）模式，运用股权投资、产业基金等市场化融资手段支持生活性服务业发展。对免费或低收费向社会开放的公共体育设施按照有关规定给予财政补贴。推进政府购买服务，鼓励有条件的地区购买养老、健康、体育、文化、社区等服务，扩大市场需求。

拓宽融资渠道。支持符合条件的生活性服务业企业上市融资和发行债券。鼓励金融机构拓宽对生活性服务业企业贷款的抵质押品种类和范围。鼓励商业银行在商业自愿、依法合规、风险可控的前提下，专业化开展知识产权质押、仓单质押、信用保险保单质押、股权质押、保理等多种方式的金融服务。发展融资担保机构，通过增信等方式放大资金使用效益，增强生活性服务业企业融资能力。探索建立保险产品保护机制，鼓励保险机构开展产品创新和服务创新。积极稳妥扩大消费信贷，将消费金融公司试点推广至全国。完善支付清算网络体系，加强农村地区和偏远落后地区的支付结算基础设施建设。

健全价格机制。在实行峰谷电价的地区，对商业、仓储等不适宜错峰运营的服务行业，研究实行商业平均电价，由服务业企业自行选择执行。深化景区门票价格改革，维护旅游市场秩序。研究完善银行卡刷卡手续费定价机制，进一步从总体上降低餐饮等行业刷卡手续费支出。

完善土地政策。各地要发挥生活性服务业发展规划的引导作用，在当地土地利用总体规划和年度用地计划中充分考虑生活性服务业设施建设用地，予以优先安排。继续加大养老、健康、家庭等生活性服务业用地政策落实力度。

（六）推动职业化发展。

生活性服务业有关主管部门要制定相应领域的职业化发展规划。鼓励高等学校、中等职业学校增设家庭、养老、健康等生活性服务业相关专业，扩大人才培养规模。鼓励高等学校和职业院校采取与互联网企业合作等方式，对接线上线下教育资源，探索职业教育和培训服务新方式。依托各类职业院校、职业技能培训机构加强实训基地建设，实施家政服务员、养老护理员、病患服务员等家庭服务从业人员专项培训。鼓励从业人员参加依法设立的职业技能鉴定或专项职业能力考核，对通过初次职业技能鉴定并取得相应等级职业资格证书或专项职业能力证书的，按规定给予一次性职业技能鉴定补贴。鼓励和规范家政服务企业以员工制方式提供管理和服务，实行统一标准、统一培训、统一管理。

（七）建立健全法律法规和统计制度。

完善生活性服务业法律法规，研究制订文化产业促进法，启动服务业质量管理立法研究。加强知识产权保护立法和实施工作，强化对专利、商标、版权等无形资产的开发和保护。以国民经济行业分类为基础，抓紧研究制定生活性服务业及其重点领域统计分类，完善统计制度和指标体系，明确有关部门统计任务。建立健全部门间信息共享机制，逐步建立生活性服务业信息定期发布制度。

各地区、各部门要充分认识加快发展生活性服务业的重大意义，把加快发展生活性服务业作为提高人民生活水平、促进消费结构升级、拉动经济增长的重要任务，采取有效措施，加大支持力度，做到生产性服务业与生活性服务业并重、现代服务业与传统服务业并举，切实把服务业打造成经济社会可持续发展的新引擎。地方各级人民政府要加强组织领导，结合本地区实际尽快研究制定加快发展生活性服务业的实施方案。国务院有关部门要围绕发展生活性服务业的主要目标任务，抓紧制定配套政策措施，组织实施一批重大工程，为生活性服务业加快发展创造良好条件。发展改革委要会同有关部门，抓紧研究建立服务业部际联席会议制度，充分发挥专家咨询委员会作用，进一步强化政策指导和督促检查，重大情况和问题及时向国务院报告。

附件：政策措施分工表

国务院办公厅

2015 年 11 月 19 日

（此件公开发布）

附件：

政策措施分工表

序号	工作任务	负责部门
1	积极探索适合生活性服务业特点的未开业企业、无债权债务企业简易注销制度，建立有序的市场退出机制	工商总局
2	推动生活性服务业企业信用信息共享，将有关信用信息纳入国家企业信用信息公示系统，建立完善全国统一的信用信息共享交换平台	发展改革委、人民银行、工商总局、商务部会同有关部门
3	围绕旅游休闲、教育文化体育和养老健康家政等领域，尽快组织实施一批重大工程	发展改革委及各有关部门
4	加强认证认可体系建设，创新评价技术，完善生活性服务业重点领域认证认可制度。加快实施服务质量提升工程和监测基础建设工程	质检总局
5	制定实施好国家服务业标准规划和年度计划。实施服务标准体系建设工程，加快家政、养老、健康、体育、文化、旅游等领域的关键标准研制。继续开展国家级服务业标准化试点，总结推广经验	质检总局及各有关部门
6	适时推进“营改增”改革，研究将尚未试点的生活性服务行业纳入改革范围。科学设计生活性服务业“营改增”改革方案，合理设置生活性服务业增值税税率	财政部、税务总局会同有关部门
7	支持符合条件的生活性服务业企业上市融资和发行债券	证监会、发展改革委、人民银行会同有关部门
8	鼓励金融机构拓宽对生活性服务业企业贷款的抵质押品种类和范围。鼓励商业银行在商业自愿、依法合规、风险可控的前提下，专业化开展知识产权质押、仓单质押、信用保险保单质押、股权质押、保理等多种方式的金融服务。探索建立保险产品保护机制，鼓励保险机构开展产品创新和服务创新	人民银行、银监会、保监会

续表

序号	工作任务	负责部门
9	深化景区门票价格改革，维护旅游市场秩序	发展改革委、旅游局
10	鼓励高等学校、中等职业学校增设家庭、养老、健康等生活性服务业相关专业，扩大人才培养规模	教育部、发展改革委
11	依托各类职业院校、职业技能培训机构加强实训基地建设，实施家政服务员、养老护理员、病患服务员等家庭服务从业人员专项培训	人力资源社会保障部
12	鼓励从业人员参加依法设立的职业技能鉴定或专项职业能力考核，对通过初次职业技能鉴定并取得相应等级职业资格证书或专项职业能力证书的，按规定给予一次性职业技能鉴定补贴	人力资源社会保障部
13	鼓励和规范家政服务企业以员工制方式提供管理和服务，实行统一标准、统一培训、统一管理	人力资源社会保障部、商务部
14	加强知识产权保护立法和实施工作，强化对专利、商标、版权等无形资产的开发和保护	知识产权局、工商总局、版权局
15	以国民经济行业分类为基础，抓紧研究制定生活性服务业及其重点领域统计分类，完善统计制度和指标体系，明确有关部门统计任务。建立健全部门间信息共享机制，逐步建立生活性服务业信息定期发布制度	统计局、发展改革委会同各有关部门

注：银监会、保监会于 2018 年 3 月撤销。

社会资本投资农业农村指引（2021 年）

一、总体要求

（一）指导思想

以习近平新时代中国特色社会主义思想为指导，按照新发展阶段优先发展农业农村、全面推进乡村振兴的总体部署，坚持创新驱动发展，深入推进农业供给侧结构性改革，把乡村建设摆在社会主义现代化建设的重要位置，突出“保供固安全、振兴畅循环”，聚焦乡村振兴重点领域，创新投融资机制，营造良好营商环境，激发社会资本投资活力，更好满足全面推进乡村振兴多样化投融资需求，为粮食、生猪等重要农产品稳产保供、解决好种子与耕地两个要害问题、巩固拓展脱贫攻坚成果同乡村振兴有效衔接、大力实施乡村建设行动提供有力支撑。

（二）基本原则

1. 尊重农民主体地位。充分尊重农民意愿，切实发挥农民在乡村振兴中的主体作用，引导社会资本与农民建立紧密利益联结机制，不断提升人民群众获得感。支持社会资本依法依规拓展业务，注重合作共赢，多办农民“办不了、办不好、办了不合算”的产业，把收益更多留在乡村；多办链条长、农民参与度高、受益面广的产业，把就业岗位更多留给农民；多办巩固拓展脱贫攻坚成果、帮农带农的产业，带动农村同步发展、农民同步进步。

2. 遵循市场规律。充分发挥市场在资源配置中的决定性作用，更好发挥政府作用，引导社会资本将人才、技术、管理等现代生产要素注入农业农村，加快建成现代农业产业体系、生产体系和经营体系。坚持“放管服”改革方向，建立健全监管和风险防范机制，营造公平竞争的市场环境、政策环境、法治环境，降低制度性交易成本，创造良好稳定的市场预期，吸引社会资本进入农业农村重点领域。

3. 坚持开拓创新。鼓励社会资本与政府、金融机构开展合作，充分发挥社会资本市场化、专业化等优势，加快投融资模式创新应用，为社会资本投资农业农村开辟更多有效路径，探索更多典型模式。有效挖掘乡村服务领域投资潜力，拓宽社会资本投资渠道，保持农业农村投资稳定增长，培育经济发展新动能，增强经济增长内生动力。

二、鼓励投资的重点产业和领域

对标全面推进乡村振兴、加快农业农村现代化目标任务，立足当前农业农村新形势新要求，聚焦农业供给侧结构性改革和乡村建设的重点领域、关键环节，促进农业农村经济转型升级。

（一）现代种养业

支持社会资本发展规模化、标准化、品牌化和绿色化种养业，推动品种培优、品质提升、品牌打造和标准化生产，助力提升粮食和重要农产品供给保障能力。巩固主产区粮棉油糖胶生产，大力发展设施农业，延伸拓展产业链，增加绿色优质产品供给。鼓励社会资本大力发展青贮玉米、高产优质苜蓿等饲草料生产，发展草食畜牧业。支持社会资本加快构建现代养殖体系，合理布局规模化养殖场，稳定生猪基础产能，加大生猪深加工投资，加快形成养殖与屠宰加工相匹配的产业布局，健全生猪产业平稳有序发展长效机制；积极发展牛羊产业，增加基础母畜存栏；稳步推进禽肉等产业发展，增加肉类市场总体供应。鼓励社会资本建设优质奶源基地，升级改造中小奶牛养殖场，做大做强民族奶业。鼓励社会资本发展水产绿色健康养殖，开展集约化、工厂化循环水养殖、稻渔综合种养、大水面生态养殖、盐碱水养殖和深远海智能网箱养殖，推进海洋牧场和深远海大型智能化养殖渔场建设，加大对远洋渔业的投资力度。

（二）现代种业

鼓励社会资本投资创新型种业企业，推进科企深度融合，支持种业龙头企业健全商业化育种体系，提升商业化育种创新能力，提升我国种业国际竞争力。引导社会资本参与现代种业自主创新能力提升，加强种质资源保存与利用、育种创新、品种检测测试与展示示范、良种繁育等能力建设，促进育繁推一体化发展，建立现代种业体系。在尊重科学、严格监管的基础上，鼓励社会资本积极参与生物育种产业化应用。创新推广“龙头企业+优势基地”

模式，支持社会资本参与国家南繁育种基地建设，推进甘肃、四川国家级制种基地建设与提档升级，加快制种大县和区域性良繁基地建设。鼓励社会资本投资畜禽水产保种场（保护区）、国家育种场、品种测定站、种畜禽场站建设，提升畜禽水产种业发展水平。

（三）乡村富民产业

鼓励社会资本开发特色农业农村资源，积极参与建设现代农业产业园、农业产业强镇、优势特色产业集群，发展特色农产品优势区，发展绿色农产品、有机农产品和地理标志农产品。发展“一村一品”“一镇一特”“一县一业”，建设标准化生产基地、集约化加工基地、仓储物流基地，完善科技支撑体系、生产服务体系、品牌与市场营销体系、质量控制体系，建立利益联结紧密的建设运行机制。因地制宜发展具有民族、文化与地域特色的乡村手工业，发展一批家庭工厂、手工作坊、乡村车间。加快农业品牌培育，加强品牌营销推介，鼓励社会资本支持区域公用品牌建设，打造一批“土字号”“乡字号”特色产品品牌和具有市场竞争力的农业企业品牌。支持社会资本投资建设规范化乡村工厂、生产车间，发展特色食品、制造、手工业和绿色建筑建材等乡村产业。

（四）农产品加工流通业

鼓励社会资本参与粮食主产区和特色农产品优势区发展农产品加工业，推动初加工、精深加工和副产物综合利用加工协调发展，提升行业机械化、标准化水平，助力建设一批农产品精深加工基地和加工强县。统筹农产品产地、集散地、销地批发市场建设，鼓励社会资本参与建设国家级农产品产地专业市场和田头市场。鼓励社会资本联合家庭农场、农民合作社共同开展农产品仓储保鲜冷链物流体系建设，建设一批贮藏保鲜、分级包装、冷链配送等设施设备和田头小型仓储保鲜冷链设施，鼓励有条件的地方建设产地低温直销配送中心，提高冷链物流服务效率和质量，打造农产品物流节点，发展农超、农社、农企、农校等产销对接的新型流通业态。

（五）乡村新型服务业

鼓励社会资本发展休闲农业、乡村旅游、餐饮民宿、创意农业、农耕体验、康养基地等产业，充分发掘农业农村生态、文化等各类资源优势，打造一批设施完备、功能多样、服务规范的乡村休闲旅游目的地。引导社会资本发展乡村特色文化产业，推动农商文旅体融合发展，挖掘和利用农耕文化遗产资源，建设农耕主题博物馆、村史馆，传承农耕手工艺、曲艺、民俗节庆。支持社会资本发展农业生产托管服务，提供市场信息、农技推广、农资供应、统防统治、深松整地、农产品营销等社会化服务，建设一批农业科技服务企业、服务型农民合作社，推动将先进适用的品种、投入品、技术、装备导入小农户。鼓励社会资本改造传统小商业、小门店、小集市等商业网点，满足农村居民消费升级需要，积极发展批发零售、养老托幼、文化教育、环境卫生等生活性服务业，发展线上线下相结合的服务网点，推动便利化、精细化、品质化发展，为乡村居民提供便捷周到的服务。

（六）生态循环农业

鼓励社会资本积极参与农业农村减排固碳。支持社会资本参与绿色种养循环农业试点、畜禽粪污资源化利用、秸秆综合利用、农膜农药包装物回收行动、病死畜禽无害化处理、废弃渔网具回收再利用，加大对收储运和处理体系等方面的投入力度。鼓励社会资本投资农村可再生能源开发利用，加大对农村能源综合建设投入力度，推广农村可再生能源利用技术，探索秸秆打捆直燃和成型燃料供暖供热，沼气生物天然气供气供热新模式。支持社会资本参与长江黄河等流域生态保护、东北黑土地保护、农业面源污染治理、重金属污染耕地治理修复。

（七）农业科技创新

鼓励社会资本创办农业科技创新型企业，参与农业关键核心技术攻关，开展生物种业、高端智能和丘陵山区农机、渔业装备、绿色投入品、环保渔具和玻璃钢等新材料渔船等领域的研发创新、成果转化与技术服务。鼓励社会资本牵头建设农业领域国家重点实验室等科技创新平台基地，参与农业科技创新联盟、国家现代农业产业科技创新中心等建设，推动产学研用深度融合，打造科企融合创新联合体。引导社会资本发展技术交易市场和科技服务机构，提供科技成果转化服务，加快先进实用技术集成创新与推广应用。

（八）农业农村人才培养

支持社会资本参与农业生产经营人才、农村第二、第三产业发展人才、乡村公共服务人才、乡村治理人才、农业农村科技人才、乡村基础设施建设和管护人才等培养。鼓励社会资本依托原料基地、产业园区等建设实训基地，依托信息、科技、品牌、资金等优势打造乡村人才孵化基地。鼓励社会资本为优秀农业农村人才提供奖励资助、技术支持、管理服务，促进农业农村人才脱颖而出。

（九）农业农村基础设施建设

支持社会资本参与高标准农田建设、农田水利建设，农村资源路、产业路、旅游路和村内主干道建设，丘陵山区农田宜机化改造，规模化供水工程建设和小型工程标准化改造，以及建设乡村储气罐站和微管网供气系统，推动实施区域化整体建设，推进田水林路电综合配套，同步发展高效节水灌溉。鼓励参与渔港和避风锚地建设。

（十）智慧农业建设

鼓励社会资本参与建设智慧农业，推进农业遥感、物联网、5G、人工智能、区块链等应用，推动新一代信息技术与农业生产经营、质量安全管控深度融合，提高农业生产智能化、经营网络化水平。鼓励参与农业农村大数据建设，基础数据资源体系和重要农产品全产业链大数据中心建设。为新型农业经营主体、小农户提供信息服务。鼓励参与农村地区信息基础设施建设，提高乡村治理、社会文化服务等信息化水平。鼓励参与“互联网+”农产品出村进城工程建设，推进优质特色农产品网络销售，促进农产品产销对接。

（十一）农村创业创新

鼓励社会资本投资建设返乡入乡创业园、农村创业创新园区和孵化实训基地等平台载体，加强各类平台载体的基础设施、服务体系建设，推动产学研用合作，激发农村创业创新活力。鼓励社会资本联合普通高校、职业院校、优质教育培训机构等开展面向农村创业创新带头人的创业能力、产业技术、经营管理培训，建设产学研用协同创新基地。

（十二）农村人居环境整治

支持社会资本参与农村人居环境整治提升五年行动。鼓励社会资本参与农村厕所革命、农村生活垃圾治理、农村生活污水治理等项目建设运营，健全农村生活垃圾收运处置体系，建设一批有机废弃物综合处置利用设施。鼓励社会资本参与村庄清洁和绿化行动。推进农村人居环境整治与发展乡村休闲旅游等有机结合。

（十三）农业对外合作

鼓励社会资本参与海外农业投资合作，在“一带一路”共建国家投资经营粮、棉、油、糖、胶、畜、渔等生产加工、仓储物流项目，建设境外农业合作园区，与国内农业生产形成有益补充；参与农业服务出口，集成有关农业生产要素，提供面向问题的一体化解决方案，带动农资、农机、农产品加工等领域产能走出去；参与农业国际贸易高质量发展基地、农业对外开放合作试验区等建设，创新农业经贸合作模式、对接有关规则标准、培育出口农产品品牌、建设国际营销促销网络，培育农业国际竞争新优势。

三、创新投入方式

根据各地农业农村实际发展情况，因地制宜创新投融资模式，通过独资、合资、合作、联营、租赁等途径，采取特许经营、公建民营、民办公助等方式，健全联农带农有效激励机制，稳妥有序投入乡村振兴。

（一）完善全产业链开发模式

支持农业产业化龙头企业联合家庭农场、农民合作社等新型经营主体、小农户，加快全产业链开发和一体化经营、标准化生产，开展规模化种养，发展加工和流通，开创品牌、注重营销，推进产业链生产、加工、销售各环节有机衔接，推进种养业与农产品加工、流通和服务业等渗透交叉，强化农村一二三产业融合发展，提升产业链供应链现代化水平。鼓励社会资本聚焦比较优势突出的产业链条，补齐产业链条中的发展短板。支持社会资本参与农机生产、销售、应用等产业发展，壮大农业机械化产业群和产业链。支持龙头企业下乡进村，建分支机构、生产加工基地等，发挥农业产业化龙头企业的示范带动作用。

（二）探索区域整体开发模式

支持有实力的社会资本在符合法律法规和相关规划、尊重农民意愿的前提下，因地制宜探索区域整体开发模式，统筹乡村基础设施和公共服务建设、高标准农田建设、集中连片水产健康养殖示范建设、产业融合发展等进行整体化投资，建立完善合理的利益分配机制，为当地农业农村发展提供区域性、系统性解决方案，促进农业提质增效，带动农村人居环境显著改善、农民收入持续提升，实现社会资本与农户互惠共赢。

（三）创新政府和社会资本合作模式

鼓励信贷、保险机构加大金融产品和服务创新力度，配合财政支持农业农村重大项目实施，加大投贷联动、投贷保贴一体化等投融资模式探索力度。积极探索农业农村领域有稳定收益的公益性项目，推广政府和社会资本合作（PPP）模式的实施路径和机制，让社会资本投资可预期、有回报、能持续，依法合规、有序推进政府和社会资本合作。鼓励各级农业农村部门按照农业领域政府和社会资本合作相关文件要求，对本地区农业投资项目进行系统性梳理，筛选并培育适于采取PPP模式的乡村振兴项目，优先支持农业农村基础设施建设等有一定收益的公益性项目。鼓励社会资本探索通过资产证券化、股权转让等方式，盘活项目存量资产，丰富资本进入退出渠道。

（四）探索设立乡村振兴投资基金

各地要结合当地发展实际，推动设立政府资金引导、金融机构大力支持、社会资本广泛参与、市场化运作的乡村振兴基金。鼓励有实力的社会资本结合地方农业产业发展和投资情况规范有序设立产业投资基金。充分发挥农业农村部门的行业优势，积极稳妥推进基金项目储备、项目推介等工作，鼓励相关基金通过直接股权投资和设立子基金等方式，充分发挥在乡村振兴产业发展、基础设施建设等方面的引导和资金撬动作用。

（五）建立紧密合作的利益共赢机制

强化社会资本责任意识，让农民更多分享产业增值收益。鼓励农民以土地经营权、水域滩涂、劳动、技术等入股，支持农村集体经济组织通过股份合作、租赁等形式，参与村庄基础设施建设、农村人居环境整治和产业融合发展。创新村企合作模式，充分发挥产业化联合体等联农带农作用，激发和调动农民参与乡村振兴的积极性、主动性。鼓励社会资本采用“农民＋合作社＋龙头企业”“土地流转＋优先雇用＋社会保障”“农民入股＋保底收益＋按股分红”等利益联结方式，与农民建立稳定合作关系、形成稳定利益共同体，做大做强新型农业经营主体，健全农业专业化社会化服务体系，提升小农户生产经营能力和组织化程度，让社会资本和农民共享发展成果。

四、打造合作平台

打造一批社会资本投资农业农村的合作平台，为社会资本投向“三农”

提供规划、项目信息、融资、土地、建设运营等一揽子、全方位投资服务，促进要素集聚、产业集中、企业集群，实现控风险、降成本、提效率。

（一）完善规划体系平台

统筹做好发展引导规划、专项规划、区域规划、建设规划等的管理制定、信息发布等工作，充分发挥以《乡村振兴战略规划（2018—2022年）》、农业农村发展“十四五”规划等为总纲，以种植业、渔业、畜牧业、种业、乡村产业、农垦和农业科技、农业机械化、农田建设和农业国际合作等相关规划为指导，以地方农业农村发展有关规划为补充的农业农村规划体系作用，引导社会资本突出重点、科学决策，有序投向补短板、强弱项的重点领域和关键环节。

（二）构建现代农业园区平台

围绕农业现代化示范区、粮食生产功能区、重要农产品生产保护区、特色农产品优势区和农业绿色发展试点先行区为核心，以及国家现代农业产业园、农业产业强镇、优势特色产业集群、全国“一村一品”示范村镇、农村产业融合发展示范园、农村创业创新园区和孵化实训基地、精深加工基地、南繁硅谷、农业对外开放合作试验区等重大农业园区，建立社会资本投资指导服务机构，发挥园区平台的信息汇集、投资对接作用。健全完善政策支持体系，加快园区公共服务设施和能力水平建设，增强各类园区对社会资本的引导和聚集功能，不断提升农业绿色化、优质化、特色化、品牌化水平。

（三）建设重大工程项目平台

依托高标准农田建设、优质粮食工程、大豆振兴计划，农业生产“三品一标”提升行动，奶业振兴行动、畜禽种业振兴行动，农产品产地冷藏保鲜设施建设工程，以及畜禽粪污资源化利用整县推进、农村人居环境整治、新一轮畜禽水产遗传改良计划和现代种业提升工程等，建立项目征集和发布机制，引导各类资源要素互相融合。加强宣传和解读，提高重大工程项目参与方式、运营方式、盈利模式、投资回报等相关信息透明度和可获得性；充分发挥政府投资“四两拨千斤”的引导带动作用，稳定市场收益预期，调动社会投资积极性。

（四）推进项目数据信息共享

汇集农业领域基建项目、财政项目，以及各行各业重大项目，形成重点项目数据库，通过统一的信息共享平台集中向社会资本公开发布，发挥信息汇集、交流、对接等服务作用，引导各环节市场主体自主调节生产经营决策。推广大数据应用，引导整合线上线下企业的资源要素，推动业态创新、模式变革和效能提高。鼓励行业协会商会主动完善和提升行业服务标准，发布高标准的服务信息指引，发挥行业协会、开发区、孵化器的沟通桥梁作用，加强与资本市场对接。

五、营造良好环境

（一）加强组织领导

各级农业农村部门要把引导社会资本投资农业农村作为重要任务，加强与财政、发改、金融、自然资源等部门的沟通，推进信息互通共享，协调各有关部门立足职能、密切配合，形成合力。要建立规范的合作机制，引导社会资本积极参与相关规划编制、项目梳理，严格遵循乡村规划“三区三线”的空间管制，准确把握投资方向，积极探索具体方式，提高各类项目落地效率，充分发挥政府、市场和社会资本的合力作用。加强对外资的管理，推动外资依照《外商投资法》相关规定和要求，投资农业农村。

（二）强化政策激励

积极协调各部门完善激励引导政策，完善盘活农村存量建设用地政策，实行负面清单管理，优先保障乡村产业发展、乡村建设用地。根据乡村休闲观光等产业分散布局的实际需要，探索灵活多样的供地新方式。

规范开展城乡建设用地增减挂钩，完善审批实施程序、节余指标调剂及收益分配机制。加快健全以农村产权交易政策、农村人才队伍建设等为重要内容的政策保障体系；加快推进以深化“放管服”改革、优化项目审批程序和招投标程序、建立政企常态化沟通机制和投资需求信息发布机制、健全社会资本进入退出渠道等为主要内容的配套服务体系；加快构建以农村土地流转风险防范制度、农村社会信用评价制度，以及农业保险“扩面、增品、提标”和农产品期货价格发现机制等为重要内容的风险防范体系。落实提高土地出让收入用于农业农村比例政策要求，集中用于乡村振兴重点任务。推进增加地方政府一般债券、专项债券用于现代农业设施和乡村建设行动的规模与比例，鼓励符合条件的主体发行乡村振兴票据。加快健全商业性、合作性和政策性、开发性金融，以及信贷担保等为重要内容的多层次农村金融服务体系，发展供应链金融，不断加大对社会资本投资农业农村的支持力度。

（三）广泛宣传引导

大力宣传社会资本投资农业农村的重大意义，做好政策解读，回应社会关切，稳定市场预期，培育合作理念，正确引导社会资本有序进入农业农村经济领域。各地要加强社会资本投资农业农村的成功经验和案例的总结，推介一批典型模式。充分利用报刊、广播、电视、互联网等媒体，全方位、多角度、立体式宣传社会资本投资建设成果，营造社会资本投资农业农村的良好氛围。

关于促进乡村民宿发展的指导意见

乡村民宿是指利用位于农村地区的居民自有住宅或其他合法建筑，结合本地人文环境、自然景观、生态资源及生产、生活方式，为旅游者提供住宿、餐饮服务的场所。

为深入贯彻落实乡村振兴战略，根据《北京市旅游条例》及《北京市乡村振兴战略规划（2018—2022年）》和《中共北京市委　北京市人民政府关于落实农业农村优先发展　扎实推进乡村振兴战略实施的工作方案》（京发〔2019〕7号）的要求，促进本市乡村民宿持续健康发展，推动乡村旅游产业提质增效，加快形成农业农村发展新动能，特制定本指导意见。

一、指导思想

以习近平新时代中国特色社会主义思想为指导，深入贯彻党的十九大和十九届二中、三中、四中全会精神，深入贯彻落实乡村振兴战略，立足首都城市战略定位，准确把握“大城市小农业”“大京郊小城区”的市情和乡村发展规律，充分发挥乡村民宿在建设美丽乡村，促进农民致富增收，带动乡村旅游产业提质升级的积极作用，努力构建“三产联动、多业融合”的民宿经济业态，实现乡村产业、人才、文化、生态、组织等方面的全面振兴，建设与国际一流的和谐宜居之都相匹配的美丽乡村。

二、基本原则

（一）规划引领，有序发展。严格遵守城乡规划、城乡建设等各项法律法规。各区根据区域特点、资源禀赋，因地制宜，编制各区乡村民宿发展规划，明确发展定位、空间布局、区域特色，在合法有序发展的前提下稳步推进，防止一哄而上、违规发展，努力打造规划清晰、布局合理、统筹协调的乡村民宿发展格局。

（二）生态优先，绿色发展。牢固树立“绿水青山就是金山银山”的理念，注重生态保护，突出生态宜居，尤其是在水源保护区范围内，要按照相关法律、法规要求，处理好发展民宿与水环境保护的关系，引导农村进行景区化建设，提升乡村旅游服务设施建设水平，努力打造环境优美、生态和谐的乡村民宿发展格局。

（三）业态融合，品质发展。突出独特的文化审美和乡情乡趣，深入挖掘京郊传统文化和乡俗风情，形成一批以文化、体育、娱乐、节庆活动为主题，与景区旅游、文化体验、农产品销售相结合的精品化、品牌化民宿，推进农村一二三产业融合发展，努力打造内涵丰富、特色鲜明的乡村民宿发展格局。

（四）政府引导，市场主导。强化政府在政策扶持、公共服务、规范管理、环境营造等方面的作用，建立良好的推动乡村民宿发展的体制机制。突出农村集体土地所有权主体地位，发挥集体经济组织作用，尊重和遵循市场发展规律，强化市场在资源配置中的决定性作用，引导和支持由村集体经济组织统筹，农户和社会资本参与的乡村民宿经营建设，努力打造政府引导、市场主导、全社会参与的乡村民宿发展格局。

（五）共建共享，以农为本。坚持以农民为收益主体，以农业农村为基础依托，尊重农民意愿，注重农民的全过程参与，调动农民的积极性、创造性和参与性，带动农民创业创新、就业增收，确保乡村民宿发展的成果能够为当地农民所享，努力打造扶农助农、惠农富农的乡村民宿发展格局。

三、发展目标

到 2022 年，实现全市乡村民宿从规模到质量的全面提升，力争在全市推出一批乡村精品民宿，打造一批乡村民宿特色乡镇，提升全市乡村民宿接待能力和服务水平。推动乡村民宿规划更加合理、发展更加有序、产品更加丰富、特色更加鲜明、服务更加规范、市场体系更加健全。

四、设立条件

（一）经营主体。乡村民宿经营主体包括个体工商户、农民专业合作社、农村集体经济组织和企业法人。鼓励有条件的农户利用自有宅基地和农民房屋经营乡村民宿。鼓励有实力的农民专业合作社、农村集体经济组织，具有专业化经营能力的企业法人通过投资、租赁等方式，参与乡村民宿的建设和运营。其中，通过农民专业合作社或者企业法人经营的，应当由村集体经济组织统一组织对外开展合作，并可以获取相应的收益作为集体经济收入。

（二）经营用房。乡村民宿的经营用房应提供房屋产权证明，房屋应符合我市抗震设防要求、消防安全要求与节能要求。建筑结构应安全牢固，无安全隐患。在设计、修缮及改造时，建筑用地范围应保持不变，建筑面积、建筑高度应符合区域规划要求。乡村民宿的单体经营规模为经营用客房数不超过14间（套），建筑面积不超过800平方米。

（三）生态环境。乡村民宿应综合考虑所在地环境容量和相关法律、法规要求，同步配套建设污水处理等设施，确保污水达标、规范排放。落实生活垃圾分类处理，配齐生活垃圾分类设备设施。全面消除经营区域违法户外广告设施及零星乱设摊，保持村容村貌整洁。房屋建筑风貌应与当地的村庄风貌、村庄环境景观相协调。加大村域内古树名木的保护力度，结合农村人居环境整治，拆违还绿，增加村庄绿量和美感。

（四）公共安全。乡村民宿应根据《乡村民宿建筑消防安全基本要求》的规定，配置必要消防设施器材，落实日常消防安全制度，履行消防安全职责。遵守食品安全、卫生安全、治安安全、环境安全等法规要求，建立相应管理制度和应急预案。

（五）从业人员。乡村民宿从业人员应持有合法身份证明或者务工证明，境外从业人员还应符合国家和本市有关规定。从业人员应取得健康证明后上岗，并进行年度健康体检和相关安全培训。

（六）规范经营。乡村民宿经营者需依法办理营业执照、公共场所卫生许可证、食品经营许可证（如经营餐饮），并上墙公布。要求安装使用公安机关的信息采集系统，落实旅客住宿登记、访客登记等安全管理制度。有明码标价的收费标准、住客须知和安全提示，并提供真实准确的住宿、餐饮等信息。

五、审批流程

乡村民宿准入采取联合审核的方式，简化和优化证照办理手续。区乡村民宿发展工作小组对乡村民宿审批实行联合受理、联合审核、联合踏勘、一站式审批。

（一）提交申请。由乡村民宿经营主体提出申请，由村集体经济组织进行初审并提出意见后提交乡镇政府。

（二）乡镇审核。乡镇政府组织实地踏勘，对房屋的合法性、安全性、布局合理性等相关条件进行审核并签署意见，提交区乡村民宿发展工作小组。

（三）证照办理。由区乡村民宿发展工作小组办公室会同各有关成员单位组成联合审核小组，对乡村民宿实行联合受理、联合踏勘、联合审核。审核同意后，各部门做好相关证照手续的办理或备案工作，不得设置其他前置条件。不符合条件的，一次性告知申请人。

六、组织保障和监督管理

创新乡村民宿管理体制，加强组织保障，建立市、区、镇（乡）三级工作机制。市级层面建立乡村民宿发展协调小组，负责宏观指导和政策引导，对乡村民宿管理过程中涉及的全局性、政策性问题进行协调，指导和督促各区落实各项管理制度。区级建立乡村民宿发展工作小组，负责拟定乡村民宿发展规划，制定推动乡村民宿发展的实施细则，完善和细化各类鼓励政策，加大政策集成。建立乡村民宿联合审核监管机制，加强对乡村民宿环境、卫生、消防、治安等方面事中事后监管。建立乡村民宿服务投诉和处理机制，各乡镇政府应明确相应机构，配备人员，落实好管辖区域内乡村民宿的审核申报、日常服务及属地监管责任。各区、镇（乡）、村要进一步规范用地管理，落实监管责任，坚决杜绝以租代售现象发生。

七、保障措施

（一）加强政策支持

围绕乡村民宿基础设施建设、公共服务配套、卫生安全、治安消防管理等方面，制定促进乡村民宿发展的配套政策。按照固定资产投资现行政策，加大对乡村旅游发展涉及的瓶颈道路、绿化、停车场、观景平台等配套设施建设的支持力度。支持乡村民宿集中的行政村污水治理项目建设。

（二）加强资金支持

通过奖励、贴息等多种方式对乡村民宿建设发展给予扶持，充分调动农民群众、社会资本参与乡村民宿发展的积极性。设立乡村民宿奖励资金，对具有典型示范引领作用的民宿，经过评定后给予资金奖励。对乡村民宿投资建设、改造升级的贷款给予贴息。对推动地区乡村民宿发展起重要作用的行业组织，通过购买服务的方式给予扶持。通过“美丽乡村”建设，围绕高标准推动乡村民宿发展的聚集地，打造良好的农村人居环境和较为完善、配套的农村基础设施。统筹利用现有支农政策资金，以奖代补鼓励村集体、合作社盘活闲置农宅发展乡村民宿。

（三）加强金融扶持

积极探索用市场化手段为乡村民宿发展提供金融政策支持，充分利用市旅游资源交易平台、京郊旅游政策性保险平台、京郊旅游融资担保平台，解决乡村民宿后顾之忧及投融资等经营困难，鼓励乡村民宿做大做强。

（四）加强服务引导

制定《北京市乡村民宿标准及评定》地方标准，强化乡村民宿在文化传承、乡风乡韵、创意设计等方面要求，引导乡村民宿专业化、特色化、品质化发展。充分发挥行业协会和农民专业合作社的作用，加强乡村民宿信息共享、价格规范和行业自律。

（五）加强人才培养

开展乡村民宿培训，不断提升乡村民宿从业人员的岗位技能和服务水平。支持乡村民宿发展，并按分类培训项目标准，给予培训补贴。加大人才引进政策扶持力度，支持外出务工农民、高校毕业生等回乡进行乡村民宿创业，为乡村民宿持续健康发展提供人才保障。加大对乡村民宿招用本区农村劳动力和失业登记人员的支持力度，乡村民宿企业招用本区农村劳动力和登记失业人员，按规定签合同、缴纳保险、保工资的，享受岗位补贴和社会保险补贴。

（六）加强宣传推广

建立乡村民宿推广平台，通过举办北京乡村旅游节、乡村民宿主题展等形式，综合利用自媒体、网络、第三方平台等多种信息化手段，推广乡村民宿旅游产品及线路，培育乡村民宿品牌，发展和推广一批乡村民宿精品，建成一批有故事、有体验、有品味、有乡愁的文旅融合新业态，打造乡村民宿发展北京样本。

北京市“十四五”时期提升农村人居环境建设美丽乡村行动方案

为深入贯彻落实中共中央办公厅、国务院办公厅印发的《农村人居环境整治提升五年行动方案（2021—2025年）》精神，提升农村人居环境、建设美丽乡村，结合本市实际，制定本方案。

一、总体要求

（一）指导思想

以习近平新时代中国特色社会主义思想为指导，深入贯彻党的十九大和十九届历次全会精神，坚持以人民为中心的发展思想，践行绿水青山就是金山银山的理念，牢牢把握首都城市战略定位，坚持大城市带动大京郊、大京郊服务大城市，以“百村示范、千村整治”工程为抓手，以建设宜居宜业美丽乡村为导向，加快农村人居环境基础设施建设，全面提升农村人居环境质量，为全面推进乡村振兴、加快农业农村现代化、建设国际一流的和谐宜居之都提供有力支撑。

（二）工作原则

——规划引领，统筹推进。贯彻落实《北京城市总体规划（2016—2035年）》，先规划后建设，以区为单位统筹推进农村人居环境整治提升各项任务，坚持重点突破和综合整治、示范带动和整体推进、补短板和强管护相结合，合理安排建设时序，整体提升农村人居环境。

——因地制宜，分类施策。遵循乡村发展规律，保留乡村风貌，留住田园乡愁。坚持农业农村联动、生产生活生态融合，推进农村生活污水垃圾减量化、资源化、循环利用。坚持首善标准，注重与农村经济社会发展能力和水平相适应，与自然条件和风土人情相协调。坚持数量服从质量、进度服从实效，求好不求快，既尽力而为，又量力而行。

——农民主体，多方参与。坚持问需于民，充分体现乡村建设为民而建，尊重农民意愿，激发内生动力，保障村民知情权、参与权、表达权和监督权。落实属地责任，构建政府、市场主体、村集体、村民等多方共建共管格局。

——健全机制，注重长效。注重与美丽乡村建设相衔接，持续发力，久久为功。建管用并重，健全完善政策制度和工作推进机制，注重日常巡查，强化考核监测，落实落细管护责任。

（三）行动目标

到 2023 年底，基本完成美丽乡村建设补短板任务，农村人居环境长效管护机制进一步巩固。到 2025 年底，农村人居环境显著改善，美丽乡村建设取得明显成效，农村卫生厕所普及，生活垃圾有效处理的村庄基本实现全覆盖，生活污水处理率达到 75%，建立管用接地气的长效管护机制，建成一批乡村全面振兴示范村，干净整洁有序的村庄环境面貌得到持续巩固。

城镇集建型村庄，重在加快实现城乡人居环境基础设施互联互通、共建共享，其中城乡结合部及“一绿”“二绿”地区短期内要腾退、拆迁的村庄，重在保持干净整洁，保障群众基本公共服务。

整治完善型村庄，重在完善人居环境基础设施，提高建设管护水平，逐步提升乡村风貌，推动农村人居环境与产业发展互促互进。

特色提升型村庄，重在加强历史文化、传统风貌的保护延续和村庄整体风貌引导，因村施策推进人居环境基础设施建设。

整体搬迁型村庄，实施搬迁之前重在保持干净整洁，保障现有农村人居环境基础设施稳定运行。搬迁后新址要与乡村全域旅游相结合，旧址原则拆除恢复生态。

二、重点任务

（四）落实乡村规划管控。明确村庄布局分类，统筹各级规划在乡镇层面落位，2022 年底前基本完成乡镇国土空间规划编制工作。完善村庄宅基地空间、产业发展、基础设施和公共服务配置。严格落实村庄规划管控，分类推进四类村庄建设。尊重农民意愿，严格规范村庄撤并。

（五）加强乡村风貌引导。大力推进村庄和庭院整治，编制村容村貌提升导则，促进村庄形态与自然环境、传统文化相得益彰。全面清理私搭乱建、乱堆乱放，整治残垣断壁。加强村庄风貌引导，突出乡土特色和地域特点，慎砍树、禁挖山、不填湖、少拆房，保护村庄肌理。依法依规办理建设手续，持续加大对违法建设的整治力度。按照试点推进、总结推广的思路，逐步推进农村住房质量提升。继续实施农村危房改造和抗震节能农宅建设，建立常态化农房建设管理制度，2023年底前完成农村房屋安全隐患排查整治工作。加强传统村落和历史文化名镇名村保护，编制实施传统村落保护发展规划，推进传统村落挂牌和保护修缮。

（六）推进农村厕所革命。开展农村厕所革命实施效果评估。有序推进农村户厕改造，科学选择改厕技术模式，切实提高改厕效果。因地制宜推进农村未达标公厕改造。加强农村厕所革命与生活污水治理的有机衔接，因地制宜推进厕所粪污分散处理、相对集中处理与纳入污水管网统一处理。积极推动卫生厕所改造与生活污水治理一体化建设，暂时无法同步建设的要为后期建设预留空间。大力推动厕所粪污就地消纳、资源化利用。加强农村改厕产品质量监管。完善农村厕所巡检维修、粪污清掏等长效机制。全市农村卫生户厕覆盖率保持在99%以上，三类及以上公厕比例保持在99%以上，改造的乡村景区旅游厕所达到A级标准。

（七）加强农村生活污水治理。按照污染治理与资源利用相结合、工程措施与生态措施相结合、集中与分散相结合的原则，分类推进农村生活污水治理，优先治理饮用水水源保护区等重点区域生活污水。结合城市发展，治理城乡结合部长期保留村庄生活污水。完成第三个治污三年行动方案，接续制定实施第四个治污三年行动方案。统筹农村污水治理骨干管网和入户管线衔接，提高污水收集率和处理率。实施入河排污口清理整治，加强农村小微水体治理。加强村庄排水设施建设，提高排水防涝能力。探索实施农村污水处理设施常态化监测、巡查机制。

（八）提升农村垃圾治理水平。全面实施《北京市生活垃圾管理条例》，健全完善农村生活垃圾收运处置体系，因地制宜推进偏远地区村庄生活垃圾就地就近处理，降低处置成本。推进农村生活垃圾源头分类减量，减少垃圾出村处理量。支持开展农村生活垃圾分类与资源化利用示范区创建，协同推进农村有机生活垃圾、厕所粪污和农林生产有机废弃物资源化利用，探索就地就近处理和资源化利用的路径，建设一批农村有机废弃物综合处置利用示范样板。推进废旧农膜、农药肥料包装废弃物回收处理。

（九）推动村容村貌整体提升。开展美丽乡村路示范创建，提升“四好农村路”建设质量，乡村公路中等路及以上比例保持在90%以上。推进农村街坊路建设，逐步建立农村街坊路养护机制。实施农村供水巩固提升工程，2025年底前农村供水保证率达到96%以上，自来水普及率保持在99%以上。按照市协调、区负责、乡镇落实的工作机制，批次推进农村电力线、通信线、广播电视线等架空线维护梳理整治工作。规范农村户外广告设施、牌匾标识设置。加强村庄应急力量，明确应急避难场所，设置必要的防汛、消防等救灾设施设备，畅通安全通道。因地制宜推进山区村庄“煤改清洁能源”，2025年底前具备条件的村庄基本实现冬季清洁取暖覆盖。探索开展零碳示范村试点。推动乡村绿化美化亮化，鼓励建设村头一片林，创建首都森林村庄250个，引导鼓励村民通过在房前屋后、庭院内外栽种果蔬、花木等方式开展绿化美化，完善村庄公共照明设施。完善村级综合服务设施，同步开展无障碍环境建设，2025年底前建成农村邻里互助养老服务点1000个，乡镇、村残疾人温馨家园服务覆盖率达到80%，实现行政村全民健身设施和村级卫生机构全覆盖。

（十）完善长效管护机制。加强农村人居环境监测，强化“三长联动、一巡三查”，完善有制度、有标准、有队伍、有经费、有监督的农村人居环境长效管护机制。持续开展村庄清洁行动，通过“门前三包”等制度以及开展村庄清洁日等活动，推动环境整治向农户庭院、村庄周边延伸。依法依规明确农村人居环境基础设施产权归属，建立长效管护责任清单。鼓励有条件的区、乡镇推行系统化、专业化、社会化运行管护。依法探索建立农村厕所粪污清掏、农村生活污水垃圾处理农户付费制度，逐步建立农户合理付费、村级组织统筹、政府适当补助的运行管护经费保障制度。利用好农村公益性岗位，合理设置管护队伍，优先聘用符合条件的农村劳动力参与管护。农村人居环境长效管护资金使用情况纳入“三务公开”范围，接受监督。

（十一）开展乡村全面振兴示范村培育创建。持续推进“百村示范、千村整治”工程，统筹美丽乡村建设布局。挖掘都市型现代农业、生态沟域、人文传承、红色经典等优势，培育“门头沟小院”“红色背篓”“运河村落”“京韵满乡”等一批特色品牌，打造“产村人文”相得益彰的美丽乡村示范村。强化政策集成、资源集聚，到2025年底力争培育5个组团式发展示范片区、100个乡村振兴示范村，创建一批美丽乡村示范乡镇。

三、充分发挥农民主体作用

（十二）强化基层组织作用。充分发挥农村基层党组织领导作用和党员先锋模范作用，在农村人居环境整治中深入开展美好环境与幸福生活共同缔造活动。发挥共青团、妇联、少先队等群团组织作用，动员农民群众自觉改善农村人居环境。引导村集体经济组织、农民合作社、村民等全程参与农村人居环境相关规划、建设、运营和管理。实行农村人居环境整治提升相关项目公示制度。引导农民或农民合作组织依法成立各类农村环保组织或企业，参与农村人居环境改善和管护工作。以乡情乡愁为纽带，吸引个人、企业、社会组织支持改善农村人居环境。

（十三）普及文明健康理念。发挥爱国卫生运动群众动员优势，开展周末卫生大扫除活动，宣传倡导文明健康、绿色环保的生活方式，提高农民健康素养。把转变农民思想观念、推行文明健康生活方式作为农村精神文明建设的重要内容，把使用卫生厕所、做好垃圾分类、养成文明习惯等纳入学校、家庭、社会教育。持续推进城乡环境卫生综合整治，深入开展卫生创建，大力推进健康村镇建设。

（十四）完善村规民约。鼓励将村庄环境卫生等要求纳入村规民约，通过群众评议等方式褒扬乡村新风，引导农民自我管理、自我教育、自我服务、自我监督。深入开展美丽庭院评选、环境卫生红黑榜、积分兑换等活动，提高村民维护村庄环境卫生的主人翁意识。

四、加大政策支持力度

（十五）强化财政投入保障。加大公共财政对农村人居环境整治的投入，完善以区为主、市级适当奖补的政府投入机制，统筹安排土地出让收入用于改善农村人居环境。对于列入美丽乡村建设和管护的事项，按照美丽乡村建设引导资金政策予以支持。鼓励通过发行地方政府债券等方式筹措资金，用于符合条件的农村人居环境建设项目。各区结合实际，由乡镇按规定统筹整合改善农村人居环境相关资金和项目，统筹工程时序，按照先急后缓的原则推进建设。强化农村人居环境整治和美丽乡村建设工作的绩效管理，提高实施效果。加强资金监管，发挥审计作用，强化监督执纪问责，严禁套取、挪用、挤占、虚报冒领美丽乡村建设引导资金。

（十六）创新完善相关支持政策。在严守耕地和生态保护红线的前提下，优先保障农村人居环境设施建设用地。落实村庄建设项目简易审批有关要求。鼓励各类金融机构依法合规对改善农村人居环境提供信贷支持。把提升农村人居环境同壮大农村集体经济、促进农民增收结合起来，提高农民参与村庄建设和管护用工的比例。鼓励村级组织和乡村建设工匠等承接农村人居环境小型工程项目，具备条件的可采取以工代赈等方式。

（十七）加强科技和人才支撑。加大农村改厕、厕所粪污治理和资源化利用、生活垃圾治理等方面的集成示范、推广应用等力度。把改善农村人居环境纳入各级农民教育培训内容，加大对农民、乡村建设工匠等培训力度，提高农民群众参与农村人居环境建设管护的意识和能力。推进“百师进百村”活动，指导村庄建设发展。推进农村人居环境管理信息化建设。

五、强化组织保障

（十八）加强组织领导。把改善农村人居环境作为各级党委和政府的重要职责，结合全市乡村振兴整体工作部署，明确时间表、路线图。健全市负总责、区和乡镇抓落实的工作推进机制。市委农村工作领导小组统一谋划部署，市委农办牵头抓好工作协调和统筹推进，实行月检查、月调度机制。市相关部门各负其责、形成合力，及时出台配套支持政策。市区两级建立完善部门联动、政策集成、资金聚焦、资源整合的工作机制。

（十九）落实属地责任。强化各涉农区党委和政府主体责任，做好项目落地、资金使用、推进实施等工作。定期研究改善农村人居环境工作，主要负责同志当好一线指挥，选优配强一线干部队伍。引导资源要素向农村人居环境整治领域投放，充分发挥农民主体作用，避免政府大包大揽。做实工作措施，明确任务目标，统筹安全生产和各项任务的组织实施。

（二十）强化考核激励。将改善农村人居环境纳入相关督查检查计划，检查结果向市委、市政府报告。将改善农村人居环境作为实施乡村振兴战略实绩考核的重要内容。将农业农村污染治理存在的突出问题列入市级生态环境保护督察范畴。市级层面研究制定农村人居环境整治相关考核标准，到 2025 年底以区为单位进行检查验收。市级部门研究建立激励措施，对改善农村人居环境成效明显的乡镇实施激励。

（二十一）营造良好舆论氛围。充分利用广播电视、新媒体平台等，讲好改善农村人居环境和美丽乡村建设北京故事，营造全社会关心、支持的良好氛围。发挥 12345 市民服务热线等作用，及时回应社会关切。